中国科普研究所·科普译著系列

以人为本的科学传播

科学传播的国际实践

程东红　　[澳]珍妮·梅特卡夫　　[加]伯纳德·希尔
[比]米歇尔·克雷森斯　　[澳]托斯·加斯科因　石顺科　**编著**

张礼建　刘丽英　郑晓红　朱　勤　**译**

刘丽英　**审校**

中国科学技术出版社
·北 京·

图书在版编目(CIP)数据

以人为本的科学传播：科学传播的国际实践/程东红等编著.
—北京：中国科学技术出版社，2012.4
ISBN 978-7-5046-6054-1

Ⅰ.①以⋯　Ⅱ.①程⋯　Ⅲ.①科学技术－传播学－研究
Ⅳ.①G206.2

中国版本图书馆 CIP 数据核字（2012）第 055245 号

本社图书贴有防伪标志，未贴为盗版

中国科学技术出版社出版

北京市海淀区中关村南大街 16 号　邮政编码：100081
电话：010-62173865　传真：010-62103109
http：//www.cspbooks.com.cn
科学普及出版社发行部发行
北京时捷印刷有限公司印刷

*

开本：787 毫米×1092 毫米　1/16　印张：16.5　字数：350 千字
2012 年 4 月第 1 版　　2012 年 4 月第 1 次印刷
印数：1—1000 册　定价：46.00 元
ISBN 978-7-5046-6054-1/G·558

中文版序

　　没有科学，便不会有科普；有了科学，没有公众，也不会有科普。科学与普通民众的结合便是科普。但是科学不会自动跑到公众那里去，而要通过各种形式的转换和"媒介"的沟通。其中的"媒介"促使科学与公众之间发生关系，成为科普赖以生存和发展的动力，是科普运动过程中的活性部分。这个活性部分表现为人的活动及其所采用的方法、手段和工具。但是，这一切现在却越来越需要建筑在智性的思考之上。

　　没有科学，人类无以至今日；没有科普，人类可否有个美好的未来？人们已经认识到了前一个事实，也正在思考并理解后一个设想。第二次世界大战以后，科学技术的发展对人类社会的进步产生了日益显著的影响，渗透到人们生活的方方面面，随之也引发了许多的社会问题。科技与社会的和谐发展始遇多事之秋。调解的出路责无旁贷地、部分地落到了科普的肩上，科普因此得以强化其连接科学与社会的纽带的作用。到了 20 世纪 80 年代，一些发达国家率先指出问题的严重性，在英国《公众理解科学》报告的推动下，形成了一股巨大的社会思潮，并迅速传遍全球，触动了社会各界，各种理论探索、措施、活动亦应运而生。其中理论层面的探索更具影响力和引导性。

　　20 世纪 90 年代以后，在国际环境和舆论的影响下，中国科普界再演"西学东渐"现象，国外的科普新思潮犹如多米诺骨牌效应，撞到了国内的接龙，引起一连串的反响，牵动了社会各界的广泛参与，促进了国内科普事业的繁荣与发展。

　　外来科普思潮的引进已经 20 多年了，细观起来却发现至少还有两个缺憾。一是对于这些外来的思潮，国内还缺乏充足的译介，这就使得更多的无法阅读原作的同仁不能更为系统地了解事由的来龙去脉，全面了解和理解外来的新思想；二是对于引进的东西，国内仍存在习惯于单纯模仿的旧套，以至于犯下邯郸学步那样的低级错误。"科普译著系列"或许能够弥补这些缺憾，在促进学术研究和交流的同时，激发我们更多的智性的思考，阐发更多的更具民族特色的东西，切实解决我们自己的问题。中国有着丰厚的人文资源，应当对人类有较大的贡献。

中国科普研究所自建所以来即致力于我国科普事业和科普理论研究的发展。引进介绍国外科普研究的成果，目的在于促进交流，开阔视野，方便国内同仁的探索，为国内的研究提供尽可能多的参考，为深刻认识和理解我们正在从事的事业提供多角度的视点。

翻译出版"科普译著系列"，意在精选国外公众科学传播和科普领域的经典理论作品，涉及科学传播的理论与实践、科学传播和科普的历史、科普创作以及各国的科普概况等方面。这是一件有益于我国科普界理论研究和实践的功德事，希望这套丛书能够受到读者的欢迎，真正发挥它的作用。

致　谢

在这里，编辑者要感谢国际公众科技传播网（Public Communication of Science and Technology Network，PCST Network）对构思、支持和促进北京公众科技传播国际研讨会所作出的努力。此书也是这次会议产生的成果。

中国科学技术协会对这次研讨会的主办和本书的出版发行做了大量工作。对此，我们深表感谢。

我们感谢位于布鲁塞尔的欧洲委员会对参加本次研讨会代表的大力支持，感谢为之后召开的一系列会议作出贡献的编辑组。

我们要对中国科普研究所为促进科学普及，为本次研讨会的召开所做的组织工作以及对主编本书做出的协调管理工作表示感谢。

我们对蒙特利尔的校际科技研究中心为促进科学技术传播，对本次研讨会的召开和本书的出版发行的支持表示感谢。

我们对布里斯本科学与环境传播服务社对本次研讨会的组织和运行工作的开展以及对本书的出版发行作出的努力表示感谢。

最后，我们还要感谢其他许多人，其中包括本书的作者和编辑，他们对此次研讨会的胜利召开和本书的出版作出了巨大的贡献。

程东红　珍妮·梅特卡夫　伯纳德·希尔

2006 年 2 月于布鲁塞尔

序

随着科学技术的迅猛发展并且渗透到人类生产和生活的各个方面，科学技术已经成为人类经济社会发展的强大动力。然而，科学技术的发展不仅需要科技工作者的探索与创新，也需要公众对科学技术发展与应用的理解、支持和参与。

因此，伴随着科学技术的发展，科技传播正在成为一个重要的领域，它对增强公众的科技意识，提高公众的科技素质，调动公众参与科技决策的积极性，最终使公众能够更好地和更科学地适应现代社会的生活具有重要作用，因而受到世界各国的普遍重视。同时，在知识爆炸、技术进步的今天，面对世界社会经济发展的不平衡，科技传播的方式、方法、对象、内容等要素需要更加合理地组合，形成有针对性的科技传播体系。

国际公众科技传播网自 1989 年成立以来已经举办过 8 次不同主题的国际会议，有力地促进了国际科技传播事业的发展。2005 年 6 月，国际公众科技传播网、科学与发展网（SciDev. Net）以及中国科学技术协会在北京联合举办了北京公众科技传播国际研讨会，专门研究科技传播中的策略问题。北京公众科技传播国际研讨会是国际公众科技传播网首次在中国召开的专题研讨会。会议吸引了众多国家的科技传播工作者，以各国代表提供的宝贵案例为素材，进行了充分的交流。本书就是这次研讨会的结晶。书中所辑录的专题展示了科学家参与传播活动的情况，体现了传播工作者面向城乡社区和青少年所做的卓有成效的工作。这些案例从实际需要出发，积极探索解决实际问题的方式方法，为科技传播领域提供了可资借鉴的经验。我相信，此论文集的出版对推动科技传播事业具有宝贵的价值，会起到进一步扩大交流、推广经验的作用，是一件非常有意义的事情，希望将来能够看到更多这样的成果。

中国科学技术协会始终把开展科技传播，普及科学技术，提高国民素质作为自己的主要社会职责。中国科学技术协会将会积极发展与各国科学普及组织和国际科学传播组织的交流与合作，以达到共同受益、共同进步、共同繁荣科学传播事业之目的。

周光召

中国科学技术协会主席

序

我非常荣幸地书写此书的序,同时也要感谢北京公众科技传播国际研讨会的组织者举办了这次重要会议,因为它有助于解决这样一个至关重要的问题,即形成专业的科学技术传播途径。这个问题早在欧盟研究计划框架内的欧洲委员会上就给予了优先考虑,这也是我们为什么支持欧洲的科学家参加北京公众科技传播国际研讨会的原因。

向公众传播研究知识,并且让他们参与进来是我们的责任,甚至可以说是一种义务。以前,科学从来没有传播过或是传播得不够好,现在也仍然没有得到公众的认可和重视。这或许是因为民众对科学工作持怀疑的态度。然而,研究和科学却是社会取得进步的强大动力。许多高科技研究(例如,在健康领域的创新、食品安全、环境和能源)一开始似乎就是多余的,但是最终它们却影响和提高了每一位欧洲市民的生活质量。因此,科学技术传播是至关重要的。

然而,传播研究知识并不是一件容易的事情。它需要教育、耐心以及努力地工作。研究者们有义务向公众提供关于他们在做什么的信息,不仅如此,他们还要关注以及理解他们所处的社会环境,包括人们在担心什么以及他们希望从科学中得到什么,需要什么。我知道,在我们的工作中要获得立法和信心的支持并不容易,但这却是必要的。这也是一个简单的常识问题:社会在不断发展,公众需要意识到和了解到这些发展。

我们最近的欧洲民意调查显示，只有10%的欧洲人对科学技术很了解。另据一项2002年的调查显示，86%的欧洲人认为科学家应该把科学知识传播得更好。

欧洲委员会希望促进科学研究更多更好地传播。尤其是，我们鼓励科技传播参与者在欧盟基金支持的项目内密切关注有关他们自身工作的"公共传播"情况。我们坚决支持和帮助协调者和团队领导者推进科技传播公共化，公开他们的工作目标和成果、欧洲居民的总体受益情况、合作的重要性以及他们对推动欧洲知识和科学的繁荣所作出的贡献。这些工作将在接下来的第七个年度工作规划（2007—2013）中取得重大成果。科技传播在知识型社会中起着关键性作用。

我希望人们可以利用这次研讨会为我们呈现出来的信息和有用的实践经验。在这本书里，你将可以和读者分享你的经历，交换最好的科技传播的实践案例和密切联系那些为促进科技传播作出贡献的人们。

胡塞·曼纽尔·席尔瓦·罗德里格斯

欧盟委员会研究领域总部总干事长

前　言

北京公众科技传播国际研讨会是国际公众科技传播网的一个里程碑事件。它是第一次在亚洲地区由国际公众科技传播网举办的官方会议。它获得了自1994年蒙特利尔会议以来第一次大量的出版发行机会。而且，它在新的理解水平上指明了科技传播的挑战和国际意义上被公众接受的路径。

本书是实践的产物，是这次研讨会上的所有观点的一个样本，是150位代表根据各观点之间的相互关联性、相互转换性以及它们激起公众想象力的方式而选出来的。

这本书着力解决全世界范围内各国面临的一系列的广泛问题：从主办国中国到古巴，从英国到巴西，从澳大利亚到丹麦，从美国到加拿大直到泰国。作者受邀提出了本次研讨会的三大主题之一，即在城乡社区中进行科技传播，在年轻人中和在科学家中进行科技传播工作。

研讨会上提出了5个新的现实问题。这5个现实问题并不仅在一系列的研讨会的陈述中得以阐述，而且在对很多文章的分析中也被强调，一套新的应对科学技术传播的各种挑战的最优策略正在形成。

第一，科学传播者正在试图处理一个公共问题，即公众不断增长的对科学所带来的好处的怀疑。公众不再愿意毫无疑问地认为科学永远总是好的。公众希望关心他们自己的问题，也只对他们的关注得到满足而满意。

第二，科学传播者已经学会接受这样一个事实，即知识鸿沟变得越来越大而且将会继续增大。没有教育计划或事件旨在增加对科学的理解，以应对新发现和新信息不断增加的趋势。这个现实需要纳入科技传播活动之中。

第三，他们认识到解决当地问题或离散问题的最好措施必须要有明确的目标，且执行这些行动的国家资源应当增加而不是维持原状。

第四，科学传播者懂得科技传播活动的长期性特征。而对于公众来说，他们需要花费很长时间才能认识不断出现的新问题，然后对此作出考虑和回应。仓促的科技传播进程会使公众先是产生焦虑，继而产生敌对情绪。

最后，科学普及工作者必须提高科技传播活动的评估水平，这包括确定最有效的传播活动和收集劝说科学家、研究组织和政府投入更多的资源促进科技传播的证据。

这5个新的现实问题将引导科技传播者走向一个新的成熟的水平。本书对这个进程会有所帮助，即通过对各种文化环境中的大量的案例分析和具体做法的事例介绍的方式。这些贡献的范围突出了这样的观点，即所有的国家都能从本书中学到一些有用的东西，不管它们的复杂程度如何。

此次研讨会的参与者是获得邀请并经过竞争产生的。会议吸引了众多的传播科学知识的有才华的、热情的和知识渊博的实践家和理论家。此次研讨会强调了讨论而不是对有关正式文件的陈述。作者在会议之后被邀请修改和完善专家们的讨论内容，而这些讨论中的很多内容也使得本书有机会修正原来文件中的旧版本。

编者很高兴能够把此次会议的科学传播工作的快照呈献给大家。本书包括了很多实践家希望把科学传播活动融入他们自己的文化当中的明智的观点，也包括了我们对现在面临的细小问题和复杂问题产生根源的新理解。这些将会给我们的生活带来巨大的影响。

程东红　珍妮·梅特卡夫　伯纳德·希尔

目　　录

第一部分　科学与社会

第二部分　对青少年的科技传播

第三部分　与社区对话

第四部分　科学家的参与

附　　录

第一部分　科学与社会

社会现实语境下的科学传播

伯纳德·希尔

概要

本文分析评述了公众科技传播，对科学传播的历史以及科学与社会大众之间的关系进行了评价，并通过本次学术报告会的介绍、讨论及分析得出四个关键性的结论：

信任——科学家、研究机构及政府需要重新认识与考虑公众对科学的怀疑，特别是对具有争议性的科学理论的怀疑。

知识鸿沟——科学研究在新领域中的发展速度是惊人的，以至于没有人可以跟上它的步伐。而科学家与公众之间不断扩大的知识鸿沟应当看作是科学传播所处的现实环境。

地方活动——科学传播应该在具体的形式上加强地方活动，以此对明确的、特定的地方问题作出反应。

长期活动——科学传播是一个长期性的过程。因此，我们要花时间去发展社会关系，去分享我们在沟通中得到的认同。

序言

目前，人们常抱怨大多数公众长期缺乏对科学技术的认识。在北京举行的公众科技传播国际研讨会上，与会学者大多谈及要积极发挥个人和集体的力量来应对这个挑战，因为在我们当今所处的社会里，有越来越多的复杂的知识难以清晰地被解读，也不是那么容易被掌控。这也是人们呼吁重视公众科技传播的价值所在，希望科技传播有相应的对策和手段来实现使命。正如在本次研讨会上阿兰·莱什纳（Alan I. Leshner，美国科学促进会 CEO）在开幕式演讲中告诉我们的："科学与技术植根于现代社会的方方面面，并对经济繁荣、国家与个人安全、人类健康及生活质量作出了重大贡献。"

但是需要指出的是，虽然科学已经被大多数人所拥戴，"但最近的科技进步却在接近，或在某种程度上威胁人类的一系列的核心价值"。这也导致了"给历来稳固的科学与社会的关系带来了巨大的压力"，也给"增加公众对科学的理解，以期理解而接受"的常规思维方式带来问题。他还补充道："在目前的环境下，简单的宣传教育已不再奏效。科学团体应该采用更有效的策略真正使大众加入科学及其用途的对话中来，相互尊重地听取对方的需要与担心。"（Leshner，2005）

这些问题主要有三个方面：第一，是科学技术竞争力总体水平提高的问题；第二，是关于知识文化传播途径的选择问题；第三，也是最为重要的一点，是关于我们有必要支持迅速发展的科学与社会两者关系的问题。

在本次国际研讨会上，我们将继续着重关注这三方面的问题，设定的目标是要超越"仅关注传统的'事实'，力图能够真正深入城乡社区中去探讨科学传播"。该目标使我们认识到价值观、情感、本地文化背景的地位。为达到这一目标，应树立"参与而非提升"、"拥有而非学习"的观念，并在不断加强的对话、亲自参与的活动以及实际参与的背景中得到强化，尽管以上这些几乎只能在中小范围内进行。从这点来看，可以相信，那些社区和对等的传播实践会产生长远影响，尽管"对这些工作的有效评估目前仍有难度"。

本次国际研讨会力图让大家关注这样一个事实："更加强调不同学科与文化研究间的合作，科学技术传播者正致力于让科学技术传播到城乡群众之中，而几年前大众对科学技术还一无所知。"同时，我们还关注"获取大众对科学的信任与支持是许多科学文化传播者最为重视的"。通常认为实现这一目的的途径是对话（或三方对话，强调信息与思想的共享应在超过两个团体中进行，如科学家之间、社会团体以及政策制定者之间）。其他传统性的目标在日程上也很重要：为更好地提高生活质量而传播科学知识，保证知识增长与社会进步相适应，促进科学发展进程。另外，与公众"共享"科学知识以及使不同知识相融合的活动也在积极进行中。

在北京举行的国际研讨会上采用的方法显然增加了我们对科学与社会之间关系的反思。其实，从20世纪60年代开始，这些话题就在国际会议中得以讨论，那时有关科学与社会的关系的讨论引起了人们对社会进步激烈的讨论。围绕着获取科学知识的因素、情境以及方式、提升科学家与大众间知识共享程度的途径等话题展开了激烈的讨论。

本文通过回顾科学技术传播的历史和北京公众科技传播国际研讨会上呈现的主要观点，来深入理解科学与公众间的关系。

科学与社会的关系

有关科学传播的共识出现于 1994 年召开的蒙特利尔公众科技传播会议上。这一共识基于 4 个基柱——4 个核心概念产生了当代对科学与社会关系的公共理解 (Schiele, 1994)。

科学与技术,"世界运转的活跃者与加速器,正处于生产系统、日常生活以及当代世界思考的核心"(Jantzen, 1996)。为保持这一动力,他们假定价值观的永存构成了现代理性的基础。在科学思考中,理性的表达是通过理解科学所固有的推理模式达到的。这一任务起始于研究机构中,然后由科学传播者来加以维持与宣传。面临的挑战来自于对社会已经确立的价值观的重建。

一个国家要保持先进的经济竞争力,需要具备快速、灵活的适应能力,而要具备这样的能力就必须依赖于对不断更新发展的科学知识的掌握与应用。因此,不断提升的科技能力是国家发展的基础。一个国家对科学、技术、工业变革的快速适应是提升竞争力的核心,要达到这一目标的关键在于对科学技术的各个基础学科的研究与掌握。目前我们面临的挑战是如何保持甚至增加经济竞争力的极限。

科学的进步(特别是生物科学与基因工程等受到广泛关注的热门学科)正彻底改变着我们对世界的认识,挑战我们对待生活的传统观念,逐渐解构复杂的由长期历史进程缓慢形成的、使我们能够理解与思考自身为"人"的思想观念系统。面临的挑战是如何在理解与感知科学发现的基础上,实现对"人本"的定义。

要通过民主方法解决有关环境、社会以及哲学方面的争论,需要依靠每个人思想观念的巨大转变。这需要在任意的复杂社会中,通过科学技术传播对大量的集体的与个人的观念进行整合。科学及其成就不断改变着科学与社会的关系。每个人都应当运用知识去作出合乎道德的、战略性、生态性和技术性的选择(或者至少理解这些选择的含义)。这样的公民才是真正的、完全的公民。面临的挑战则是如何获得民主授权。

这 4 个关键问题构成了行动的基石,促使人们通过多种努力来向公众传播科学技术,由此人们可以去开展和实施多种传播活动,去全方面或局部地引领参与活动者的努力方向,去协调传播策略和活动内容,并指导人们去处理、展示和深化传播科学技术的方式方法,促进科学技术的发展与应用。

科学与公众科技传播历史简介

目前，一些人可能会对在公众之间进行科学普及并不是一件新鲜事而感到惊讶。事实上也是如此，这种传播活动的历史已经相当悠久了，而且一直持续到了今天，并成为一门公共科学。

公众科技传播并不否认科学思考就是表达与证明。相反，公众科技传播对科学家来说是非常有必要的，以至于科学及其科学揭示能够在相同的结构中互惠互利。该结构将科学思考（实证性思考形成于过程之中）与推断思考相区别。科学普及经历了三个历史时刻，即三个历史性的里程碑。第一，早期科学越来越不是个人秘密。从那时起，分享学术成果以证明其为知识的产物并宣传它成为了一件大事。交流因此成为科学实践的中心；第二，在整个 18 世纪，科学知识的讲授（或研究）与科学传播经常被混淆。科学明显没有现在那么数理逻辑化，它只是自然的一部分，因而易于被接受；第三，仅在 19 世纪，由于形式化及学科划分越来越细，学科之间的隔阂开始出现。这一阶段从以实证科学为标志的 19 世纪开始，一直延续到 20 世纪初期甚至 20 世纪 60 年代。

20 世纪 60 年代和 70 年代，出现了两次决裂。第一次决裂以日渐独立的科学传播为标志，它证明了科技传播的正统与合法。以前从属于科学机构的传播者被要求转换成职业传播媒介。这是因为科学家缺乏演讲能力，难以向公众解释清楚科学理论以及与公众共享"知识所给予的巨大权利"。Moles 与 Oulif（1967）总结道：

> 社会应当具有一个新的功能：调解。在思想者与使用这些信息并有权检查决策结果的人之间，调解人要负责沟通思想，即能运用抽象必要的语言，将一个复杂的高度一致的系统表达出来。而决策往往只是由当局所制定的，当局的预言据说是绝对可靠的。

作为桥梁的"第三方"，一个既不是科学家也不是外行的第三方应该被代替。它一般只是科学机构与公众间的媒介。这两者应该进行直接的联系，以填补科学与常识间的鸿沟。

第二次决裂以人们意识到科学带来社会进步的同时也带来问题与风险为标志。19 世纪 60 年代，人们明显地认识到科学与技术逐渐渗透到社会各个领域；伴随着社会的转变，科学已进入日常生活的方方面面。这一渗透当然也伴随着一些可怕的意外，例如，1967 年发生的"托里坎荣号"（Torrey Canyon）失事船石油泄漏；1979 年 3 月在三哩岛（Three Mile Island）核工厂的意外泄漏事故。另外还有一些永久性的污染物，如多氯联苯、二噁英、呋喃树脂、滴滴涕以及环境中存在的多种杀虫剂物质，这些物质被证明对公众健康（以及生态系统平衡）带来严重的、隐匿的危害，这些在 20 世纪 60 年代早期已被公布（Carson，1962）。一个对科学系统性的反思开始在人们的头脑中渐渐形成，而且已经成为了一个社会事实。公众对科学的态度变得小心翼翼、半信半疑和更具批判精神。

进入磨合阶段

从 20 世纪 80 年代早期开始，公众科技传播工作被视为社会的一个艰巨任务。政府开始将科学传播当作其事业来对待。

英国 1985 年出版的《博默德报告》（*The Bodmer Report*）称，政府拉响了警报，鼓励科学家努力与公众进行沟通。在随后的第二年，建立起推动公众理解科学委员会（COPUS），并担负起拓展公众科技传播职责范围的使命。在科学领域，该委员会也极大地促进了将研究成果传播给公众并得到了他们的认可[①]。从 1994 年起，英国国家科学技术部（OST）继承并扩大了公众理解科学委员会的奋斗目标。在罗兰德·贾克森（Roland Jackson，英国科学联合会 CEO）的开场演讲中再次回顾了科学技术部特殊而积极的角色，尤其是它使大众参与到研究项目的开发过程中的努力。英国计划在项目研究的开始阶段就正确引导公众进行讨论，并在一个认知系统研究项目中引入了这样一个讨论。他说道：

> 我们想看到，尽管公众并不熟悉前沿科学的任何细节，但希望他们对科学感兴趣，并与科学家或研究者进行交流，构造出一些通俗易懂的科学语言。换句话说，我们想建立一种能够进行科技评价的，更具有参与性的形式。如果这种形式能被广泛地介绍与推广，那么，相对于目前的关于公众简单地从对案例中获取知识的模式来说（如英国的转基因食品），可能会获得公众更多的理解与认同。其实，人们不用对科学的益处、忧虑以及其他话题感到惊讶，因为科学家与非科学家能够进行极具建设性的讨论（Jackson，2005）。

---

① 评估公众理解科学委员会的影响参见 http：//www. evluation. co. uk/pus/copus/COPUS. html 和 http：//www. evaluation. co. uk/pus/evaluation/Ukevaluations. html。

在美国，组织机构追求的目标与公众科技传播相同①。然而，以区域独立与自由精神为标志的美国生活，没有人真正试图去系统地协调或登记归类这些科学传播活动。因此，美国没有有关公众科技传播的国家性政策，也没有相关的信息数据库存在，更没有一个机构或政党去创建这些（Lewenstein，1994）。但这并不能阻止联邦政府或全国性组织为提升公众科技传播的作用而积极努力。这里值得提到的有美国科学促进会（AAAS），这一组织有 141000 名成员及 300 个分支机构，还有美国化学联盟，其每年举办全国化学周，有 200 个相关机构参与。例如，在 1985 年哈雷彗星经过地球时，美国科学促进会发起了"2061 计划"的活动。这些活动，一方面给美国划定了公众科技传播的国家标准；另一方面，其工作将一直持续到 2061 年哈雷彗星再次光顾地球②。此外，欧洲也不甘落后，在 1993 年发起了欧洲科学与技术周的活动。

事实上还有许多这样的例子，但以上事例足够说明公众科技传播处于社会活动的中心有相当长一段时间了。许多国家已经在不同程度上进入了它们的议事日程③。它们广泛开展使科学信息易于公众理解的活动，重塑科学的形象，使公众参与讨论以及促使青年人从事科学事业。

质疑隐现：科学技术不再是万能药

这一变化带来了什么？对科学进行一个整体的评估预示着将需要更多的设备、项目、专业工作以及每年稳定的预算。然而，在欧洲公众科技传播的积极努力下，促进了科技研究者的专业优势的发挥，因为科学媒体工作并不能带来像研究者和教师那样的职业优势。但是，这种欧洲情形并不能推及其他地方。例如，在澳大利亚的联邦科学与工业研究组织（CRIRO）以及在英国，专业人士负责将研究机构的科学成果传播给公众，使得科学传播者的专业性已经得到了很好的建立。

这表明出现了两种相互交织的情形：信任危机一直持续着，人们的科学素养一直低于预期水平。

---

① 应该用一整本书描述美国的项目活动。纵览其举措（应更新）参见 Lewenstein (1994)。

② 参见 http：//project 2061. aaas. org，AAAS（1993），Rutherford 和 Ahlgren（1990）。

③ 参加公众科技传播发展的国家总览参见 Schiele（1994）。它们是：德国、澳大利亚、奥地利、比利时、喀麦隆、加拿大、丹麦、西班牙、芬兰、法国、希腊、意大利、日本、墨西哥、挪威、荷兰、葡萄牙、英国、瑞典和瑞士。

英国上议院 2000 年 2 月出版的《科学与社会报告》指出：

> 一方面，科学与社会的关系处于一个关键的阶段，当今科学发展
> 令人兴奋，充满机遇。然而，另一方面，原本被公众广泛信任的科学
> 却被疯牛病的肆虐所动摇，很多人对如此快速的科技进步感到不适应，
> 特别是在生物科技与 IT 产业领域，尽管为了日常的目的他们仍把科学
> 技术视作理所当然。信任危机对于英国的社会与科学来说十分重要。
> (SCST, 2000)

罗杰·吉拉德·斯瓦臣伯格（Roger-Gérard Schwartzenberg，法国科研部长），
在 2001 年 11 月的科学文化会议上提出了完全相同的观点，他说：

> 我希望有关科学传播的整体思路能得以拓展，每个人都可以参与
> 到研究中，并通过传播知识来加强科学技术文化的宣传，而不论具体
> 完成了什么……今天我们必须，20 年后，我们现在必须进入第二阶
> 段，扩大与更新这一努力……在目前科学与社会的关系越来越疏远的
> 情况下，如何才能使科学与社会的关系更为紧密？怎样才能缩短
> 距离？①

英国前首相托尼·布莱尔（Tony Blair）持有同样的观点，他在 2002 年说：

> 我之所以强调这一特点，主要有三个原因：第一，科学技术的进
> 步对于一个国家未来的持续繁荣至关重要；第二，道德判断、现实忧
> 虑引起的反思使科学能够摆正其位置，但是如果这些做得过度可能会
> 被带入一条错误的道路上，从而可能引起对科学的偏见；第三，总之，
> 我们必须基于科学试图实现什么的考量上，才会充分理解：科学的优
> 势只有通过科学与社会之间的不断互动与磨合才能发挥出来②。

政府发现公众对科学既好奇也感兴趣，但同时也表现出了一些怀疑与不信
任。为什么呢？因为他们缺乏基准点去理解他们周围的世界。然而，我们能促
进科学事业，并指导年轻人走上科学技术之路吗？回答这些问题并提出一些建
议是十分必要的，因为"科学技术在我们社会以及日常生活中扮演着极为重要

---

① 2001 年 11 月 12 日法国科研部长 Roger-Gérard Schwartzenberg 在巴黎科学文化会议上
的讲话，http：//www. recherche. gouv. fr/discours/2001/dass. htm。

② 参见"科学问题"的讲演：http：//www. number -10. gov. uk/output/Page1715. asp。

的角色，需要一个有效方法使其在较大范围内适应大众①。它为多样的世界承担着宣传信息、建议、理解世界的责任"。公众科技传播必须重新采用一种新的途径：我们需要扩展科学文化的传播途径，只有通过更新传统传播途径，才能使大众了解它。

通过回顾在准备北京公众科技传播国际研讨会中涉及的文献，我们认为，人们对科学的怀疑、不信任是能够消除的；这种怀疑和不信任不是源自于人们对科学缺乏了解或科学与社会间的知识隔阂。因此，我们认为这一倾向是当今社会现实的一方面。怀疑是现今社会平衡中的一部分，必须考虑到。米歇尔·克雷森斯（Michel Claessens，信息与传播研究所副主任，欧洲委员会秘书长）在发布欧洲委员会最近的一些研究结果时重申："事实是人们不再轻信科学与技术。他们不认为这些是通用的万能药"（Claessens，2005）。罗兰·杰克逊（Roland Jackson）在总结演讲时采用了同样的论调：

> 虽然经济要素非常重要，但我更强调我们需要明晰地表达出科学技术对社会和环境所能作出的贡献的目标，我认为这样可以使科学技术更容易获得更多公众的信任与支持。我也认为科学家必须从试验室，科技人员和工程师必须从工作室中走出来，与大众相互倾听与沟通，解释他们工作的原因、益处、可能存在的风险以及道德含义。我们需要他们做这些，大众才能适当地被告知科学以及科学家的工作，科学家们也能对大众优先考虑的事、担心及兴趣有所了解。这一过程需要变为科学家专业计划中的一部分，应当给予适当的认可、重视和奖励。虽然我们离目标仍然有一定的距离，但至少在英国，我们已经在朝着这个方向进行着（Jackson，2005）。

存在知识鸿沟：量度科学素养

我们获得的第二个结论是：科学与社会间的知识鸿沟非但没有缩小，反而还在持续扩大。其主要成因是由于在我们的生活中出现了越来越多的新知识，即使一直努力学习的人也跟不上。这种差异的大小不取决于人们是否有学习的

---

① 参见"纯粹的国家传播科学和技术"：http：//www. recherche. gouv. fr/discours/2004/dplancs. htm，以及传播和文化部长 Jean-Jacques Aillagon 在 2004 年 2 月 25 日举办的记者招待会上的发言：www. culture. gouv. fr。

意愿或是否有足够的获取知识的手段，而是由于我们当今的社会越来越复杂多样。在科学的领域里，其不断增加的难度来源于学科门类越分越多，这种专业的细分使不同领域的人们相互难以理解。一个领域的专家在另一领域就等同于外行。因此，这种差异不是科学家和非科学家的差异，而大多是不同行业所产生的差异，是不同学科的科学家、专家之间的差异。我们当今的世界并不存在一种单一的巨大鸿沟，而是一系列种类繁杂的沟壑，隔断了不同行业的专家，以至行业内部的专家及公众之间的交流，大家都被隔离在不同的区间里。

知识爆炸意味着社会成员不再拥有一个共享的科学技术文化，且这一情况在未来将更为严重。不论一个人在特定领域内掌握了多大量的知识（即使专家们能在他们认为极其重要的科学知识上达成共识），由于其他领域新知识的增长，他都不能与科学知识的飞速增长保持同步。这一鸿沟是结构化的。面对浩瀚的"科学知识的海洋"①，知识鸿沟只会越来越宽。从这一角度来看，科学家和大众间的鸿沟引起的科学文化问题，通常被理论化为"不对称模式"。这是一个误解，而这个误解可能将我们带进死胡同②。

但是，确切地说，这些调查测量出来了什么呢？它们测量的东西正确吗？我们从这些中能得出什么样的结论？

许多人关于科学技术传播最简单的看法是：它是对基本事实、基本观念以及科学成就的普遍理解③。要衡量一个国家国民的科学素养水平，就需要对这三个指标的正确回答进行测量（通过调查、问卷等）。如果低于某个标准，就会认为被调查人缺乏后现代工业时代公民所应具备的素质。美国国家科学委员会（NSB）及欧洲委员会通常采用此类方法，收集、比较数据并分析趋势。最近的美国调查（NSB 2004 年所做调查）显示：旨在测量公众科学素养水平问卷中的13 个问题中，美国人平均答对 8.2 个问题（63%），而欧洲平均答对 7.8 个（60%）④。

与早期调查相比较，从 1990 年开始，美国就保持了这个水平。但美国国家科学委员会也指出，这个数据会不断发生变化：更多的人知道抗生素不会杀死

---

① 此表达来自 Jean-Marc Levy-Leblond。

② 更深入的讨论参见 Schiele（2003，2005）。

③ 科技传播评价所设置的问题更多地采纳了研究者关注的焦点，而不是从政府的角度考虑。更多参考文献参见 Durant（1993），Laugkscsh 和 Spargo（1996），Jenkins（1997），Miller（1998）以及 Miller and Pardo（2000）。

④ 除非另有标注，此数据来自美国国家科学委员会（2004）。

病毒（这是由于媒体关于抗药细菌所引起的疾病的报道）；超过50%（53%，比以前45%的比率有所上升）的美国人第一次对"人类由早期的某支动物进化而来"的问题回答了"对"（欧洲为69%）。最新一次欧洲调查的结果（2005年1～2月），与之前的调查相比较（1992年、2001年及2002年），米歇尔·克雷森斯（Michel Claessens）发现一些国家国民的知识水平已大幅上升：

> 卢森堡、比利时、希腊、荷兰和德国有超过15%的增长；在欧盟新成员国家中，如捷克共和国、斯洛文尼亚仅在三年中就有10%的增长。瑞典和丹麦的民众在有关科学知识测验中的13个问题中回答正确率最高。问卷结果显示，大多数欧盟国家的公民都能正确回答，这使我们可以判断出欧洲公民有相当高的科学知识水平。欧盟国家的公民的回答平均正确率为66%，错误率也相当低，仅有21%（Claessens，2005）。

66%的平均正确率意味着比欧洲国家先前调查的结果增长了5%，也领先于2004年美国国家科学委员会的调查结果，即3%。

对科学技术传播的调查还需要考虑其他两个方面的因素：态度和兴趣。如果对科学技术持积极态度，同时掌握了一些基本的科学知识，那么，这将对个人参与民主讨论的能力起着决定性作用。反之亦然。要提高科学技术的传播水平就需要公众对此持有积极的态度，让公众能更好地理解科学技术问题，鼓励其参与到讨论与决策中，因为公众只有在了解科学技术对于社会的作用的基础上，才可能完成不可避免的接踵而来的选择（Miller，1983）。在美国，认为这种作用有益的比例高于欧洲[①]。例如，有高达86%的美国人同意"科学、技术让我们的生活更健康、更方便、更舒适"的说法，而欧洲只有71%的人同意该观点；同样，72%的美国人认为"科学研究带来的好处胜过其有害的结果"，而只有50%的欧洲人认同此观点（NSB，2004：73）。美国国家科学委员会强调欧洲居民坚决反对上述观点的比例高于美国（欧洲是25%，而美国是10%），从1998年起，美国人认为科研成果极为有利的比例就一直高于70%，而欧洲的这一比例在1992～2001年显著下降。

考虑到这些，美国国家科学委员会认为，公众对科学持积极态度的比例的增长，很可能与有关知识测试的问卷调查有关，但在美国这一关联性要弱一些。

---

① 就对比分析而言，参见 Banchet and Schiele（2003）和 Miller（2003）。

换句话说，美国人中那些更倾向于看到科学积极性一面的人，并不像因为具有一定科学知识水平才对科学持有积极态度的欧洲人，虽然这一点还远未经证实（Claessens，2005）。什么是已经证实了的？就美国国家科学委员会的观点来看，初步的说法是积极的态度与兴趣构成了整体，反过来说，就是一个人如果没有真正的兴趣是绝不会有积极态度的。例如，一个人可能没什么兴趣但接受了较好的宣传，而另一个人有极大的兴趣却接受了很差的宣传。然而有一点是肯定的，并且已经被所有事实所证明：持久兴趣的保持与科学技术的传播能力相关的主要因素是科学训练。因为扎实的科学及数理化教育能够激发持久的学习兴趣。另外，不论是哪方面的训练，正式的教育都是非常必要的，因为非正式教育是不会产生如此持久的效果的。

对 1990 ~ 2001 年主要研究的回顾表明，在美国、英国和法国①，被认为"有科学能力"的成年人数量在过去的 20 年中翻了一番，现在已经接近 17%。然而，这一水平"对于一个民主国家来说，要使公民能够理解国家大多数政策，参与解决重要政治争端，还是存在问题的"（Miller，2004）。

确实，总有些调查者能够提出一些悲观的调查数据。例如，在欧洲，仅有 41% 的受访者或读者认为"电子比原子更小"的观点是正确的（在美国这一比例是 48%②），因此，要加强对已确信知识的传播，以此来缓解公众中的科学文盲。

此外，在学校中，科学并未受到特殊的待遇，学生掌握的很多科学知识都是通过自学或偶然间获得的。在这种情况下，一切调查都将引起对科学文化间关系的重新评估。同时，希望在公众中进行更好的科学宣传，就需要学校的协助，只有这样才能使科学与社会的关系更紧密。调查结果还表明，虽然通过媒介传播科学知识的效果是明显的，但是它对人们获得新知识以及对科学抱有积极态度的影响是有限的。

尽管如此，还是需要一个知识的传播者：一方面，考虑到其缺陷，媒体只是一个信息源头；另一方面，学习是一个进程。我们不能仅通过一种方法或一种媒介来学习知识；我们的学习应当通过不同的信息源头和各个阶段不断的阅

---

① 美国国家科学委员会数据跨度为 12 年（1999 ~ 2001 年），若这种趋势得以证实，那么，这种上升趋势在 1990 年以前就发生了。

② 美国部分参见美国国家科学委员会（2002）；法国部分参见 Eurobaromètre 55.2。http：//europa. eu. int/comm/public_ opinion/archives/eb/ebs_ 154_ en. pdf。

读，从而继承与坚持正确的知识。这样的方法适用于所有知识的学习。尽管可能存在对知识的曲解、信息短缺以及缺乏训练等问题，但是公众还是能够理解与坚持这些知识的。因此，这些都突出了学校与媒介的作用。我们希望学校能够提供有关科学的正规介绍，并期望能够引起公众对科学知识持久的兴趣。同时，媒介应该通过加大对科学的关注，从而使得公众对科学的兴趣在更大范围内发挥作用。这样，获得真正的科学技术知识，就成为人们的一种期望和追求。因为拥有真正的科学知识是公众参与相关话题的讨论与接受某种培训的必要条件①。

如果是这样的话，那么，问题接踵而来：这些调查的价值是什么？这些调查是测量出对简单的科学事实的浅显理解，还是对公众能够把握日益丰富的科学知识的世界给出一个解释？他们是在评估科学和科学知识与社会生活、日常活动如何真正地融为一体的吗？

有待于加强地方性的行动

当我们面临对科学传播的行动、范围与效果的长期质疑时，我们该如何避免对科学传播的周期性重复评估的需要？北京公众科技传播国际研讨会指出的第三个途径则是加强地方活动，从如何解决具体明确的问题的角度去关注具体的社会语境。

这是否意味着客观信息成为次要的了？不是，在社会情境下，非正式的科学技术传播，如信息的传播就不是孤立的，它能在社会背景中得到应用。在这一方面，大卫·迪克森（David Dickson，科学与发展网创会理事）在北京公众科技传播国际研讨会的演讲中就对"事实"作了全面的评论：

> 我的基本假定是：当对相关事实证据具有可靠的理解时，大量有效的对话将得以进行；实际上，以事实证据为基础的决策只是一种理想，因为它要求社会各个阶层，从最基本的社区到最高层政府都应具有较好的理解能力。同时，如果相关的事实证据是不充分的，遗憾的是，常常会出现这样的情况，到那时对这种不足的填补肯定只能由科学传播者来完成。换句话说，科学传播者需要弥补相关的"知识赤字"。

---

① 述评参见 Pardo 和 Calvo（2004）。

开展着眼于长期性的行动

科学技术传播的工作大部分在于对社会角色代表的重塑（并同时消减了他们还在扮演的其他社会角色）；知识关系的转化；也可以说是使那些社会角色重新思考如何以及用什么方式去理解科学，以及使在特定情境中某些知识能被他们所理解。如果科学素养能够被定义为一套复杂的符号和合成的意义（包括语言）系统，使价值与意义的转化紧紧地联系在一起。那么，我们认为科学传播实践是在紧密的社会关系和共享的意义互动中进行的。因此，这些实践必须把互动考虑在其中，因为互动在重构旧知识与建立新知识过程中具有很强的工具性作用。

在某种程度上，知识的应用同时也意味着承认改变其意义的可能性，从而形成其新的结构。它是一种新的知识与意义的共享，同时也是掌握那些真正重要的具体知识的过程。为了避免被欺骗，这种共享促进文化知识的产生，而不是减少（Castells, 2000）。这就是为什么纷繁复杂的信息中存在有误、简化与减少的信息最终是次要的（并不是说这些信息不重要）。通过持续聚焦建议与纠正错误，从而使得知识被转换以及获得新的能力。科学传播需要着眼于长期性行动——这些行动把各种社会关系和共享意义都纳入其中。

结论

北京举行的公众科技传播国际研讨会统一了公众科技传播的新方向。为了取得预期效果与成就，我们需要认识到社会具有很高的质疑水平与较低的科学知识接受水平的现实情况。公众科技传播努力让大众接受科学文化的作用总是有限的，甚至对那些传播对象为接受过正规教育与培训的人也是一样。然而，为了使科学能够成为社会真正关注的话题，人们应当在局部范围与个人层次上参与有关科学话题的讨论。如果要使科学成为人们生活中有用的一部分，以及在决策的制定过程中和信息的阐释中得到认可，受到重视，那么，这将是一个长期努力的过程。

参 考 文 献

AAAS(American Association for the Advancement of Science) (1993). *Benchmarks for Science Literacy*. Oxford University Press, New York.

Banchet Jand Schiele B(2003). Comparaison de quelques enquêtes nationales et internationals sur la compréhension et las perception de la science par le public. In: *les territoires de la culture scientifique*, Schiele B and Jantzen R 9 eds), Presses Universitaires de Lyon, Lyon, 95–114.

Carson R(1962). *Silent Spring.* Houghton Mifflin Company, Boston.

Castells M (2000). Material for an exploratory theory of the network society. *British Journal of Sociology* 51(1):5–24.

Claessens M (2005). *Public Perception of Science and Technology: A European Perspective*, PCST Woorking Symposium, Beijing 2005.

Dickson D(2005). In defence of a "deficit model" of science communication Opening speech, PCST Working Symposium, Beijing 2005.

Durant J(1993). What is scientific literacy? In: *Science and Culture in Europe*, Durant J and Gregory J(eds), Science Museum, London, 129–137.

Harvey D (1995). *The Condition of Postmodernity.* Blackwell, Cambridge MA, Oxford UK, 299, passim.

Jackson R (2005). Science in Society: challenges and action. Opening speech, PCST Working Symposium, Beijing, 2005.

Jantzen R (1996). *La cité des Sciences et de l' Industrie, 1996–2006: De la décennie de la floraison ... vers la décennie de la raison.* cité des Sciences et de l' Industrie, Paris.

Jenins EW (1997). Scientific and technological literacy for citizenship: what can we learn from research and other evidence? In: *Science*, *Technology and Citizenship: The Public Understanding of Science and Technology in Science Education and Research Policy*, Sjøberg S and Kallerud E(eds), NIFU—Norsk Institutt for Studier av Forskning og Utdanning, Oslo, 29–50.

Laugkscsh RC and Spargo PE (1996). Construction of a paper-and-pencil test of basic scientific literacy based on selected literacy goals recommended by the American Association for the Advancement of Science. *Public Understanding of Science* 5(4):331–359.

Leshner AI(2005). The evolving context for science and society. Opening speech, PCST Working Symposium, Beijing, 2005.

Lewenstein B(1994). A survey of activities in public communication of science and technology in the United States. In: *When Science Becomes Culture: Wrold Survey of Scientific Culture* (*Proceedings* 1), Schiele B(ed.), University of Ottawa Press, Ottawa, 119–178.

Metcalfe J, Cheng D, Riedlinger M and Shi S(forthcoming). Report: Strategic issues in science and technology communication.

Miller JD(1983). Scientific literacy: a conceptual and empirical review. Daedalus 112(2):29–48, passim.

Miller JD (1998). The measurement of civic literacy. *Public understanding of Scinece* 7(3): 203–223.

Miller JD (2003). Culture scientifique dans un monde de communication à large nande. In: *les territoires de la culture scientifique*, Schiele B and Jantzen R (eds), Presses Universitaires de Lyon, Lyon, 79–93.

Miller JD(2004). Public understanding of, and attitudes toward scientific research: what we know and what we need to know. *Public Understanding of Science* 13(3): 273–294.

Miller JD and Pardo R (2000). Civic scientific literacy and attitude to science and technology: a comparative analysis of the European Union, the United States, Japan and Canada. In: *Between Understanding and Turst: The Public, Science and Technology*, Dierkes M and von Grote C (eds), Harwood Academic Publishers, 81–129.

Moles AA and Oulif JM (1967). Le troisième home, vulgarization scientifique et radio, Diogène 58: 33.

NSB (National Science Board) (2002). *Science and Engineering Indicators—2002.* NSB-02-1, National Science Foundation.

NSB (National Science Board) (2004). *Science and Engineering Indicators—2004.* http://www. nsf. gov/seb/srs/seind04/c7/c7h. htm.

Pardo R and Calvo F(2004). The cognitive dimension of public perceptions of science: methodological issues. *Public Understanding of Science* 13(3): 203–227.

Rutherford FJ and Ahgren A(1990). *Science for all Americans.* Ordord University Press, New York.

Schiele (2003). Vers de nouvelles prblématiques de la CSTI. Opening speech, Colloque de l' Association des musees et centres pur le développement de la culture scientifique, technique et industrielle. Mulhouse, France, May 2002. *AMCSTI Bulletin* 13: 2–6.

Schiele B(2005). Publiciser la science! Pourquoi faire? Opening speech, Conférence *La publicisation de la science*, Grenoble, France, 24–26 March 2004.

Schiele B(ed) (1994). *When Science Becomes Culture: World Survey of Scientific Culture (Proceedings 1).* University of Ottawa Press, Ottawa.

SCST(Select Committee on Science and Technology) (2000). *Third Report, Science and Society.* House of Lords. United Kingdom, 1.

作者简介

伯纳德·希尔 (Bernard SCHIELE), CIRST-UQAM, CP 8888, suc. Centre-Ville, Montréal, Qc, Canada, H3C 3P8

schiele. bernard@ uqam. ca

www. uqam. ca

www. cirst. uqam. ca

伯纳德·希尔，蒙特利尔魁北克大学通信系教授，校际科技研究中心创建者及前主任。

他的研究涉及媒体传播科学程序和文化信息的影响。近来，他致力于科学话语和科学博物馆学的研究。

他积极参与国际会议，指导加拿大、美国和法国博物馆学对比研究项目，并组织了许多有关科学素养的国际会议。1994 年，他组织了蒙特利尔公众科技传播会议。他编辑或撰写了 6 本有关公众科技传播的图书。

他经常就科学文化问题提供咨询，并在此领域发表了大量文章。他现在从事科学展览和科学素养研究的发展。

他是公众科技传播科学委员会的成员。

公众的科学技术观：欧洲人的视角

米歇尔·克雷森斯

概要

本文第一部分在分析了 2005 年 1~2 月对欧洲 32 个国家公民的调研结果的基础上，对当今欧洲公民的科学意识进行了评价，也同最近在美国和中国进行的类似调查所得出的结果作了比较；第二部分则介绍了当前欧洲科学知识传播领域的发展趋势。

欧洲的反科学观？

当前，欧洲公众的科学技术观正处于一种既独特又让人困惑的状态。一方面，自工业革命以来，虽不能说欧洲的科学家与工程技术人员创造了绝大多数科学技术，但至少可以说是他们对其发展作出了巨大贡献；另一方面，如原子能技术、转基因食品以及克隆等科学技术的发展给欧洲带来了诸多问题，甚至争议。这使欧洲公众对科学技术产生了悲观情绪，使他们对科学技术失去了信心。同时，一些媒体对欧洲不断滋长的反科学观进行了公开报道，但是这些报道似乎太夸大了事实。一项由欧洲委员会进行的民意调查显示：科学的正面价值在欧洲仍然是主流。公众对科技进步的期望日益增高。例如，超过 80% 的欧洲人对科学技术进步将治愈艾滋病、癌症等疾病充满信心。他们同时期望在公共决策中倾听更多专家的看法。

人们对科学技术的认识不再是单纯幼稚的，而是变得成熟且正成为现实。他们不再把科学技术看作是万能的灵丹妙药，而是抱着批判的态度看待如转基因食品等科学技术的发展，但随着他们看到科学发展带来显著效用，也知道他们仍有选择的自由后，又改变了之前的观点。目前，公众的关注以及政治争论给科学家们带来了一些苦恼。科学家在公众面前拥有一种强有力的形象，但这仍然不够，人们期望能够对科学研究的方式加强控制。

欧洲的科学素养

　　欧盟在 2005 年年初对欧洲 32 个国家进行了两次民意调研①，并在同年 6 月发表了两篇报告。第一篇介绍了公众眼中科学技术在欧洲发展的主要趋势，第二篇则如同评价欧洲公民的价值观与道德规范一样评价了科学技术的发展。决策者、教育工作者、研究人员以及所有对科学技术感兴趣的人都可以使用这些报告与数据。随着 2001 年 12 月实施的科学与社会行动计划和欧盟基金项目，欧盟坚定地承诺推动和发展科学与社会的对话。

　　这些报告显示出欧洲公民对科学技术表现出很强的信任：87% 的人认为科学技术提高了他们的生活质量，并且 77% 的人相信科学技术对未来几代人仍会发挥同样的作用。对科学技术感兴趣的人（见图 1.1）保持了很高的比例（78% 的公民对科学新发现非常或比较感兴趣），尽管这一数据相对 1992 年有所降低。从那时起，对科学技术"非常感兴趣"的公民比重大幅下降。下降幅度最多的是对环境污染的关注（下降了 18 点），此外，对医学新发现感兴趣的公民比重也在下降（下降了 12 点）。

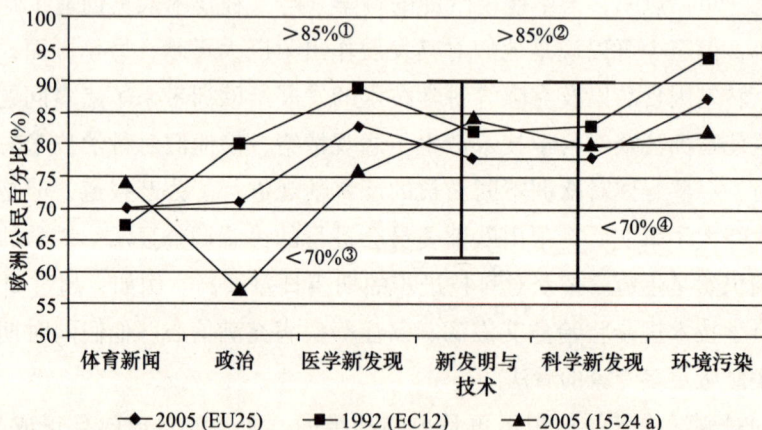

图 1.1　对不同的科技话题非常或适度感兴趣的欧洲人的比例

　　注：①＞85%：冰岛、塞浦路斯、荷兰、瑞典、卢森堡、法国、德国；②＞85%：瑞典、塞浦路斯、冰岛、瑞士、挪威、荷兰、卢森堡、法国、德国；③＜70%：意大利、波兰、葡萄牙、立陶宛、土耳其、保加利亚、罗马尼亚；④＜70%：波兰、葡萄牙、保加利亚、罗马尼亚、立陶宛、土耳其

---

　　① 32 个国家包括 25 个欧盟成员国，此外还有申请国（保加利亚、罗马尼亚、克罗地亚和土耳其）以及欧洲自由贸易联盟（芬兰、挪威和瑞士），即 5.7 亿人口。

　　欧盟国家的公民对科学技术持有巨大的信心。目前，他们高度认可科学技术发展给社会带来的效用是巨大的。大约 78% 的人相信科学技术能够使我们的生活更好（最高的是马耳他 87%，德国 86%），88% 的人认为科学技术的发展将有助于重病的治疗（荷兰是 97%，塞浦路斯是 94%）。这都表明欧盟国家的公民对欧洲科学研究的有力支持（见图 1.1）。

　　从对公民的测试结果（见图 1.2 与图 1.3）可以看出，欧盟国家的大多数公民都能正确回答测试问题，这可以断定欧洲公众具有相当好的科学常识。在欧盟国家，正确回答的平均值达到了 66%，而错误率保持在 21% 以下。公民在小测试中能够正确回答的人数自 1992 年以来有了明显增加。这是所有被测试国家

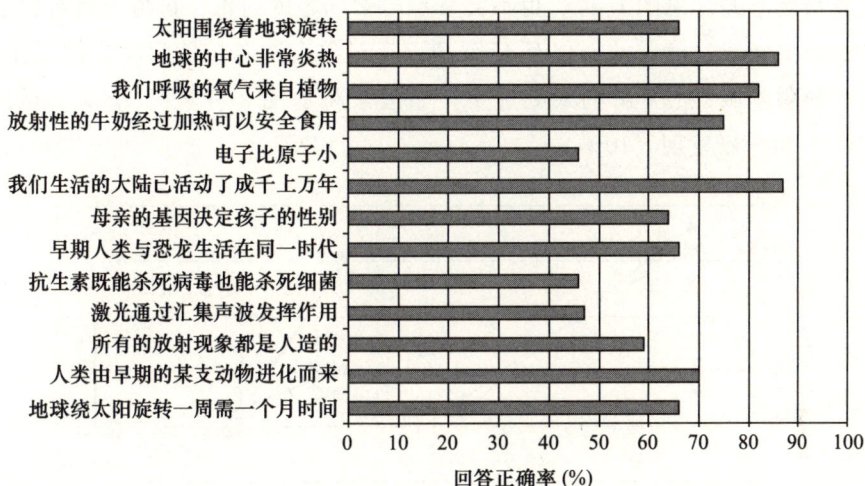

图 1.2　对科学素养调查中 13 个问题的正确率

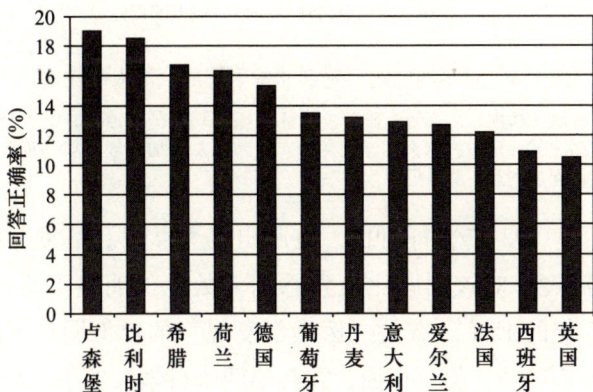

图 1.3　在 12 个欧洲国家中回答正确率有所提高（1992～2005 年）

普遍存在的现象。其中，1992～2005年，一些国家的平均回答正确率明显上升，如比利时（上升了13）、德国（上升了10）、爱尔兰（上升了10）、卢森堡（上升了17）、荷兰（上升了11）。

通过调查研究得出，在1992年、2001年和2002年的早期调查之后，欧洲国家的公民对科学知识的关注出现了最惊人的发展。学知识在许多国家的普及程度迅速提高。增长超过15%的国家有卢森堡、比利时、希腊、荷兰与德国（见图1.3）；在新成员国中，捷克共和国与塞尔维亚在3年里有10%的增长。对13个科学知识的问卷调查中，瑞典公民的回答正确率最高。

尽管欧洲公民支持科学研究，但在科学与社会之间仍存在鸿沟。欧洲人觉得信息披露不够（见图1.4），也不会参与科学问题的讨论，这将导致对科学发展的怀疑主义或过度关注。仅有15%的调查对象表示对环境污染问题很了解。在其他科学领域，很了解的人则更少，如医学新发现（11%）、新发明与技术（11%）、科学新发现（10%）。

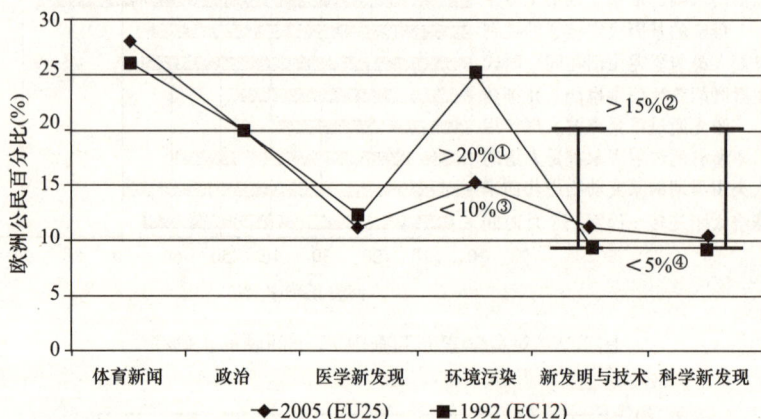

图1.4 对不同的题目感到非常了解的欧洲人的比例

注：①＞20%：希腊、法国、卢森堡、荷兰、塞浦路斯、马耳他、冰岛；②＞15%：希腊、荷兰、瑞典、塞浦路斯、冰岛；③＜10%：意大利、葡萄牙、立陶宛、保加利亚、罗马尼亚；④＜5%：意大利、葡萄牙、立陶宛、保加利亚、罗马尼亚

将这些图表与1992年进行对比，显示出巨大差异。最重要的区别是有关"环境污染"的问题，对该问题比较熟悉的人数比例明显下降，从1992年的25%下降到2005年的15%。有关"医学新发现"的比例同样下降明显（自从1992年以来下降了1%）。另一方面，在其他两个科学议题上，公众的熟悉度有一点上升，即"新发明与技术"上升了2%，"科学新发现"上升了1%。因此，

还需要努力使科学技术更接近公众，并促进科学家与公众之间的交流。

　　这些数据同时说明了欧洲人对科学家的印象是复杂与双重的：一方面，人们认识到科学家在社会中扮演着积极角色，同时也希望看到政策制定者在制定有关科学技术决策时，能够更多地采纳专家的意见；另一方面，他们对科学家向公众解释他们的研究成果与处理信息的方式又感到不满。对公民来说，59%的人相信科学家因他们掌握的知识而可能成为潜在的危险（75%的马耳他人、70%的德国人以及68%的瑞典人这样认为，但在丹麦、西班牙、芬兰与奥地利，仅有48%的人这样认为）。

　　此外，国家之间存在的差异也应当引起注意，一些新成员国对科学技术的态度正朝着更为乐观的方向发展。对照早期的调研结果，一些国家的公民对科学技术的兴趣在下降，而这些国家对科学技术感兴趣的公民仍然保持了较高的比例（大约80%的公民）。

　　在调研中也出现了一些批判的声音：

- 欧洲人开始对一些技术产生了质疑。例如，54%的欧洲人认为转基因食品是危险的（包括88%的塞浦路斯人和80%的希腊人）。
- 尽管人们认识到科学技术迄今为止对社会的发展作出了巨大贡献，但人们也看到了一些负面的影响，例如环境污染与失业问题。绝大多数人认为计算机技术减少的就业机会比它创造的要多。

　　对在美国与中国进行的类似的调查数据分析显示：在欧洲，对科学技术持乐观态度的公民比例比这两个国家低得多。在美国，72%的人认为科学研究带来的益处大大超过了它可能存在的害处，而在欧洲，仅有52%的人这样认为（1992年是61%）。此外，美国和中国的公众对科学技术感兴趣的比例都比欧洲高，有57%的人声称对科学新发现非常感兴趣（而欧洲国家则为30%）。

科学技术的公众参与和决策

　　在科学技术的决策中，欧洲公民给予客观性原则以优先考虑：大多数人偏爱风险收益的分析（53%），这超过了对道德与伦理问题的考虑（33%），并且2/3的人偏爱风险收益专家的建议超过了普通公众的观点（66%）。然而，在面对具体科学技术的应用时，欧洲人受到道德的影响还是很大的，这表明科学并非完全不受价值观的影响。

　　欧洲人认为政治家应该更多地依靠科学家的专业建议。欧盟国家中73%的人主张公众应充分尊重科学家的判断，并因此认为政策制定者也应该向科学家咨询他们的意见。

    然而，大多数欧洲人认为面对科学技术决策时，公众意见并没有被充分表达。事实上，58％的欧盟国家的公民并不认同如下观点："公众已充分参与到科学技术的决策中。"（见图1.5）

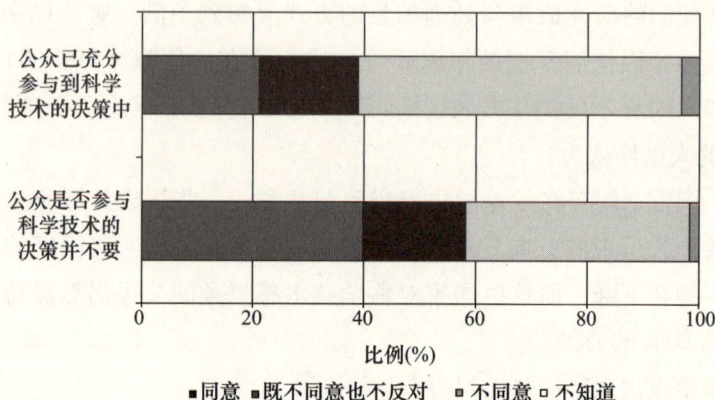

图 1.5   公众参与科技决策的欧洲舆情

    鼓励更多的公民参与科学技术决策的最有力的支持者队伍是法国（69％）、荷兰（69％）以及捷克共和国（68％）。在法国、瑞典、荷兰，我们发现大多数人期望自己能够亲自参与到决策中去（见图1.6）。社会人口统计结果显示不同种类之间并无大的差异。

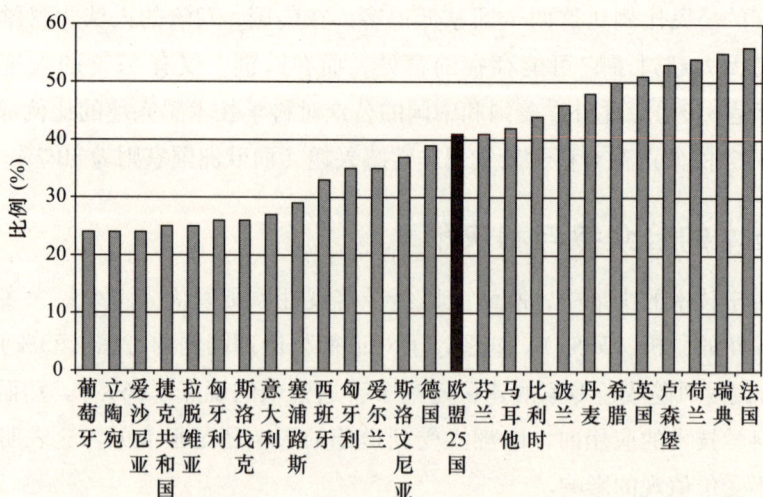

图 1.6   认为公众参与科技决策重要的百分比

欧洲公民非常热衷于通过阅读报纸、杂志或网络上的科学文章了解科技问题。在25个欧盟国家中，19%的受访者表示会定期阅读科学文章，40%的人表示会偶尔阅读科学文章（见图1.7）。我们认为，阅读科学文章是向被调查者提供的4种参与科学技术决策的形式中最不好的一种（阅读文章、与朋友交谈、出席公开会议与讨论、签署请愿书以及上街游行示威）。相当多的被调查者（至少40%）表示他们对科学技术决策很少或几乎没有了解。

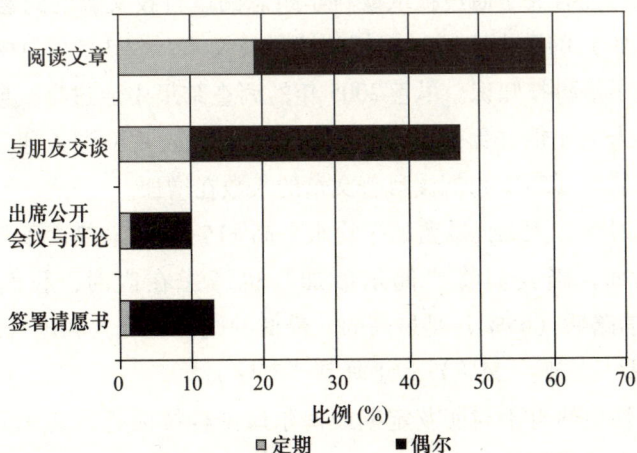

图1.7　欧洲公民的科技信息来源

有关与朋友谈论科技的问题，25个欧盟国家的受访者中有10%的人表示会定期进行，而有37%的人则表示偶尔会做。可见，通过与朋友交流的方式参与科技问题比第一种方式似乎更有效。

人们采用其他两种方式的频率要低得多，尽管这两种方式在参与过程中显得要有效得多。其中，10%的人会定期或偶尔出席有关科学技术的公开会议或讨论（各自为2%和8%）。大多数人（90%的受访者）表示很难或从不参加类似的会议或讨论（分别是19%与71%）。

类似的结果还出现于签署请愿书或参加有关原子能技术、生物技术或环境问题的游行示威上。对于这种方式，仅有13%的人表示会定期（2%）或偶尔（11%）参与，而87%的人表示他们很少（14%）或从不（73%）参与。

查看各个国家的调研结果，可以发现，荷兰人中通过报纸、杂志或互联网定期阅读科技文章的人数比例最高。比利时与卢森堡紧随其后，其比例超过了30%。意大利人定期阅读科技文章的比例则是最低的，仅有10%的人表示会这样做。奥地利、葡萄牙、罗马尼亚与保加利亚的比例也比较低。

一个通过对社会人口统计特征的结果分析显示，男性比女性更热衷于阅读科技文章。高学历者、学生和管理者也表现出很高的阅读热情。相反，年龄超过55岁的人群对阅读这类文章的热情要低得多，不管是定期还是偶尔阅读这类文章。

把2005年的调研结果与1992年的调研结果进行比较，我们看到，在1992年的调查中就已经有关于通过报纸或科学杂志阅读科技文章的问题①。1992年，接近一半（45%）的欧洲人通过报纸阅读科技文章，仅1/5（21%）的人表示从科学杂志上了解科技知识。尽管2005年的调查结果中通过报纸或杂志阅读科技文章二者的人数比例并无差别，但我们仍然可以发现欧洲人通过报纸、杂志与网络定期或偶尔（59%）阅读科普文章的人数在增加。

荷兰人（21%，大约比欧盟的平均水平高11%）是最热衷于与朋友交流科技知识的。然而，当我们将"偶尔参加"也考虑在内时，我们发现，瑞典（67%）与塞浦路斯（65%）是最高的。最低的则是捷克共和国（33%）、葡萄牙（34%）、罗马尼亚（34%）和土耳其（35%）。

男性比女性更热衷于与朋友定期或偶尔谈论科技话题。高学历者、学生和管理者也表现出了类似的趋势。

数据显示，在每个欧洲国家中，仅有很少部分的人会定期或偶尔参加科学技术的研讨会。其中，希腊的比例最高（24%，比欧盟的平均水平高11%），瑞士以18%的比例随后。这些人中大部分是高学历者、学生和管理者。

涉及签署请愿书或参加有关原子能技术、生物技术或环境问题的示威游行时，奥地利与瑞士的公民是最积极的。在奥地利，27%的受访者表示会定期或偶尔参加。在瑞士，同样，超过1/4（26%）的受访者表示会参加。然而，大多数欧洲人从不或偶尔一次参加请愿或游行。

在以这种方式积极参与科学决策活动的小部分人中，我们发现，高学历者、政治左派人物和管理者的比例较高。

参与科学技术的决策

通过对"参与科技决策对自己并不重要"的观点的回答显示：越是缺乏科技知识，越是同意这种观点；反之亦然。认同这种观点的人从15%到53%不等，

---

① 欧洲晴雨表调查数据38.1："你曾阅读报纸上的科学文章吗？阅读科学杂志吗？"

其中，15%的人是科学知识匮乏者，53%的人是掌握了丰富的科学知识者。换句话说，对科技知识了解越多的人越认为亲自参与科技决策过程是重要的。

在这些已被证明"非常缺乏"或"相当缺乏"科技知识的被调查者中，多数人相信参与科技决策对他们并不重要（分别是46%和53%），但我们也不能忽视其中持相反意见的人（分别占15%与24%）。因此，即使许多被调查者并未掌握大量的科技知识，但他们仍然主张应当参与科技决策。

欧洲的科学技术传播

科学技术传播被广泛地认为对欧洲民主社会作出了重要贡献。然而，该问题仍存在争议。例如，哲学家海德格尔质疑：民主是否就不可能是理想的政治制度以适应技术驱动型社会。同样，有证据表明，我们接受或拒绝科学技术发明很大程度上取决于我们先入为主的观念以及我们因此而必须摒弃那些广为人知的看法，即高质量的科学信息能够影响人们的判断。

因为普通公众被赋予越来越多的参与新技术决策的权力。这些技术对他们自身的福利和世界的其他方面都将产生深远的影响。科学技术传播可以提高公众参与度以及研究、技术应用等决策过程的质量，这已经得到了证实。

最近的调查显示：欧洲公众要求获得更多的科技信息。欧洲公众认为他们缺乏对科技问题的了解与较低的兴趣与信息的缺乏有关。

在工业化国家，尤其是在欧洲，希望通过20年的时间来提高公众对科学技术的理解受到强烈关注。许多活动（如科学节等）、机构（科学中心与博物馆等）以及研究项目已经启动并获得了支持。1985年，英国皇家学会出版的《博德默报告》（Bodmer，1985）以及公共理解科学委员会在英国的建立，有力地促进了科学技术的传播和实践。例如，《博德默报告》认为不仅科学家有责任走出去向广大公众传递科学的社会效益，同时认为公众掌握的科学知识越多，他们对科学研究的支持就越多，对技术改革的热情也越高。

在上述背景下，调查数据显示：自2001年以来，基础科学知识的普及已经取得了明显进步（见图1.3与图1.8）。由欧洲委员会2001年发起的科学与社会行动计划看起来已经产生了非常积极的影响。

然而，科学与社会的鸿沟依然存在。我们应当更努力地使科学技术更接近那些很少接触科学领域以及因此而对科学技术持怀疑态度的人群。这类人群主要是妇女、老人以及较低学历的人。

但是，许多欧洲科学家与研究组织仍然缺乏传播精神。根据欧洲南方天文

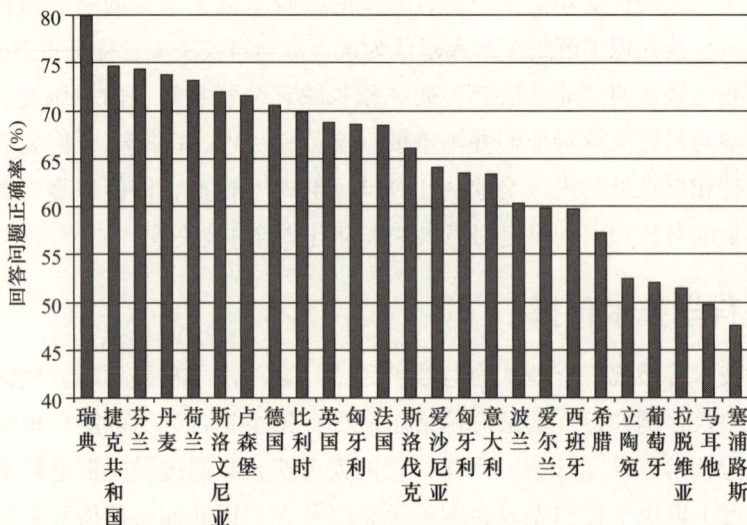

图 1.8　正确回答科学问答 13 个问题的百分比（根据各国平均值标准化处理后的结果）

台的调查，德国出版机构出版的 79% 的天文学文章来自美国，尽管欧洲国家操控着在智利的太空望远镜（VLT，可能是世界上最强有力的外层空间观测设备），并且在这个特定科学领域保持着领先优势。

美国国家航空航天局（NASA）被视为优秀的专业科技传播者之一。NASA对科技的成功传播反映出公众对太空与天文学的真正兴趣——该组织拥有 100个涉及公共事务、媒体关系的职能部门，总共有 18000 名员工。此外，它还成立了由 40 人组成的教育办公室以及每年 1.7 亿美元的预算，成功地开创了有关所有空间项目的嵌入式教育。NASA 的经验简要地说就是将媒体当作客人，强调顾客服务至上。相比之下，2004 年，VLT 仅公布了少数 "哈勃级" 的图片。

利用科学社区促进科学文化传播是欧洲委员会的一个目标。这也是 2005 年11 月在布鲁塞尔召开的欧洲研究交流会（CER）的目标，会议吸引了 53 个国家的 2500 名科学家和科技传播方面的专家。此次会议适时地在科学、媒体与社会之间搭建起了信息交流的平台。来自欧盟基金项目参与者不断增长的兴趣和要求推动着科学技术传播进入一个新的阶段。这次会议给项目协调者、科学家、政策制定者、记者以及其他传播学专家提供了一个交流和讨论他们的工作的机会和平台。许多欧盟研究项目的协调者以及 211 名记者参与了此次会议。重要的是，对 2005 年代表的统计显示，本次会议的性别比非常均衡，男性代表人数略为占优，为 54%。

　　此次会议的目的是减少科学、社会与媒介之间交流的障碍——包括通过提高对科学家和记者各自角色的相互理解。同时，会议也为分享最好的实践经验以及制定策略以推动研究取得新突破和促进科技传播活动创造了一个好机会。最后，会议还展示了最新的研究成果和欧盟基金项目支持的科学活动，同时，网络、媒体在为如何最好地宣传欧盟的研究计划和成果提供可行的建议和指导方面也接受了一次很好的培训。

　　欧洲委员会非常积极地参与到将欧盟基金项目的研究成果向媒体与公众的传播活动中。支持与帮助项目协调者与团队领导者获得有效的信息，宣传他们的研究目标与成果和他们对促进欧洲科学和文化的繁荣所作出的贡献、欧洲范围内合作的价值以及科学给欧洲民众带来的利益。

　　欧洲委员会实际上采纳了一些欧盟国家的研究组织开拓的成功事例和有效做法。这些活动影响了科学与技术在欧洲被理解与认识的方式。

参 考 文 献

Bodmer W(1985). *The Public Understanding of Science*. The Royal Society, London.

EC(European Commission)(2005a). *Europeans, Science and Technology*. EUR 21722, EC, Brussels.

EC(European Commission)(2005b). *Social Values, Science and Technology*. EUR 21721, EC, Brussels.

作者简介

　　米歇尔·克雷森斯（Michel CLAESSENS），European Commission，200 rue de la Loi，SDME 7/18，1049 Brussels

michel. claessens@ cec. eu. int

http：//europa. eu. int/comm/research/rtdinfo/indix_ en. html

　　米歇尔·克雷森斯，信息与传播研究署副主任，欧洲委员会秘书长。

　　他在 1994 年加入欧洲委员会，之前作为化学家在大学和企业工作。自 1980 年起，他开始担任科学特约记者。

　　在科学信息和传播方面，克雷森斯具有丰富的职业阅历。他的主要职责是组织大型会议和欧洲晴雨表科技调查。他还是 *RTD info* 杂志的主编。

　　作为科学记者和作家，克雷森斯发表了有关科技方面的论文 250 篇，出版了 4 本书。对于科学问题，他在各种会议上洋洋洒洒、畅所欲言。

　　克雷森斯是公共科技传播科学委员会的成员。

第二部分　对青少年的科技传播

青少年科技传播的困境与对策

珍妮·梅特卡夫　李　曦

概要

在北京举行的公众科技传播国际研讨会上，有 17 篇之多的论文探讨了向青少年传播科技，各国学者为此议题提出了各种意见和见解。有趣的是，几乎每篇论文都探讨了对青少年的科技传播，也提及了青少年对科技的兴趣明显减少这一现象。

本书第二部分介绍了 5 个关于青少年传播科技的个案研究，反映出此次研讨会研讨的深度，也提供了种类多样的解决之道。本文旨在介绍此次研讨会中提供的案例分析，并探讨所提出的主题、视角和工作会议中谈及的议题。除非另有说明，所有转载论文的参考文献，有的是全文转载，有的是摘要，都出自本文所选全文和来自《对青少年进行科技传播的其他案例摘要》一文。

青少年对科技兴趣下降的原因

青少年对科技兴趣的下降受到了各国学者的广泛关注和热烈讨论，也是此次研讨会的主要议题，并构成了触发多种多样的科学传播活动的一个关键要素。

在澳大利亚，"学生们对科学和技术的态度低迷"（Ko and Hsu，2005），而且"科学与技术常常被本土人士看作是不相干的东西"（Rooney，2005）；在英国，"年轻人正在漠视科学和技术"（Banerjee，2005）；在韩国，"年轻的一代并没有表现出多少对科学的必要兴趣"（Kim and Lee，2005）；还有学者观察到"年轻人并不必然对身边的主题具有兴趣"（Schuurbiers *et al.*，2005）；"现在的年轻人是伴随着拒绝科学的潮流而成长的"（Ko and Hsu，2005）；而且"工业世界的年轻人在很大程度上忽视自然科学和技术"（Nilsson，2005）。这一严峻的事态不容我们忽视，正如尼尔森（Nilsson）提到的，这个事实"被（比如说欧盟）认为是对我们社会的一个严重威胁"。

造成青少年科技兴趣下降的原因可以归结为如下三点：

第一，科学在青少年心中被歪曲的形象大大助长了他们科学兴趣的减弱。

澳大利亚的学者 Ko 和 Hsu 揭示，"科学和技术不像其他领域那样是一个吸引人的职业选择"，并且指出，这背后的原因涉及科学和技术被"看作是非常静态，并且完全个体性和技术性的领域"。在英国，据报道，年轻人往往把科学看作是乏味的、缺乏相关性以及充满了众所周知的东西，而且这种态度"是年轻人漠视科学技术的一个主要原因"（Banerjee, 2005）。在韩国，据说流行这样一种常识：把科学看作是仅仅对科学家而不是青少年有用的东西（Kim and Lee, 2005）。

第二，学校课程的糟糕设计和错误的科学教育理念也导致了这一问题的恶化。有学者发现，过于关注科学知识的课程设计导致学生没有机会体验"科学的本质"，发展他们的创造性和培养"尝试了解更多不确定未知世界"的能力。这样的课程没能让学生理解科学与技术的社会背景；相比而言，学生实际上需要的是课堂中更多的讨论和实践，并且了解科学技术的社会影响（Banerjee, 2005）。其他学者也提出，尽管年轻人仍然信任科学和技术，但是他们并不参与到自然科学和技术之中，因为学校没有成功地抓住年轻人的兴趣。

课堂材料的内容过于理论化，过多地强调记忆性的知识而不是对知识的理解，即怎样融会于日常生活之中，教育方针过多地关注于智力的部分，使得学生无法发展他们的情感和社会竞争能力（Nilsson, 2005）。甚至对于那些涉及与我们的生活具有密切联系的有趣话题以及可能激发起学生反思的题目来说，相应的课程设计也常常被错误的理念所引导，因此看起来令人乏味。依照中国科技博物馆的一项旨在了解环保教育对学生影响的调查，"冗长的课程和令人震惊的图片让他们感到炫目，无法引发他们的兴趣"（Li and Zhang, 2005），而且"他们不知道怎么做，不知道从哪里开始，一些人甚至对环境问题的解决感到悲观"。Schuurbiers 等人（2005）也注意到学生对很多科技主题缺乏内在的兴趣，并指出"向年轻人传播科学是一件富有挑战的事情"，"需要有人引发他们的兴趣，激发他们的好奇心，并正视他们关心的话题"。

第三，物质障碍也在青少年科学兴趣的减弱中起了作用。在一篇涉及向澳大利亚当地人传播科学的文章中，研究者发现，"按照当地人强烈持有的传统知识，科学和技术常常被看作是不相干的"。分析提示，有许多因素与这一现象密切相关，包括这一事实，即"许多当地人生活在遥远的社群中，对科学计划的了解有限"，而且"面临着加入科技教育或培训的地理或经济的障碍"（Rooney, 2005）。

此外，韩国的一项旨在向农村地区传播科学的研究也报道了相似的情况。

依照这项研究，在韩国，低年级和学前的孩子实际上对科学事件——比如"观察异常现象并且自己动手做些东西"——具有兴趣，同时他们的父母在很大程度上往往也关注于这些事件，把它们看作是"培养创造性思维"的理想工具，"尤其是对孩子来说"。然而，据观察，那些孩子和他们的父母"受到了很大的挫折，因为对于他们来说，找到机会参加这些活动并不容易"，尤其是对那些"生活在乡村和城市落后地区"的孩子们更是如此，他们那里没有必要的条件和这类活动（Kim and Lee，2005）。

向青少年传播科学的目的

绝大多数学者都在不同程度上认识到了青少年科学素养的提高对经济和社会发展的意义，这实际上也被看作是向青少年传播科学技术的一个支撑性理由。当然最不出人意料的理由就是：激发青少年的科学兴趣以及促进他们选择科学作为未来的职业等传统观念。其中，有些学者强调年轻人作为未来的创新者和决策者的地位以及科学技术的发展对新知识性劳动力的需求（Schuurbiers et al.，2005）。有的学者则关注于向青少年传播科学对他们自己国家的未来发展和竞争的意义（Riise，2005）。如何激发青少年对科学的兴趣，让他们更愿意参与科学活动并促使他们选择科学作为未来的职业，许多作者对此都给予了重点关注。

但是，与会学者也普遍认识到还要发展青少年对科学信息的批判性接受能力，以及积极促进他们参与关于科学的公共讨论。毋庸置疑，毕竟青少年相对来说有更多的机会和能力接触和运用互联网。他们需要能够培养自身能力来评估这种渠道获得的信息的危险性和确定性。

谁来向青少年传播科学

一般来讲，人们把青少年分为两类，即将来工作中涉及科学并应理解科学的青少年和可能成为科学家的青少年，向这两种人群传播科学时就应有不同的目的和相应的传播方式。但对谁能胜任传播工作，人们很难达成共识。选择传播者时，如下事项须重点考虑：

- 是把传播工作放在校内和课程里还是把它放在校外和课后？
- 是否需要更多的一般传播者承担这些活动并替代科学家的角色，或是科学家是成功地向青少年传播科学不可或缺的要素吗？
- 谁有资格向青少年传播科学？一定是科学家吗？青少年能否在相互传播科学里胜任一定的角色？

研讨会上呈现的许多案例分析探讨了科学家给青少年当好模范或良师益友角色的问题。可以通过让退休科学家到学校去宣讲（见本书第四部分欧阳静的案例分析）以及科学家和青少年一起合作科学项目等来实现（Schuurbiers et al.，2005）。与会者充分认识到好的榜样对青少年传播科技所起到的不可或缺的作用。

一些案例注重学生进行科学实践和与科学家合作共事的过程上。英国的一个项目的目的是为青少年提供机会认识科学家和工程师，并从和他们共同研究科研项目中获得经验。中国也有"为学生提供投身社会实践的机会"的成功案例（Yao and Zhu，2005）。

大众科学传播者和科学家合作共事来确保良性互动或他们自己做好直接传播，这也是研讨会高度关注的问题。鉴于科学家和青少年进行个人交流所花费的时间和资源有限，科学家能够获得大众科学传播者的支持是十分重要的，即他们能组织协调，促进完善好这样的活动。

还有几个案例分析强调青少年相互之间传播的重要性。其中的一个成功案例是在关于澳大利亚墨累达令流域（Murray-Darling）的研讨会上，青少年之间探讨自然资源和环境问题。学生为主导的科学传播有助于提升他们的归属感和真正的参与感。

传播场所的选择

与会学者一致认为科学传播的场所既可以在教室内，也可以在一般的社区。

瑞典（Riise，2005）的一个案例分析对比了4种向大众传播科学的"场所"：教室内的系列讲座、实验性工作室、购物中心的展览和公园的帐篷内。公园的帐篷比起其他三种场所更能吸引青少年，而实验性工作室对学校的孩子是最具有吸引力的。该研究表明"活动场所……如其形式同等重要"（Riise，2005）。

旨在吸引青少年注意力的科学传播模型

各国学者提出了不同的青少年科学传播模型，从正式的科学课堂到非正式的互动交流。

1. 科学课堂

解决这种困境的最为流行的方式大概可以被称为科学课堂，尽管这些课堂的形式和内容实际上依照各自的目的而具有巨大差异。之所以把这个方式称为课堂，是因为在这种活动中，学生作为一方，教师或专家作为另一方而聚集在一起来讨论或谈论特定的议题，就像学校中传统的课堂所做的那样。

在澳大利亚生物技术学生联合会（Australia Biotechnology Students Association）所主持的一个项目中，讨论课为学生提供了机会来与相应领域的专家讨论特定的话题（Ko and Hsu，2005）。在另一个由澳大利亚国家科技中心（Questacon）所设计的活动中，科学大篷车每年都向本土地区带去精心准备的讨论会，向生活在那里的青少年传播科学（Rooney，2005）。此外，澳大利亚国家科技中心主持的另一个计划是开展一种校内表演，在此，"关于科学、技术和商业领域的前沿事件的免费、即时的照片资料"都提供给了学生，以鼓励更多的孩子选择科学领域作为他们未来的职业（Fletcher，2005）。

在韩国，低成本、易组织的科学课堂在许多乡村地区和大城市的落后地区开展，以此向贫困家庭的孩子提供机会来获取对科学活动的直接体验（Kim and Lee，2005）。而在中国，讲课人由退休科学家来担任的一种科学课堂在全国开展，尤其是西部地区，以此来激发青少年对科学的兴趣和理解（欧阳静，2005）。

2. 科学展览和玩具

另一种吸引青少年关注科学的方式可以被称为科学展览。与传统的方式不同，这些展览强调让年轻人通过参与精心设计的活动来体验科学，而不是仅仅对科学物件给出展示。换句话说，在这种展览中，青少年将有机会在教员或专家的帮助下直接参与科学过程，甚至参与科学实验或其他的相关活动。而且可以看到，这种传播方式不仅有助于成功地吸引青少年，而且使得青少年更容易对那些看起来抽象而无关的科学技术产生了解或理解。

在由瑞典查尔姆斯理工大学（Chalmers University）主持的一个项目中，一种主要由科学玩具组成的展览已经成功地举行了 8 年，以抓住年轻人对科学的兴趣并且向他们传播科学（Nilsson，2005）。这些玩具的设计都很简单，容易操作，并且有效地阐释了自然科学的原理。例如，有一种玩具由分别装满了水和牙膏的塑料鸡蛋组成，来模仿生鸡蛋和熟鸡蛋。通过使用这些鸡蛋，不同层次的简单实验得以被设计并且帮助展示，涉及旋转、滚动以及一些更高级物理理论的科学原理。分析表明，这些玩具"不仅吸引人，具有娱乐性，而且更为重要的是：以一种非常有效的方式阐述并且帮助了对科学法则的理解"。

玩具的行之有效源于儿童对玩具的反应隶属于情感层次，情感可以成为强大的教学工具（制作良好的玩具对儿童和成人同样有效）。新的棋牌游戏和玩具可以激发他们对科技知识的兴趣，同时也有助于"科学的思考方式"。一些科技传播者提出批判性的独立思考比内容更重要。

中国科技馆介绍了另一种值得注意的、处理环境污染这一特定问题的展览（Li and Zhang, 2005）。在这个展览中，向青少年展示的是富于创造性的、得以装备的、涉及环境问题及可能解决的一些材料。例如，有一个厨房装备有矿石、煤气管以及棉花，它们与炊具、燃气炉以及布料连在一起，以此来展示环境污染并不是距离我们遥远的东西。还有一个巨大的地球模型，上面开了 48 个洞，从每一个洞里都可以看到一幅关于环境污染的画面，以此来激发青少年对环境问题的兴趣，并且显示环境污染的严重性。

北京自然博物馆组织了另一个名为"发现的世界"的展览（Yang and Li, 2005）。这个展览向青少年提供机会在展馆员工的帮助下参与多样的、涉及特定主题的简单实验，并且围绕相关的问题来展开讨论，以此实现向青少年传播科学的目的。为了使得展览有效，组织者们尤其关注于取得博物馆的专业人员——包括研究人员和导游——的理解和支持。对于每一个展览活动来说，所有的实验主题都关注于青少年的主动参与和思考，而"工作人员在这个互动的教育过程中只是扮演引导和辅助的角色"。

此外，上海徐汇区青少年活动中心开展的一个项目具有独有的特征，尽管严格说，它可能并不是一种"展览"。在这个活动中，中学生志愿者被招募并且培训成为上海植物园的导游。这样，这些学生就可以在业余时间在这个"户外植物展览"中担任导游，他们的表现将得到评估。通过这种活动，年轻的学生不仅得到机会来直接理解科学，而且得以亲自体验向植物园的参观者传播科学的经历（Yao and Zhu, 2005）。

3. 科学竞赛和参与性活动

科学竞赛也被广泛用来激发青少年对科学的兴趣，并且吸引他们参与到科学的工作进程之中，而不仅仅是了解科学知识。

在英国，一个长期的计划"英国推广科技创新联合会奖项（BA CREST 奖）"从 20 世纪 80 年代就开始实施，为年轻人提供机会来"发展他们的科学好奇心，同样还有在'现实'的世界中解决问题以及实践和交流的技巧（Banerjee, 2005）"。在这个项目中，竞赛方案都是出自年轻人自己的兴趣或是他们所学习的科技课程；同时，依照这些方案的执行结果，分别颁发 3 个不同层次的奖项，以激励学生的创作。还值得注意的是，为了触发学生参与这些项目，2004 年，网络版的"BA CREST 方案主题"开始启动，它囊括了科学、工程和技术的所有领域。

荷兰介绍了另一个名为"想象"的科学竞赛。这个每年一度的竞赛关注于为高中学生提供机会来设计一些项目动议的商业计划，这些动议描述了有价值并且可担负的生物技术在落后国家的应用（Schuurbiers *et al.*，2005）。同时，荷兰的科学家被号召起来依照一定的标准为竞赛提供议案；各种激励方式也被用来激发学生的参与，例如，获胜者可以得到资助，到竞赛项目所针对的国家进行旅游，而且"组织者承诺说，将会支持获胜项目的实施"。

4. 跨学科的科学传播

科学传播的一大趋势是将不同学科集合起来共同协助传播。跨学科的传播方式引起了整个世界的关注，尤其是欧洲。

由康奈尔大学给出的一个设计，关注于利用互联网为全美城市与乡村的青少年提供机会来围绕科学议题进行"研究、设计并且创建他们自己的展览"（Corbit *et al.*，2005）。在这个名为"科学节"的项目中，学生们被召集起来，在科学中心的员工和指导者的帮助下，围绕"特定的议题/技术/现象"建立一个陈列室、迷宫以及地貌等"知识空间"。例如，学生可以"造出一个地貌来描述围绕核废料清除的伦理问题"或"寻找方式来艺术地表现出从具有质体功能的染色体角度看细胞的内部结构"。

在英国，一个使用戏剧来吸引目标受众的新方式被引入，以激发年轻人讨论诸如基因技术和机器人这样的科学革新对我们生活的潜在影响（Burnet *et al.*，2005a）。其中的两个剧目是基因隐私权和机器人在青少年生活中可能扮演的角色。

还有一个具有启发意义的活动也是在英国开展的，这个活动利用公共汽车上的科学海报来吸引青少年乘客，以此提高他们的科学意识，并且促进他们对科学问题以及科技发展所引发的社会问题的讨论（Burnet *et al.*，2005b）。这项活动分三部分：第一，"公交车上的科学"，12 幅描述生物科学和物理科学的海报在几个城市的公交车上连续张贴；第二，"科学公交车"，目的是促进青少年讨论社会中的科技问题；第三，"可持续性路径指引"，将车身海报设计理念和科技问题结合在一起，思考如何改善布里斯托尔（Bristol）的空气质量。

还值得一提的一个项目旨在促进年轻一代更为有效地管理自然资源（Kirk，2005）。该项目主要是通过艺术和写作提高 4～11 岁儿童对澳大利亚墨累达令流域的情感表达能力，以此来激发不同年龄段孩子对自然资源的兴趣，引导他们对自然资源的认识，吸引他们学习管理自然资源。

对传播活动的评估

从各国学者的报道来看，这些传播模式都收到了积极的成效：青少年被这些活动深深地吸引了或认真地参与到活动中，其科技意识也有效地得到了提升。

青少年参与者的数量是评估各类科学普及活动有效性的一个重要指标。科学普及者和研究者们运用具体的数据和资料报道了参与这些项目的青少年人数以及他们在多大程度上参与其中。对于一些长期项目，也给出了不同阶段（通常是不同年份）的资料的对比分析。

一些案例运用互联网收集参与者的资料，例如，"BA CREST 奖"项目运用参与学生明细表的在线数据库评估奖项的影响（Banerjee，2005）。在另一项目中，网站的点击量和访问量被用来评估活动的成效（Burnet et al. ，2005b）。

还可以利用形式多样的问卷和调查表进行评估。有些项目采用即时、专业的书面和口头问卷评估其科学传播方法的影响（Nilsson）；有些采用面对面的问卷形式（Burnet et al. ，2005b）；学者们也越来越喜欢把问卷和访谈相结合来给予评估，例如，戏剧项目（Burnet et al. ，2005a）、公交车海报（Burnet et al. ，2005b）则采用随机灵活的面对面问卷的方式评估每一阶段活动的影响。

大部分调查都是在传播活动后进行的，但也有个别更加彻底和细致的调查采用了活动前和活动后的调查来评估其影响（Corbit et al. ，2005）。

学者们也提到有必要改进观察和评估青少年参与科学活动后的行为以及态度的变化。新的立法，如隐私法案，使得从青少年处获得这样的资料变得非常困难。还有的评估注重满意度和开心度，但这很难等同于他们的理解力或学习能力。评估到科学中心和博物馆的回访量是追踪传播效果的方法之一，然而还鲜有办法能清晰地评估出科技传播项目的长期目标，如是否影响了职业的选择、理解力的提高和兴趣的增加等内容。

有些可以采用自我评估，有些则不能。很少有关于项目和组织机构的横向评估，所以，也难以作为其他传播机构的指南。

仍存的挑战

尽管报道了如此多的成功案例，但是与会者都承认了困境仍然存在。有些问题是由特殊环境造成的，有些则缘于青少年的共同特性。鉴于青少年对社会未来发展的重要性，青少年科学兴趣的下降所引发的困境并没有因此被摆脱，以下问题值得引起我们的重视。

关键问题是如何将青少年科学传播活动与学校课程有效地结合起来。正如 Schuurbiers 等人（2005）提到的，"期望非常高，并且学校的孩子所花费的大部分时间要么是在学校要么是在做家庭作业。要让学生在这种项目上花点时间，需要把项目坚实地融入课程之中，并且要尊重学生的现实"。换句话说，在科学传播与学校学习之间存在着一个围绕学生课程的设置而产生的矛盾。

向农村地区的青少年传播科学，尤其是在发展中国家，困难尤其明显。即使学生们有兴趣，但在很多农村地区，他们参与科学的机会也是非常有限的（Kim and Lee，2005）。美国康奈尔大学的网络项目被认为适合于在"乡村和城市条件不好的学校的学生中"激发他们的学习兴趣（Corbit et al.，2005）。然而，对于网络并不普及的落后国家来说，这看起来很难，甚至在短期内不太可能实现。同样，英国的公交车海报（Burnet et al.，2005b）尽管看起来有效地吸引了年轻人的注意，但令人怀疑的是，这种方式是否会在乡村地区得到同样的积极效果，尤其是在落后国家，因为这些地区连基本的公交设施都很缺乏。

相比之下，韩国的传播模式——也就是在当地乡村官员的帮助下设计出低成本的简单科学活动——看起来有利于向落后地区的青少年传播科学。但是问题在于，尽管这种方式可以在韩国那样的国家内很好地起到作用，但在地域广大的国家里就会遇到交通的困难，需要较大的组织和协调工作。

文化障碍也是向青少年传播科学的制约因素。在澳大利亚，向居住在落后地区的青少年传播科学也遇到了不同文化的难题（Rooney，2005）。这看起来是澳洲区域性的问题，然而很快它将成为一个世界性的难题。

参 考 文 献①

Banerjee S(2005). BA CREST awards：celebrating creativity in science and technology，Printed in this volume.

Burnet F，Johnson B and Bultitude K(2005a). Hot topics.

Burnet F，Johnson B and Bultitude K(2005b). Graphical science.

Corbit M，Kolodziej S and Bernstein R(2005). SciFair：A Multi-User Virtual Enviornment for Building Science Literacy.

Fletcher B(2005). An evaluation of the effectiveness of the Wuestacon Smart Moves programme.

Kim JS and Lee D(2005). Science classes at village offices. Printed in this volume.

---

① 所列论文在 2005 年北京公众科技传播国际研讨会上宣读。

Kirk L(2005). Communicating with generation Y.

Ko HCH and HSU JCC(2005). Strategic issues in Science communication to youth: applications in biotechnology and bioengineering in Australia.

Li L and Zhang Y(2005). Communicating environmental protection and sustainable development ideas among teenagers.

Maeda Y(2005). Development of public understanding of science and technology in Japan Science and Technology agency.

Nilsson P-O(2005). The use of scientific toys as a means to stimulate interest and understanding in natural science.

Ouyang J(2005). The big hand that peels off the apple skin for the little ants: a case study of CAS-ASPIRE. Printed in this book.

Riise J(2005). Thinking about arenas. Printed in this volume as "When the place has a role".

Rooney R (2005). QUETACON Indigenous programs. Printed in this volume as "Questcon ScienceLine: Indigenous outreach".

Schuurbiers D, Blomjous M and Osseweijer P(2005). "Imagine": sharing ideas in the lfie sciences. Printed in this book.

Yang J and Li N(2005). From visiting to participation—"Discoery World" in Beijing Museum of Natural History.

Yao J and Zhu F(2005). Ability interacting and resource sharing: case of "practicing project of popular science teenager guides".

作者简介

珍妮·梅特卡夫（Jenni METCALFE），Econnect Communication Pty Ltd, PO Box 734, South Brisbane, Queensland 4101, Australia

jenni@econnect.com.au

www.econnect.com.au

珍妮·梅特卡夫，澳大利亚科学与环境传播服务社主任，该机构是澳大利亚一家专门从事科学和环境传播咨询的私营企业。

她为政府机构、研究组织和私营公司进行媒体宣传和联络、传播策略以及社区咨询。

12年来，她一直从事管理媒体和表达技巧的培训课程，为澳大利亚、新西兰、南非和菲律宾的科学家进行培训。她具备科学和新闻学知识背景。

她在国际上发表和出版过论文。2004年，澳大利亚国际农业研究中心出版了她的《土地关爱在菲律宾——人和土地的故事》（*Landcare in the Philippines—A Story of People and Places*）一书。

她是澳大利亚科学传播者协会会长，也是国际公众科技传播网委员会成员。

李曦，中国科普研究所，中国北京市海淀区学院南路 86 号，100081
nxlee@ vip. sina. com

李曦，曾在中国科普研究所工作，他特别感兴趣的领域是科学传播模型、世俗人文主义、科学理性以及生命科学的传播活动。

他曾获伦理学博士学位。在生命伦理领域，他的研究兴趣还包括生命的本质、个人身份、生命伦理问题以及涉及生与死的伦理问题。

他发表的论文涉及伦理学和科学传播领域。

英国 BA CREST 奖项：嘉奖科技创新

莎米拉·班纳吉

概要

青少年对科技兴趣的下降在英国已引起愈来愈多的关注，在接受高等教育时，选择科学、技术、工程和数学（STEM）相关科目的青少年人数在逐年减少。一些人士担心这将导致在 10 年以后的企业中，高端科学家和工程师等人才会出现短缺，从而导致英国在高科技的全球经济中竞争力量减弱（Treasury，2005）。这些担心凸显了有必要加大对青少年的科技传播，向年轻一代展示科技的魅力以及科技在日常生活中的应用和带来的便利。

本文简单介绍了英国推广科技创新联合会奖项（BA CREST）如何着手处理此类问题。这个奖项为 11～19 岁的年轻人提供机会来培养他们的科学好奇心，同时也给予他们在"现实"的世界中学习解决问题、尝试科学实践和提高科技交流技巧的机会，此方案的口号是"嘉奖科技创新"。

通过安排科技辅导员，此奖项将学校和工业单位或高校联系起来，促使各种能力层次的学生探索科技，提升与工作相关的学习能力。通过认可和奖励有科技创意的学生，BA CREST 奖项帮助青少年了解自己的潜能，提升兴趣，增强自信，从而激励他们将来从事与科学、工程和技术相关的职业。

需要更多实际的科学实践

在英国，科学是 5～16 岁青少年的必修课。但是，年轻人往往把科学看作是"乏味的、缺乏相关性以及充满了众所周知的东西"，而且这种认知是年轻人漠视科学技术的主要原因之一。《罗伯茨观察》（*Roberts Review*）（Roberts，2005）和《链接科学》（*Connecting Science*)（Peacock and Russell, 2005）都对此作了重点报道。英国学校的科学课程设置也加强了下述理念：《14～19 岁学生科学教育报告》（SCST，2002）一文里提及的主要议题之一就倡导传播广泛的"科学内容"。这使得很多学生不喜欢科技，因为学校课程几乎没有为真实的科学实践提供空间。

有学者发现，僵硬的考评管理体制过于关注科学知识以及科技原理的理解的课程设计，这导致了学生没有机会体验"科学的本质"，发展他们的创造性和去培养"尝试了解更多不确定未知世界"的能力，这样的课程没能让学生理解科学与技术的社会背景。2003 年进行的学生对科学课程的意见调查表明，学生希望课堂中有更多的讨论和实践（Cerini *et al.*，2003）。同时指出了成功激励学生从事科技的方式，那就是得让学生有机会同科学家和工程师一起从事科研项目的研究（Collins，2004）。

学校课程安排的科技实践都是预设性且小而分散的，而且要在 90 分钟的课堂内讲授完毕，因此，几乎没有机会延展调查、收集资料和反思调查的广泛影响。这促使人们去开发丰富学生的科学、技术、工程和数学学科的课外活动项目，例如 BA CREST 奖项，这样可以反映"真实的"科技活动，从而促使和鼓励青少年可以从小开始学会调查，并与科学家和工程师共同工作。通过支持青少年追求他们自己的科技梦想，探讨他们感兴趣的问题以及提供资助性资源，学生们对科技的追求才变得更加令人愉悦和有乐趣。

真实的调研才有影响力

自 20 世纪 80 年代初开展 BA CREST 奖项以来，已有 25 万多名英国青少年参与奖项活动。此奖项的主要目的是激发和促进青少年从事科技工作，对获奖项目给以奖励并予以展出。BA CREST 奖项的项目设计非常灵活，以利于能在多种情境下开展活动，包括：

- 在正规课程时间以外，即课外活动的一部分，例如午餐时间和放学后。
- 在特别活动日或活动周，例如国家科学周。
- 在科技课程中，例如与普通中等教育（GCSE）设计和技术课程相关。
- 作为工作经历实习课的一部分，例如纳菲尔德助学金（Nufficld Bursary）实习课程。

奖项共分为三级：金奖、银奖、铜奖。在每一层次，学生均可进行各学科的科技实验。学生经由教师通过英国推广科技创新联合会科学工程技术奖项推广站（BA CREST SETPOINT）的联络员登记他们的项目（见图 2.1）。推广站联络员在项目期间为教师和学生提供就近的联系和支持：可以帮助学生为其寻找项目导师；也可以提供标准说明文本帮助引导学生顺利完成项目；该推广站也将对学生的项目进行最终评价，实施 BA CREST 奖项评鉴认定；还负责邀请获奖项目参加英国区域或在全国科学展会上展出。

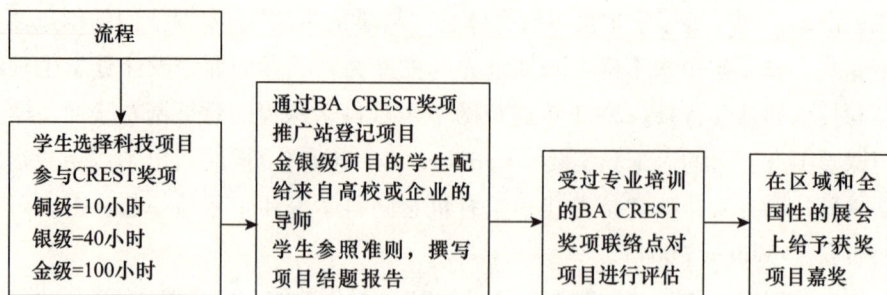

图 2.1　参与 BA CREST 奖项的流程图

BA CREST 奖项在实施过程中，允许学生自始至终通过各种媒体、文本、图表和互联网交流项目工作的进展；项目完成后，需要提交书面报告和完整的记录材料（项目日志，借此帮助指导学生的科技实验进程）。例如，学生们需要解释他们做了什么，为什么这样做，并以恰当的方式展示资料，得出合乎逻辑的结论，还应该知道他们的工作如何与更广泛的背景知识和研究相适应，以及尽量展示他们项目工作的更广泛的应用范畴。书面报告和简介的结构应符合评鉴认可的准则。每一级奖项建议的完成时间见表 2.1：

表 2.1　BA CREST 奖项级别和建议完成项目工作的时间

BA CREST 奖项	建议完成项目工作的时间
铜级	10 小时，主要针对 11～14 岁的学生
银级	40 小时，主要针对 14～16 岁的学生，鼓励和企业有联系
金级	100 个小时，主要针对 16 岁以上的学生，配给来自高校或工业企业的导师，委派到链接项目，例如，纳菲尔德助学金实习课和工程教育方案项目工作

青少年的科技项目大多源自其兴趣或正在学习的科技课程，也有些案例源自工业企业或高校的实习课。铜级的多数项目在科学活动俱乐部或活动周实施。许多学校和当地科学、技术、工程、数学相关项目推广者组织实施一些活动，例如 CREST 奖项推广日：整个年级（如 9 年级 13 岁的 100 个学生）参与"表演团"式的调研活动，争取获得铜奖。银级的学生可能为了 CREST 奖级评鉴认可提交普通中等教育（GCSE）设计和技术课程作业。

如表 2.1 所示，金级项目学生通常和导师一起在实习课期间开展项目。纳菲尔德助学金实习课，针对 17 ~ 19 岁的青年，在暑期为学生提供为期 6 周的在大学或工业研究部门的实习。在实习期间，学生将至少和导师进行 5 次与项目相关的讨论。

在 2003 年和 2004 年，BA CREST 奖项方案经历了评审。这是为了确保它的科学传播程序以及观念是现代的，是与诸如普通中等教育课程理念、学生工作经验以及尖端科学之类的教育倡议相关的，以及确保年轻人能通过这些机会同更广泛的人群交流。同时也重新检审了青少年科技创新获奖的流程（图 2.1），目的是吸引更多的参与者。

BA CREST 奖项方案的主要目标

- 鼓励青少年开发符合潮流/科技相关的以网络为基础的项目创意设想
- 鼓励发展伙伴关系，在校际范围内加强协作，争取奖项
- 鼓励年轻人展示、交流他们的成果

为了激励学生参加科技项目，在 2004 年构建了"BA CREST 项目资料库"的网络资源（www. theba. net/crest）。这些项目涵盖所有科学、工程、技术领域，分为 10 个主题：时尚、运动、边缘生活、环境、娱乐、食品、健康和卫生、运输、侦探、太空。常用开放式问题来提示和激励学生去探究调研，例如，"你是否想过滑板是由什么制成的？这些年的设计有什么变化？"为了帮助教师更容易和学生参与项目工作，所有的在线项目设想都有路径指引并与课程相关，而且所有的项目均经过健康和安全审查，同时有各级项目的案例资源介绍项目流程。超过 250 个项目是经英国研究部门和科学家的详细讨论而产生的，不仅反映了青少年的兴趣，而且反映了英国不同科技研究领域实时的优先性和创新性课题。

BA CREST 奖项方案重新评审后，加入了新的重要组成部分，即在奖项标准里加入了为学生提供机会去辨识项目的健康和安全事项以及要考量它们的商业和社会价值。2004 年项目评审时，要看目标的达成、科学/技术流程、创新性和传播技能。在"创新"一项中，要评审学生们在其项目里新颖的创意，克服困难障碍和表现出的创业精神等事项。

在 2004 年之前，13 个联络站的管理者负责到学校去推动奖项计划，他们也是当地科学技术工程等活动信息的传播者。英国推广科技创新联合会与站点管理人共同合作向教师提供帮助和提供在职训练，例如，为学生寻找项目指导者以

案例：娱乐项目理念：机器人

机器人正在接管世界！长久以来，我们都对机器人和科幻电影着迷，电视和电影里经常展示他们的超智能和类人类的形象——看看电影《星际迷航：下一代》（*Star Trek：The Next Generation*）和《终结者》（*Terminator*）中的阿诺·施瓦辛格这些创意。专家们相信科学事实正在追赶上科学幻想。在以后的几十年中，我们将会拥有机器式的人类或人类机器人，他们是否会统治或破坏世界我们不得而知。

想过建造你自己的机器人吗？

你可以去：

● 调查机器人的用途和自动化的机器。

● 设计、制作你自己的机器人（例如，可以吸尘但不会撞墙的机器人，当你练习板球时能捡球的机器人，可以从你家的一个房间拿东西到另一房间的机器人）。

若你愿意，此项目可以变得更复杂些，有许多事情需要考虑。例如，你将需要了解电子配件和电路以及如何将它们连接在一起，你还需要了解不同的传感器和让你的机器人自己动起来的不同方法（例如人工智能）。

及对项目进行评价和审定。2004 年，与联合会合作推动科技创新奖的合作站点管理者从 13 个增长到覆盖全英国的 23 个。这些新加入的合作者要接受训练，确保顺利推广科技传播，以提高奖项计划的影响力，从而获得更多的支持。在科学教育协会（Association for Science Education）会议（2004 年 1 月）、全国教育顾问和督导员（National Advisors and Inspectors）会议（2004 年 7 月）以及英国推广科技创新联合会科学节上（BA Festival of Science）(2004 年 9 月)，大约 400 名新教师在这些研讨会中接受了在职训练。教师研讨会反馈的信息表明，受训教师认可奖项计划的益处和与学生学习的关联性，对学生参与项目也有新的认识。参加研讨会后，教师们对在校内推行以学生为中心的科技项目实践更加有信心；研讨会帮助他们解决了长期阻碍开展科技实践活动的具体困难，例如开放式调研的时间安排、物力财力、创意项目以及指导者的支持等困境。

BA CREST 奖项方案的重要特点是：该方案也可以用来评审其他 STEM 课外活动。奖项方案已使英国推广科技创新联合会和其他 STEM 课外项目之间建立了强有力的联系。例如，工程教育方案（Engineering Education Scheme，EES）为青少年提供住宅区课程，让他们学习解决真实工程的问题。纳菲尔德助学金实习课主要关注科学研究，也与 BA CREST 奖项方案有联系。很多学生通过参与这些项目获得了 BA CREST 金奖。

这些联系意味着其他方案通过提供 BA CREST 奖项可增加其附加值。英国推广科技创新联合会和其他 STEM 课外项目提供者紧密合作确保他们在当地的科技传播者和 BA CREST 联络站推广员在与校方合作时能顺利交流。2004 年，两者联合推出宣传单和海报分发给各学校，向青少年和教师展示学生可以通过参与工程教育方案和纳菲尔德助学金实习课来获得 BA CREST 奖项。

自 2004 年以来，BA CREST 奖项方案的影响就通过网络数据库的方式进行监测，列出了学生参与的 CREST 奖级水平、学校类型、项目学科和性别等明细表，从而可以掌控具体情况。教师经由当地联络站推广员注册参与的学生和具体项目。联络站则及时更新当地所有学生和项目的最新数据库记录。

2003 年，20781 名青少年获得 BA CREST 奖项；2004 年，获奖人数增至 25334 名（53% 的女生和 52% 的男生获奖）。青少年参与方案的人数增加了 18%。铜奖获得者增加了 18%，银奖和金奖获得者分别增加了 26% 和 9%。

2003 ~ 2004 年，参与的学校数量也从 250 所增加到大约 1000 所，私立学校和公办学校各占一半。2004 年，完成项目约 3500 个。项目的大部分是中等学校大纲里的设计和技术实习任务（785 个项目，一般由 5 位学生和 1 位工程师导师组成一组完成一个项目）以及生物学科项目（393 个项目，常与参与大学研究部门的实习有关）。

BA CREST 奖项方案的另一个重要特点是青年有机会向该领域的专家和同龄人展示和传播他们已完成的项目。2003 年，约有 900 名学生在英国的 9 个区域展会上展示了他们的项目；2004 年，约有 1100 名学生在 11 场展览中展示其项目。

在 2004 年 BA CREST 科技全国决赛展示会（BA CREST Science Fair National Final）上，向青少年做了关于奖项方案的问卷调查。在收回的 82 份问卷中，65 人认为参与奖项项目使他们去大学学习科技的兴趣增加。当问及完成项目的最佳方面时，学生们认为"有机会在商业实验室深度调研科学"和"看到了项目的实际应用"。至于他们展示其项目的主要原因，学生们则说"希望遇到同样爱好的人和看其他人完成了些什么"，并认为"可以作出结题报告，这为其项目提供了努力的目标"。

适时更新 BA CREST 奖项方案的资源（可参与的项目和各种奖项说明资料）以及在更多地方增加联络站点大大提高了更多学生参与和展示其项目的机会。

为学校课堂、工业企业和大学搭建合作桥梁

BA CREST 奖项方案战略性地着眼于通过增加参与奖项项目的机会以及清除参与活动可能有的阻碍来促使青少年从事科学和工程的活动。与英国推广科技创新联合会合作的推广联络站站点的增加使该计划覆盖区域更广，学校教师更有信心展开以学生为中心的科技实践项目，也极大地增加了青少年与科学家和工程师合作共事的机会。

参与 BA CREST 奖项方案的益处已经显现，该方案为学校课程增加了价值，主要是通过把教室内的科学学习和工业企业中的具体科学实践以及大学的科学调研结合起来。反过来，这又为学生未来的工作作了准备。除了学生受益之外，学校的教师也在项目开展中提升了相关技能，更有信心开展以科技流程为基础的调研和开放式结论的项目。而且，这些技能还可以嫁接到学校正式的科学课程当中。

> CREST 奖项已在我校实施多年，通过承认学生参与奖项的成绩并鼓励他们参与课外科学活动，极大地提高了学校科技课程的质量。该方案为理解真正的科学是什么提供了有价值的视野，并鼓励学生像真正的科学家一样思考和工作。毫无疑问，CREST 奖项能激励很多学生追求科学这一职业。
>
> 南威尔士奥帆·塔夫中学
> （BA CREST 奖项 2004 年银奖获得者）

2004 年，在英国多个区域和全国的 BA CREST 项目展会上，大多数展出的项目来源于在线的网络"项目库"资源和新近的媒体事件。例如，一个来自威尔士的学生小组调查了巧克力的属性，他们的目标是生产出一种在高温下也不会融化的巧克力，这样驻伊拉克的英国士兵们就能够品尝他们最爱的零食了。在线项目库将不断更新，而且更多的创意理念将来源于正在加强合作的英国国家研究所（Research Councils, UK）。

2004 年，学校课程设计和技术项目参选的数量显著增加，这归功于 BA CREST 奖项银奖更新的资料介绍。简介使中等教育课程的设计和技术课更加完备，并激励学生为 CREST 评鉴认可提交他们的课程作业，积极参与区域的展览竞赛活动。最近的一份教育标准办公室（Office for Standards in Education）报告指出，学校关注科学调研，例如 BA CREST 奖项方案，"对学生的兴趣和具体实

践均有益处"（OFSTED，2004）。这些联合培养模式在一些学者的 CREST 奖项综合研究报告中也得到重点关注（Woolnough and McIntyre，1996）。

让青少年和真正的科学家和工程师共同工作是 BA CREST 奖项方案的重要组成部分。该方案将继续与推广联络站和研究所紧密合作，签约更多的科学家和工程师作为导师。其中之一是计划与驻地研究者机构（Researchers in Residence，RiR）合作，如谢菲尔德·哈勒姆大学（Sheffield Hallam University）加入协作，提供 2500 多名生物科学的博士生来支持该项目。可先让 RiR 科学家接受培训来参与指导协助学生开展 CREST 项目。另一计划是正在为位于 Alderley Park 的阿斯利康集团公司（AstraZeneca）整理培训资料和模板以及准备 2006 年初期合作的实验项目，学生将去那里参加两周的工作实习。阿斯利康集团公司的科学家将帮助青少年实施科技项目工作，协助他们参选 CREST 铜奖和银奖。完成初期项目后，还会接着开发更多的和它们有关的科技工业工作的实习项目。

BA CREST 奖项方案完成了其设定的目标，即鼓励青少年参与具体实践，体验真实的科技，引发他们对科技领域的兴趣。这是一个框架式的方案，指导去评审学生们在课外活动俱乐部或工作实习课参与的科技实践项目，青少年在与科学研究和工业领域的导师共同工作中受到激励，也能真切地感知到科技工作的相关性和社会意义。方案的不同难易级别让能力各异的青少年体验科技的积极成就，并能应用科技实践流程中所需的多项关键技能。他们完成的项目质量逐年提高。在英国区域和全国的项目展示会上对获奖项目嘉奖是愈来愈多人参与的主要原因之一。方案的成功也源自当地各联络站和其他 STEM 课外活动者持续不断的积极推广，也归功于工业企业的参与和英国研究理事会的大力支持。

致谢

BA CREST 奖项计划得到了阿斯利康集团公司、英国研究理事会的有力支持。CREST 现在已是英国推广科技创新联合会的注册商标。

参 考 文 献

Cerini B，Murray I and Reiss M（2003）. Student review of the science curriculum：major findings. *Planet Science*. http://www. planetscience. com/sciteach/review/findings. pdf.

Collins N （2004）. Scientific research and school students. *The School Science Review* 85（312）：77-86.

OFSTED (Office for Standard in Education) (2003). *Science in Secondary Schools*. OFSTED.

Peacock M and Russell C (2005). *Connecting Science*. http://www. the-ba. net/the-ba/News/_ ConnectingScience. htm.

Roberts G (2002). *SET for Success*. http://www. hmtreasury. gov. uk/documents/enterprise _ and _ productivity/research_and_enterprise/ent_res_roberts. cfm.

SCST (Select Committee on Science and Technology) (2002). *Report on Science Education from 14–19*. House of Lords, Her Majesty's Stationery Office, London.

Treasury(2005). *Science and Innovation Investment Framework* 2004–2014. Her Majesty's Treasury, Department of Trade and Industry and Department for Education and Skills, United Kingdom.

Woolonough B and McIntyre BE(1996). *Enriching the Curriculum: An Evaluation Report on CREST and GETSET*. Department of Education Studies, University of Oxford.

作者简介

莎米拉·班纳吉 (Sharmila BANERJEE), British Association for the Advancement of Science, Wellcome Wolfson Building, 165 Queen's Gate, London SW7 5HD

sharmila. banerjee @ the-ba. net

www. the-ba. net/crest

莎米拉·班纳吉，主管英国推广科技创新联合会青少年部，同时，她负责在全英国推广科学、工程、技术和数学的课外活动项目，向 5 ~ 19 岁的青少年传播科技，引发他们的科学兴趣。

在此之前，她是大英博物馆葛兰素史克科学教育官员，曾做过中学科学学课教师。

2003 年，班纳吉女士组织召开了一次"评估能否做得更好？"的全国会议，探讨学校科学课程和考试评估体制。

她仍致力于与科学、工程、技术和数学教师协作，积极倡导开展以学生为中心的科技实践活动。

她兼任科学教育协会教育网络科学会委员，并作为英国推广科技创新联合会在科学、工程、技术和数学督导组的代表。

乡村办事处的科技课堂

金江石　李达万

概要

在韩国，行政区和乡村办事处被当作是为当地，特别是为乡村和城市落后地区的孩子们传播科学的理想场所。首先自发开启科技传播活动的自愿者是韩国的金江石（Jaung Shick Kim，JSK），2003 年 9 月，他在首尔把近郊的乡村办事处当作课堂，激发儿童们对科技的兴趣，带领他们开展一些常见于科学节上的而又不需多少费用的科普活动。

这样的项目已经成为韩国科学基金会（Korea Science Foundation，KSF）在全国推广的"科学韩国新创意"（Science Korea Initiative）的核心所在，并在遍及全国的 344 个行政区和乡村办事处得以全面推广，大力培养青少年的科学素养。其成功运行的决定因素在于它的低成本和易参与性，当地的行政区和乡村政府的积极参与也非常关键，因为他们在招募儿童和联系科学家方面起到了至关重要的作用。

经济的持续发展需要科技青年

众所周知，通过不断地对现代科技，如重工业、化工业以及电子工业等方面的大量投资，韩国已取得了令人瞩目的经济发展。尽管有如此大的经济成就，韩国在对科技的持续投资上还是不断地遇到障碍，主要原因可能在于现代科技负面形象的不断增多，尤其是年轻一代并没有表现出人们乐于见到的对科学应有的兴趣。正如表 2.2 所示，在大学入学考试中选择科学科目深造的学生数量已急剧减少（2002 年，由于报考科学学科的学生过少导致许多院校的名额无法招满）。此外，对国家大规模科技项目投入计划的抵制也成为韩国严重的社会问题。

2004 年为韩国科学基金会所做的一项调查显示：超过 50% 的韩国青少年对科学不感兴趣。不过，90% 的韩国人都认为科学对经济发展来说是非常重要的，而且超过一半的父母希望他们的子女将来长大后能够成为科学家，74% 以上的韩国人也认为青少年缺乏对科学的兴趣会阻碍国民经济的发展。

目前显而易见的是，国民贫乏的科技素养会成为经济快速发展的最大屏障。当然，提高科技素养最有效的方法莫过于将科学教育作为正规教育的一部分。但令人遗憾的是，对韩国的正规教育体系不能寄予太高希望，激烈的大学竞争入学机制，已使正常的学校教育被严重地扭曲和误解了。升学压力体制下的科技课堂常常吸引不了学生的注意力。在韩国，把科学看作是仅仅对科学家而不是对青少年有用的观点很普遍。由政府主导的科学研究计划似乎也强化了这种理念在韩国社会的传播。表 2.2 显示了科技类专业的处境：

表 2.2　大学理工类专业入学报考情况表

学年	总报考数（10^3）	文科类专业		理工类专业	
		申请数（10^3）	百分数（%）	申请数（10^3）	百分数（%）
1998	868	419	48.3	368	42.3
1999	865	425	39.1	345	39.9
2000	868	451	52.0	301	34.7
2001	850	468	55.1	251	29.5
2002	739	416	56.3	198	26.8
2003	676	366	54.1	205	30.3
2004	674	361	53.6	211	31.3

乡村提供了便捷的途径

尽管这些负面氛围影响着科技素养的提高，但低年级和学龄前的孩子实际上对科学事件——例如观察异常现象并且自己动手做些东西——具有兴趣，他们的父母在很大程度上也认同此理，把它们看作是"培养创造性思维"的理想途径，尤其对小孩有益。然而，那些孩子和他们的父母还是受到了很大的挫折，因为对于他们来说，特别是对于那些生活在乡村和城市落后地区的孩子们，找到机会参加这些活动很不容易。

乡村办事处的科技课堂这样的项目就是尝试为这些家庭提供方便、简易的参加科技活动的有效途径，不会给他们增加多少经济上的负担。人们相信，为儿童提供机会，让他们在年幼时获取对科学活动的直接体验，将有助于培养他们对科技真正的兴趣，提高他们的科技素养。尽管这个项目最初只是作为我们其中一个人的个人尝试，当时没得到任何外界的支持，也仅在首尔一个地区展开，但它迅速被其他多个地区所认可，成为对当地居民服务的成功模式并得以在全国推广。

　　韩国科学基金会组织的大规模科技展览会上的直接体验项目远远满足不了人们大量的需求。当地政府经常会组织大规模的科技展览，但这也无法为当地的儿童提供足够的机会，尤其是那些生活在乡村和落后地区的孩子们。而在富裕地区通行的私人科技辅导课堂对大多数家庭来说又过于昂贵。

　　如果能以足够低的费用（比如 1 节课只需 1 美元或 2 美元）就能参与，那么，想参加这类科学课堂的小学生有很多。而课堂活动的内容很容易从科技展览会上找到，常找一些对小孩有趣的、取材方便又安全的、不需要太多准备又易于开展的活动项目。

　　最初，金江石先生打算在他位于云东坡洞（Yeungdongpo-dong）的住宅楼里开班，那里是一个有着小型工商业以及住宅区的旧城改造区。虽然基础设施不够完善，但是他了解到当地的政府办事处有设备齐全的教室可供当地居民使用。恰逢此时，韩国的内务部（The Korean Ministry of Administration and Home Affairs）正在开展一项有关行政区和乡村办事处传统职能的改革。他们在全国选出约 4000 个原办事处，把它们改建成为当地居民的自治文化中心，把那里的图书馆和会议室变成文化活动室，本地居民可以把它们当作练习瑜伽和书法的教室。行政区的官员们也正在寻找新的文化项目，而科学课堂自然成为他们的一个选择。作为对设备利用的回报，我们必须接收整个地区的儿童

云东坡洞的科学课

来学习。在当地政府的积极帮助下，我们很容易就找到参加科技课程的孩子们。

　　我们开始时招了 70 名青少年，将他们分为两个班若干个组，每个组有 8～10 名孩子和两名辅导员，这些辅导员是参与儿童的家长志愿者（大多数都是妈妈）。第一期课堂在 2003 年 9 月开班了。我们每周上一次课，一共上了 12 周。9 个月后，该课堂成功的消息传遍了附近各地。事实上，我们当时都能做到可以与当地的志愿者服务队一起开一个小规模的科学展览会了。

　　就在同时，韩国科学基金会向科技部部长 Myung Oh 报告了这一项目的成功，这位部长还在 2004 年 7 月视察了课堂。他觉得这个项目很有趣，并将这个

韩国银行（Bank of Korea）组织的科学课

项目作为"科技韩国新创意"计划的主要内容在全国范围内大面积推广。迄今为止，遍及全国的 350 个乡村和行政区都开设了这样的科技课堂。

项目的成功一部分应归功于我们对这个地方的人们对科技活动需求所作的准确判断。尽管我们最先开设课堂的地区并不富裕，但大多数父母都十分渴求为他们的孩子提供尽可能好的教育，所以，我们仅需要为他们提供毫无经济压力的、易参与的和有趣的科学活动即可。而且，很多父母都接受过大学教育，所以，他们可以轻松地在课堂中给予帮助。因为附近区域对科技课堂都有着相似的需求，所以不需要我们做太多，这个项目就被大众所知。

行政区办事处提供的教室也对这个项目的成功发挥了重要作用，如果没有那些完备的设施，没有离居民们方便到达的条件，开展这样的项目就会费力费钱了。我们能够使用这些设施，是因为行政区办事处认为这样的项目会很好地服务于居民，同时也因为当地的志愿小组（例如家长委员会）积极向政府办事员争取这些设施的使用权。这些办事员和家长志愿组在招募学习儿童方面也功不可没。图 2.2 揭示了乡村科技课堂在科技传播方面所起的作用。

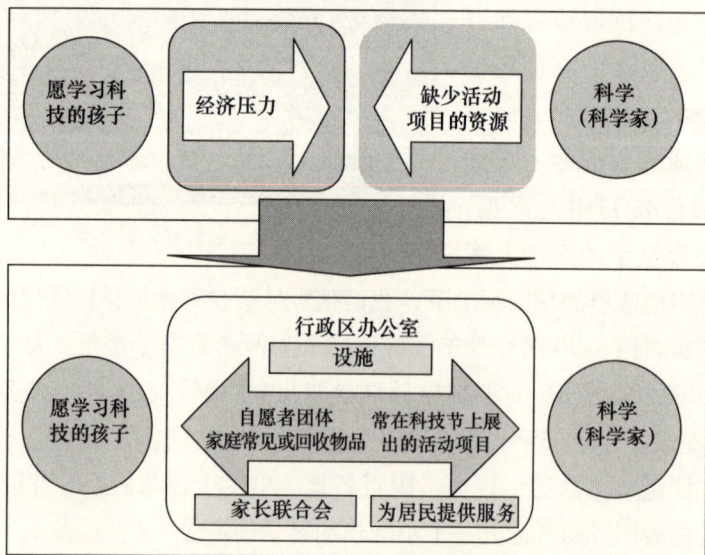

图 2.2　乡村科技课堂对科学传播的作用

尽可能低的学费也非常重要，这一点可以通过明智地选择活动项目来实现，尽量选择可利用日常生活用品或回收物品的活动，例如空的胶卷盒、发酵粉和醋。我们也通过鼓励团队活动而不是个体行动来降低成本，孩子们在集体活动中获得了更多的乐趣，他们从中还学到了合作精神和竞赛技能。

我们发现，科技课堂中教的具体内容并不是很重要。令孩子和父母们感到欣喜的是，孩子们从中可以很容易地感知科学活动，只要我们用心观察，科学在我们的日常生活中随处可见。

乡村办事处的科技课堂已经成为韩国科学基金会在全国推广的"科技韩国新创意"的核心所在，并已在全国开展起来。而这样的快速发展意味着我们要面临许多新的挑战。

韩国科学基金会已经把目标受众从原来的小学生扩展到三种群体：小学生、中学生和家长们。而基金会还得为各群体制定出标准的项目以适用不同的情境，项目还必须得是一些低成本、有趣又很安全的科学活动，而且还要为有些项目配备好操作指南和必需品。

目前，韩国科学基金会与大学研究人员组成的专家组共同致力于开发可参与的推广活动项目。其重心还是在于向那些积极参与者们提供低成本的可直接体验的科技活动。解决这些问题的最根本的方法就是积极启用在各地教育和工业系统中工作的科学家们，对他们进行常规培训，使他们成为合格的科技传播者，来保证科技课堂的质量。图2.3表示了不同参与团体之间的功能关系。

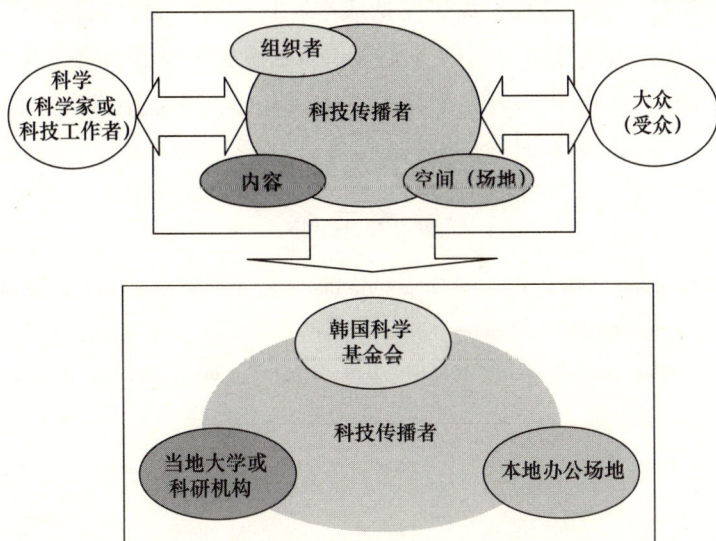

图2.3　不同参与团体之间的功能关系

这个活动方案也被嵌入到科技文化城市项目（Science Culture City Project）之中，科技文化城市项目就是想将科技的进步与教育纳入它们的城市发展政策之中，这些城市中的地方办事处就必须开办科技课堂，还必须有一个由当地大学、研究中心和教育部门组成的合作团队。韩国现有 19 个科技文化城市正在开发新的科技文化项目，并通过使各组织和各企业之间加强协调来实施这些项目。

动手参与的直接体验才是关键

乡村办事处科技课堂最初是以低成本开设的，针对的对象是那些积极参与的家庭，其宗旨是让儿童早期就接触一些科技活动，这有助于帮助他们了解和认识科学在日常生活中的运用以及科技对生活的重要性。因此，活动的重心不是科技知识的点滴传授，而是让他们动手参与，感受科学。

要办好这样的推广点，首先，要了解这个地方的家庭对此项目是否有参与的愿望。最好先选一个以中产家庭或中下层家庭为主的社区，他们不太能支付孩子到收费昂贵的科技班去学习，但有参与的热情，也愿意给予帮助。

没有孩子父母们热心的支持，这样的科技课程就很难开展起来。我们在实践中发现，只要家长们热心，他们都会自发主动地参与我们所组织的科技课程。

其次，降低课程成本很重要。在我们的推广活动中，我们常借用公共设施，如当地村里的教室或行政区的办公室等。当然，科技课的目标，应有别于学校正规教育的学习目标，这也有助于降低成本。我们开展的大众科技课程并不刻意传授科技知识，而仅仅是为小学生们提供亲临感受科技活动的过程。

也就是说，让小学生参与科学活动并乐在其中，学会用科学方法思考问题要比仅仅学习一点科学知识重要和实际得多。

参 考 文 献

Korea Scince Foundaion(2001). Mid-and Long-Term Plan for Korea Science Foundation Development.

Korea Scince Foundation(2005). Science Korea Program.

Ministry of Education and Human Resources Development, Korea (2004). Annual educational statistics.

作者简介

金江石（Jaung Shick KIM），Korean Science Foundation, 960-12, Daechidong, Gangnam-gu, Seoul, 135-847, Korea

alex@ ksf. or. kr

www. ksf. or. kr

金江石, 韩国科学基金会科技韩国部部长和科技传播论坛秘书长。

他拥有韩国首尔西江大学科技传播专业硕士学位和首尔国立大学生物科学技术学士学位。

李达万 (Duckhwan LEE), Science Communication Program, Sogang University, Seoul 121-742, Korea

duckhwan@ sogang. ac. kr

李达万, 韩国西江大学化学和科技传播学院教授。

他拥有美国康奈尔大学理论化学博士学位和韩国首尔国立大学化学硕士以及学士学位。

2003~2005 年, 他是韩国西江大学科技传播系创始主任。

传播场所能发挥的作用

简·里瑟

概要

像科技节、科技周这样的科学传播活动，如今正在迅猛发展。举办这些活动的目的通常表述为"提升公众的科技意识"。方法大多是通过选择新颖的、不寻常的举办场所和表达形式，例如购物中心、地铁站、电影院或"物理学表演"和"科学剧场"，从而"把科技带给公众"。大多数科技活动的评价通常维护主办者或赞助商的利益，因而对活动的评价也几乎都是积极和肯定的，诸如人们尽享了科学传播活动的乐趣。

在瑞典哥德堡国际科技节活动上，其中的一项活动安排为"公园里的科学"，这出乎意料地成功吸引了许多年轻人，也引来了郊区的孩子们。本文不仅讨论"把科技带给公众"里的一些内容，同时也探讨这些活动对传播场所和表现形式的选择。

吸引青少年选择科技为业

科技传播的总体目标"提升科技意识"包含了许多子目标。最为重要的是，越强的科技意识能使人们生活中的抉择越明智，这也是欧盟大力推广传播"科学与社会"计划的主要目标；此外，为未来社会的发展和竞争力考虑，有必要吸引越来越多的年轻人将来从事科技职业。

这后一个目标是瑞典举办科技节的一项重要考虑，截至2006年，已是科技节的10周年了。为了找到一种更能吸引年轻人的形式，举办者尝试了多种方式，其中一种方式是在市中心公园里搭建科技帐篷，人们在帐篷里举办多种丰富多彩的活动，还有机会在那里亲自动手做试验。

哪里是吸引青少年的好地方

人们对科技是有兴趣的。100多年以来，关于科技的大众讲堂总是吸引了不少听众。科技博物馆以及近来出现的"科学中心"都起着对大众传播科技成果的重要作用。

在过去的一二十年里，科技传播推陈出新，日趋完善，常借助新形式、新创意、新场所来吸引受众。典型的活动包括科学咖啡馆和街头秀、配合演讲、实物示范以及向公众开放实验室、观测站和其他有趣的地点，以此来吸引人们的眼球。

科技传播活动可能包含许多宗旨和目标，通常都囊括在"提升科技意识"这个总目标下，但通常还有些附加目的。大多数科学研究是由政府资助的，也就是由大众纳税者出资的，因此要给予人们机会了解科研成果也是理所当然的。因此，"了解情况的公民"也常被当作是活动的一个目的。有一定人口规模和经济总量的城市（如瑞典的哥德堡）总希望人们把它也看作是"杰出的学术中心"，以此来吸引各方投资，投资不仅限于服务业。从产业角度来分析，科学活动的举办也会为当地带来潜在的就业机会。

然而，选择从事科技为职业的学生，甚至在本科阶段选读理工类的人数在西方各国均呈下降趋势。这就触发了人们去广泛地探寻新的方法，急切地尝试新的创意来吸引年轻人，并激发他们对科学的兴趣。探索出行之有效的手段，针对不同群体必须做到有的放矢，对科技传播中的特定"受众"来说，"公众"的定义就已经显得不够确切了。

市场营销的理念有助于人们理解这样的境况。正如商学院的教授所讲的那样，市场营销要求我们思考商品、价格、地点和推广促销这四要素（4个P）。商品（product）——一个讲座、一个互动试验或一场辩论——通常需要作出在语言、内容和难易程度上的调整，来满足目标受众。大众的科技传播活动通常不是免费就是只需很少的费用，所以，价格（price）不是问题。推广促销（promotion）通常是人们熟知的手段：广告、海报、小册子……只要能传达到"普通大众"中感兴趣的那部分人群就可以了。

但人们通常鲜于讨论地点（place）这一要素。人们惯常选择演讲大厅、展览馆或实验室来传播科技。然而，一些观察显示，场景的选择确实相当重要，尤其是如果我们针对的特定人群是"青少年"时——那些我们寄希望投身于科技职业生涯的孩子们。对他们的科技传播活动特别需要考虑地点这一要素。

有必要评估科技传播的效果

大多数科技传播活动都会以某种方式去评估它的效果。通常采用对来访者做问卷调查的形式。这样得到的结果大多都非常积极正面，大部分来访者都会说他们喜欢这些活动。所以我们很容易得出，总体来说，"人们是满意的"。

显然，改变一下方式，把总体的目标人群细分为一些子群来进行分类评估，就会有特定的涵义；我们不能满足于"人们是满意的"这样的泛泛结论，而应该去进一步看清不同的传播方式会有何具体的结果。在这里，我们更关心针对"年轻人"这个群体（15～24岁的年轻人）的评估结果，更关心他们对科技传播的观点和行为。

来自瑞典哥德堡国际科技节的评估结果显示，哥德堡城市的总人口为60万，预计节日期间来访的人数和总人数的比例还是较为吻合的。然而，来访者记录显示，超过半数的来访者接受过良好的学校教育，年轻人群比较少，主要是25～34岁年龄阶段的人群。这很有可能反映了来访人群的生活现状，后部分人首先关心他们目前的家庭和职业。最年轻的目标人群组通过一个特别学校计划而处理得相当不错，以至于吸引了4万多名学龄儿童和他们的老师参与。图2.4显示了2002年和2004年的来访者的年龄组资料及与城市总人口的比值。

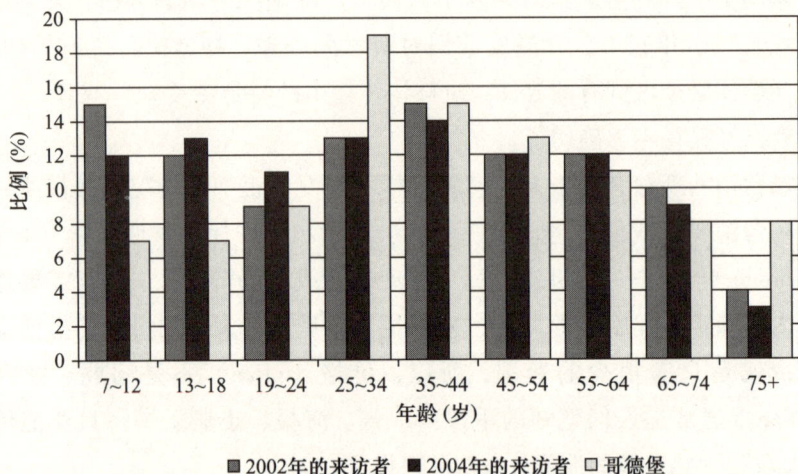

图2.4 来访者年龄（2002年和2004年）以及与城市总人口的比值

注：最小的两个年龄组因有学校安排同老师一起参加活动，稍微呈现出"超过了总数"的统计过量的情况。

根据统计，瑞典哥德堡国际科技节似乎吸引了相当数量的年轻人，这也符合举办科技节的原意，即通过举办科技活动来激发年轻人对科技的兴趣，引导他们未来选择科技就业。然而，为了更深入地调查不同的活动类型和场所选项对于不同的特定目标受众有怎样的影响，我们把科技节的活动按场所分为4种类型。

第一种是常见的讲座活动，包括辩论赛、电影放映和研讨会等。这些活动通常在一些演讲大厅里举行，但是不一定在该地区的研究所或讲演者工作的部门进行，可以安排在大礼堂、博物馆、图书馆或电影院。这样的活动吸引了很多人，大众科技传播活动历来如此，但细分资料显示，这类观众年龄偏大，一般受过较好的学历教育。

第二种活动场地是为科技节临时改造的科学中心，就是在展会期间把一大型仓库改变成可亲身体验的工作室。在这里，各参会单位自己搭建来访者能亲身体验的展览台。参展单位包括瑞典知名的查尔莫斯理工大学、昂萨拉空间观测站、阿斯利康制药公司、沃尔沃汽车制造厂以及球轴承制造商 SKF 公司。

第三种展览场地安排在大型的购物中心里。洛德斯坦（Nordstan）购物中心是北欧最大的购物中心之一，每天的客流量大约为 10 万人。在这里有一些小的展览和短小的讲座，这种学术报告被称为"一刻钟学术"，持续时间一般不超过 15 分钟。通常作为"序曲"，告知并引导人们去聆听当天晚些时候或第二天在"演讲厅"作的详细报告。

第四种是"公园中的科学"展会场地，即在公园里搭建一个大帐篷，开放时间从正午一直持续到晚上 7 点或 8 点，在里面可以组织一些研讨会、实验项目、短时间的交流和讨论等活动。有些活动已经安排好日程（如 12:30 的对话安排），有些是松散的大致日程安排（如 12:00 ~ 18:00 在此会见相关项目的研究人员）。

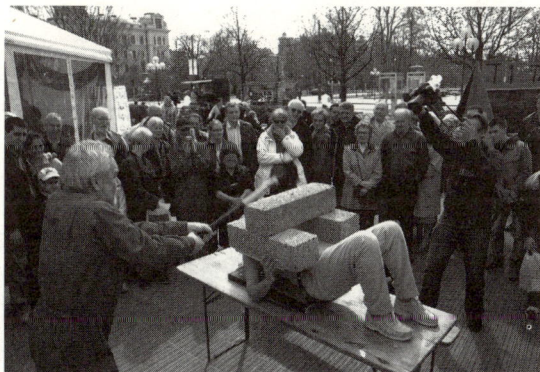

科学帐篷外的物理定律表演。来自阿普沙拉大学的斯达芬·英格武教授（Professor Staffan Yngve of Uppsala University）在生动地表演惰性物质特性

显然，不同的活动场所和参与方式带来的访客种类各有不同，演讲厅的学

术报告几乎总是吸引有计划的来访者，户外活动场所给那些没有事前安排、停留时间长短不一的来访者提供了选择。

2004 年 5 月，第八届哥德堡国际科技节的评估报告来源于对 1684 位来访者的面谈调查。此外，还记录了 185 名随意选中的市民对科技节的总体认识。

这份评估报告给出了一个非常积极正面的反馈：84% 的受访者表示愿意明年继续参加，79% 的受访者表示他们会向其朋友推荐这个活动。

参观者的人数统计大体反映了这个城市的人口占比情况。与城市的平均人口相比，最大的区别在于参观者中拥有学术教育背景的成年人的比例大一些。大于 55 岁的群组统计显得占比过大。这样的结果同其他几次科技传播活动一样，所以并不令人奇怪。

有趣的是，我们能看到不同的活动场所带来的人群差异。虽然在学术报告厅有着学术背景的中年人群体远远超过其他群体，但在研讨会和公园却明显少于其他群体。能够反映人口整体占比的活动场所是购物中心，在这里，各群体的人口统计情况和总数相吻合。

临时科学中心搭建的动手实验台吸引了大批中小学生，这主要归功于学校课程里有这样的教学安排，常常是学校多个班级提前预约参加这样的展会项目。

公园里的科学帐篷显示了最振奋人心的结果：24 岁以下的年轻来访者所占比重相当大。此外，市区的一些近郊地区的来访者（通常被认为不是特别喜欢"学术"的）几乎呈现出"超常规数量"。图 2.5 为 2004 年不同活动场所参观者的年龄分布图。

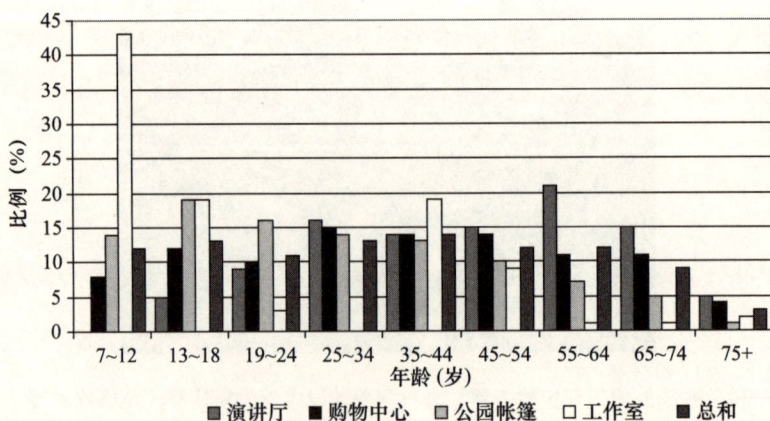

图 2.5　2004 年不同活动场所参观者的年龄分布图

当然，公园里科学帐篷来访者的数字并非一直具有统计意义，但通过 2002 年和 2004 年连续两年的数字统计，我们发现了这些年龄组参与人数保持了相同甚至增长的势头，并且它们明显超过学术报告厅里同龄参加者的比例。

有待进一步的评估

启示一：针对不同社会层次和来自不同地区的目标受众，选择不同的传播场地具有积极的意义，传播效果更加明显。从哥德堡国际科技节一例可看出，将某些科技活动集中在市中心公园的一个大帐篷里展现，对来自市郊的年轻参观者有着出人意料的吸引力。

启示二：我们需要持续跟进评估。我们已经知道"人们是满意的"，但是接下来会发生什么并不清楚。一份来自利物浦大学劳拉·格兰特（Laura Grant）的研究报告表明，科技传播会对人们在一个较长时期里产生影响，例如，他们会去购买和阅读科学书籍（Grant，2004）。当然，我们也想多了解在公园里和街道上传播科技的效果。可采用人们称为"个人观察"的一些深度调研方法，常用互动展示和参与式体验方法让受众以他们习惯的节奏了解和接近科学。

把成百上千次的科技传播活动按不同活动场所来划分为几类（4 种），这揭示了哥德堡国际科技节的一个重要新动向。评估结果显示，场所和展示形式对于吸引不同的来访者有相关的直接影响。这不仅仅是为了营销科技节和有个标新立异的标题：新的场地提供了机会给那些原没有计划参与的人，他们能在自然随意的情景下来了解科技，这和评估结果同样重要。

哥德堡国际科技节评估报告得到了一些其他地方类似观察结果的佐证，刊登在 2005 年 11 月欧洲科学联盟（European Science Events Association，EUSCEA）出版的《欧洲的科学传播活动》一文中有相关的报道，这项受欧盟赞助的评估研究，评述了全欧洲 20 多场科学传播活动。

哥德堡国际科技节和其他地方的评估结果提供了新的信息，有助于进一步探讨今后科技传播活动如何更好地到达预期目标群体和大众，同时也表明了有待进一步完善对科学传播不同形式的评估。

这样的评估结果还表明了科技传播活动存在的真实理由——"把科学带给公众"（bring science to the public），恰如字面所言的价值和含义（要带到他们常去的地方）。这也极大地肯定了那些专注于场地和科技传播创新者的努力：活动场所的选择如同展出形式一样，对科技传播的成功同样重要！

致谢

这篇论文能提名参加 2005 年 6 月在北京举办的公众科技传播国际研讨会，完全得益于瑞典国家研究会（Swedish Research Council）的支持，该研究会也是哥德堡国际科学节主办方之一。

这些研究结果与欧洲科学联盟的白皮书——《欧洲的科学传播活动》中所表达的结论是相辅相成的，该白皮书由欧洲委员赞助出版，于 2005 年 11 月在欧洲科技传播交流研究会议上首发。

参 考 文 献

EUSCEA (European Science Events Association) (2005). Science Communication Events in Europe. EUSCEA. ISBN 91-631-7888-5.

Grant L (2004). What is the impact of a science festival on its visitors? Paper presented at PCST 2004, Barcelona, 2004. Department of Physics, Liverpool University.

作者简介

简·里瑟（Jan RIISE），AGADEM AB，Kungstorget 11，SE 41110 Göteborg，Sweden

jan@ agadem. se; www. agadem. com

简·里瑟，阿加德姆公司董事及创始人，该公司成立于 1990 年，是一家独立的科技传播咨询公司。里瑟致力于科学传播工作，对科学、社会、产业的相互关系很有研究。

里瑟同瑞典国家研究会、哥德堡大学、查尔莫斯理工大学和其他机构有很好的工作联系。

1994 年，里瑟和两位同事创办了瑞典哥德堡国际科技节，这是一项在欧洲领先的科技传播活动。

里瑟积极致力于欧洲科学联盟的工作并与他人合作撰写了一项重量级的调查报告，即《欧洲的科学传播活动》。

里瑟也是一个"项目管理，创造奇迹"组委会的成员，这是 EUSCEA、欧洲科技中心（ECSITE）和欧洲科技记者会（EUSJA）联合主办的 2006 年欧洲科技周的一个重要项目。

澳大利亚国家科技中心的科技下乡：对土著居民的科学传播

阿伦·鲁尼

概要

澳大利亚国家科技中心总部设在首都堪培拉，它的科技传播项目旨在惠及科学中心所在地之外的很多人：身处内陆腹地、偏远地区及乡村的人们；激起更多的人对科学技术的热情；让他们能接触到科学技术。它组建的澳大利亚国家科技中心科技下乡：对土著居民的科学传播团队（Questacon ScienceLines：Indigenous Outreach）着力确保澳大利亚土著人，尤其是那些居住在偏远社区的人们能够囊括进受惠人群中来。

这原是发起于 2000 年的一次偶然性活动，如今澳大利亚国家科技中心已经有 6 名专职员工，致力于向澳大利亚土著人开发科技传播项目并具体实施传播，也制定了一些切实可行的原则，用来指导如何在科技传播中面对那些来自不同文化、语言和社会背景的本土居民。

本文讲述的是澳大利亚国家科技中心人员是如何专门设计项目对土著居民进行科技传播的。其中着重介绍科学大篷车团队（Shell Questacon Science Circus）如何参与科技传播，还提及了新开展的活动方式也对科学中心的传播增色不少。

为土著儿童传播科学

澳大利亚国家科技中心的科技传播主要是在全国的学校和社区开办展览会和工作坊，重点传播基础科学原理、尖端技术和数学知识，并介绍与科技相关的职业以及创业机会等信息。受众的范围很广，包括从儿童到成人各年龄层次，还特别包括生活在偏远和乡村地区的本土居民。

澳大利亚国家科技中心科技下乡之所以将焦点集中在内陆腹地和偏远地区，是基于对下列具体实情的考虑：

- 澳大利亚土著人在科学技术以及相关的领域中所占比例严重失调。土著人占澳大利亚总人口的 2.2%，在 15 ~ 24 岁年龄段的人口中占 3%，而 2004 年麦克里斯基和戴（Mclisky and Day，2004）的研究显示，仅仅只有 1.2% 的土著学生在接受高等教育。

- 在澳大利亚的大学里，选修科学以及与科学相关课程的学生中，土著学生仅仅只占到 0.6%（DEST，2003）。
- 很多土著人居住在偏远的社区，他们很少有机会接触到推广的科学项目。
- 大多数土著人在接受科学技术教育和培训的时候，大都面临着文化、社会、语言、地理和经济等多方面的障碍。
- 在强大的传统土著文化的影响下，土著人常常认为科学和技术同他们不相关，传统的土著文化有时还会与学校传授的科学知识相冲突。
- 即便是在澳大利亚土著居民之间，他们自身也有超过 700 种不同的语言，各自土著文化间也存有很大的差异。

2004 年，麦克里斯基和戴在《黑白科学》（*Black and White Science*，Mclisky and Day，2004）一文中说："文化、社会、经济和体制等复杂问题是导致（土著学生在科学技术领域从业人员）比例失调的因素，尤其是对居住在偏远地区的土著来说，最重要的是传统的土著知识，他们的生活也明显缺失与现代科学技术的实际联系。"

西方的文化、语言和经济的不断侵入使得澳大利亚土著人多次迁居，这促使了他们种族间的割裂分化，许多丰富多样的土著传统文化和知识已经消逝。然而，还是有很多土著人，尤其是那些居住在澳大利亚偏远地区仍然深深眷恋着自己的土地、语言和文化习俗的土著人。他们中的很多人都受困于诸如健康、酗酒、吸毒、失业、社会分化以及因地处偏远地区所造成的诸多问题。

罗斯玛利·奈尔（Rosemary Neil）在《白子》（*White Out*，2002）一文中指出：根据澳大利亚统计局的数据，土著居民的平均寿命大约比非土著居民的寿命短 20 年，而自杀率、婴儿死亡率和因犯罪收监的人数都明显高过非土著居民。

上述具体问题都给澳大利亚国家科技中心对土著居民的科学传播使命带来了巨大的挑战。因此，科技下乡团队在设计传播项目之前，就要充分考虑这些困难，把土著居民当作需要特别关注的传播受众。

人们寄厚望于教育，澳大利亚国家科技中心的传播团队希望通过特别的传播方式激发土著居民对科学产生兴趣，进而喜欢学习，以此打破他们一些世代相袭的生活恶习。

下文中介绍了我们还在进行的传播项目，它是我们基于不断自我反思、未经正式评估只作了小范围规范研究的结果。

科学大篷车开进偏远社区

1. 了解传播背景

目前，科学大篷车团队由 15 名在澳大利亚国立大学攻读科学传播专业的理科研究生组成。自 1988 年以来，他们已经多次在遍及全澳洲的中小学校里开展了科学展览的传播活动。

在 2000 年以前，科学大篷车是澳大利亚国家科技中心唯一一个到达偏远地区的科技传播活动，通常是由一个小团队到各地去做持续仅 2～3 小时的短暂访问，展出内容大同小异。

传播者将科技活动呈现给各种各样的受众，在活动中越来越感觉到有必要根据受众的不同调整传播内容。2000 年，他们意识到要将澳大利亚土著人作为一群独特的受众，尤其是那些居住在偏远地区的土著人，需要根据他们独特的文化背景设计专门的推广项目。在对这些社区进行科学技术传播项目设计和推广的过程中，不同的文化、语言和偏僻的地理因素都应该考虑在内。

因此，2000 年科学大篷车团队的传播实践对澳大利亚国家科技中心究竟能做什么以及应该能在偏远地区发挥多大传播作用的具体了解至关重要。

科学大篷车团队到访了一些社区，但在那里面临了很多复杂的局面，尤其是对那些年轻的传播者来说，他们对澳大利亚城市中产阶级群体之外的人群接触甚少。在此背景下，有如下几个重要问题呈现在他们的面前：第一，如何激发和鼓励那些年轻人参与进来？这些年轻人拥有完全不同的文化背景，英语可能是他们的第二或第三语言；第二，仅仅通过对这些偏远地区为期几天的访问以及给他们呈现一些有趣的科学活动，究竟能在多大程度上帮助土著居民解决他们严重的社会和健康方面的问题？第三，因为他们当中的大部分人很有可能会走一条重复父辈的老路，酗酒、吸毒、初中学业都可能完不成，试图让小孩们对学习科学感兴趣究竟有多大的实际意义？

还有一些问题是和传播者个人的感性认识相关的，他们感觉到自己在向一群拥有对自身所处环境有深刻的认识，并有一套相应的根深蒂固的信仰体系的人强行推广现代科学，他们有什么权利去挑战这样一个拥有几千年根基的认知体系呢？

寇本和罗纹（Cobern and Loving, 1998）提醒我们，"在全球范围内，科学的传授是以本土知识文化的牺牲为代价的，向土著推广科技加速了人们对推行知识霸权和文化帝国主义行为的指控"。

还有一些问题更让人深思：究竟什么是科学？本土知识算科学吗？有本土科学这样的事物吗？科学是普世的吗？我们如何来调和这些不同的"认知"方式？

> 将本土知识当作一种不同类型的知识是一种更好的方法，它完全可以因为自身的价值而存在，能在科学教育中扮演一个重要的角色并继续保持自身的独立性，以此才能够对科学的实践进行独到的评论（Cobern and Loving, 1998）。

这就表明，我们需要理解这些社区的背景并且定位好我们的角色。事实上，这个角色可能与我们在非土著社区中所扮演的有所不同。那我们究竟应该传播什么呢？

2001 年，我们开始着手增加对传播背景的认识。科学大篷车团队进行了一系列更加严谨的培训项目，这些培训项目随后被纳入澳大利亚国立大学科学传播专业的研究生课程科目中。

培训项目分为三个不同阶段：

- 开展了跨文化传播工作的培训，把澳大利亚的主流文化嵌入更宽泛的国际背景中。
- 由土著文化资深专家进行澳大利亚土著文化习俗的培训，不但培训跨文化的交际礼仪，还从历史、社会变迁上去理解土著的文化习俗。
- 对即将到访地区的文化习俗进行针对性的强化培训。澳大利亚的土著文化多种多样，因此，这项训练着重满足对特定地区文化风俗理解的需要。

其他的培训还包括：设计和改进工作坊、与英语不是第一语言的人们交流的技巧、偏远地区的驾驶技能以及急救技能等。

显然，从以往的经验和共同努力得到的调查结果来看，我们对那些社区的访问是很受欢迎的。学校和社区希望我们去传播。他们通常都这样说："你们什么时候会再来？你们能每年都来吗？你们不能逗留久一点吗？"

2. 角色定位

我们必须明确传播团队的核心任务是：为澳大利亚的社区，包括那些偏远的土著社区的人们传播科学，强化他们对科学的认识。专注于此并尽力而为才是我们的应尽之责。我们也意识到所能发挥的作用并非是直接去改变社会现状，而是尽力使学生们积极参与学习过程。通过专门设计的科学项目，以配合支持当地的教育机构和社区组织，为他们一直致力于创建积极社区环境的努力助一臂之力。我们只能在那里作短期的停留，因此，重心主要放在开展学校里的活动，而如果要长期地在社区开展项目则需要更大层面的关注。

科学大篷车访问学校的基本目标是：

- 增强学生们对社区生活与科学技术有关联的认识。
- 使用一些就地简单易得的材料，激发学生的科学思考。
- 使学生易于理解接受一些科学概念。
- 为教师提供更多的资源和创意，用以支撑课堂教学。

团队所设计的大多数项目都能满足以上要求。而针对土著学生的项目与其他项目的不同之处，并非体现在目标上，而更多的是指传播方式和风格的不同。

自 2001 年以来，我们一直在进行文化培训，不断改进这些特殊定制的传播项目，以此来适应偏远学校的特别需求。为了保证这个项目的传播方式和内容能最大程度适应到访学校的需求，我们会派一名工作人员提前去被访地区与教师和关键人员进行先期交流，交流的结果对项目的完善有所帮助。

一个科学大篷车团队由 3 名成员组成，他们每到一所学校，就会在那里停留至少 2～3 天，同学生们进行几次时间长短不一的交流接触。

活动的内容会在访问前几周就发给学校的老师。这些材料包括：项目的介绍、核心词汇和科技概念的提纲以及建议一些传播团队抵达前可举办的准备活动。活动结束后也会留下一些材料，包括老师们可从中借鉴的一些后续活动创意。提供这些访问前和访问后的材料，旨在鼓励老师在团队到来之前就能在学校形成一种科学活动氛围，也希望能在团队离开后帮助学生进行更加深入的探索和思考。

3. 传播风格

英语通常是那些学生的第二或第三语言，因而我们的展示活动常常很简短、直观、有吸引力。主要以工作坊的形式展开活动，传播者与学生们一起探索并激发学生思考问题。

可以讨论各种议题，但重心不在内容上，更多的是形象演示好仔细观察的过程。传播者常提这类问题："为什么？""正在发生什么？"以及"如果……将会发生什么？"，以此来鼓励学生参与到没有预设答案的活动中来，并且鼓励他们回答自己的想法。这一点是很重要的，因为在很多社区，少有人鼓励他们进行解析式的思想探索。孩子们喜欢参与和尝试新事物，但是这种分析事物的能力在很小的时候没有受到鼓励，而在澳大利亚的主流社会中，孩子在很小的时候，成年人就常用"为什么？"和"怎么会？"等问题来启发他们。

哪一种卡片看起来更大？

卡片错觉

有个项目就是在活动中使用一种简单的错觉卡片。将两张完全相同的卡片展示给同学们，两个传播者协助学生探索错觉（即其中一张卡片看起来更大）这一现象。

传播者想要传达"这将会发生一些有趣的事情"。他们示范着一些小的变化，让学生观察接下来会发生什么。他们闭着一只眼睛看两张超大的卡片，用重复的语句问问题，例如，"它是因为……而不同吗？"然后，他们邀请学生也参与到这个探索发现中。学生们动手剪出他们自己弯曲的卡片，并尝试着不同的弯曲方式、不同的颜色图案和不同的大小等。至此，学生们都会积极参与到这妙趣横生、益智健脑的活动中来。

另一项互动活动是一个简单的平衡实验，那也是一项有助于培养仔细观察的小实验。两名传播者在几乎没有语言交流的状况下开始了此项实验。两个人手中各有一个牛奶盒子。一名传播者将盒子尽可能放在桌子的最边沿处，它悬在桌子边缘却不会落下。另一个人注意到这一让人好奇的现象，也用他的牛奶

盒子去做同样的尝试，但是没有成功。随后他们一起探索不同结果的原因，提出这样的问题"是因为颜色吗？""是因为桌子的这个边沿吗？""还是因为……？"传播者最后解答这些问题，然后带领学生参与到实验中来，并让们他们去探索"平衡"、"物质的重心"这些知识。组织者们可以再示范一次这个实验，学生们随后自己可以去模仿和探索。

平衡实验

4. 具体困难

要把科学传播到偏远的社区会面临许多复杂的具体困难。从堪培拉出发到达目的地可能需要坐 5 个小时的飞机，接下来还要驾驶四轮驱动的越野车 5 个小时。一般来讲，一个科学大篷车团队访问一个偏远地区常常会花费两周时间，在那个区域的学校间往返要搭乘多种交通工具：小型飞机、四轮驱动的越野车以及小船。放置行李的空间常常是有限的，但团队成员常常必须得自带私人物品、睡袋、食物以及项目所需的材料。住宿的地方有时是在学校附属搭建的简易房子里，而大部分时间他们都是直接睡在学校里的地板上。

澳大利亚西北部的杜杰拉利（Djugerari）社区实景图

另外，活动安排的时间常会突然发生变更，因为学校的老师会根据当地发生的事件进行临时调整。譬如这个社区有人去世了，学校可能就会停课，还不允许外来者进入该社区。常常也会因下雨而封闭道路交通。

2005 年科学大篷车团队在北领地省中部地区里程一览表

6 个团队的旅行总里程：

- 澳大利亚航空 8000 千米
- 四轮驱动的越野车 13000 千米
- 小型飞机 2000 千米
- 访问了 22 所学校，同 1020 名学生进行了交流由于所乘汽车的空间有限，因而演示所需材料常常是从当地直接获取。这也凸显了一个事实：那里的老师有机会不需要使用很复杂的设备就能让学生们参与到科学实验活动中来。

5. 学校之外的传播

在2002年和2003年，传播团队同澳大利亚北部偏远的安赫姆村的布拉拉土著居民紧密协作，联合推出了一个展会，取名"与布拉拉土著的集会：分享本土知识"，还创办了一个网站（http：//burarra. questacon. edu. au/home. html），重点介绍了布拉拉居民的传统技术。传播者们谨慎地给予了传统文化习俗极大的尊重，成功地推出了有丰富内容的网站，这也加深了传播者对项目实施地的本土文化的理解。

2005年，由6名训练有素的科学传播者/教育家组建了澳大利亚国家科技中心科技下乡：对土著居民的科学传播团队。成员中有两名土著人，其中一名还担任队长。

澳大利亚国家科技中心科技下乡借用了土著概念"土著民歌"（songlines）而得名，songlines这个英文单词是指那些讲述土著先辈故事的各种歌曲。这些歌曲常常作为一种连接各部落之间的桥梁，表现了各部落的特点，内容丰富的歌曲由一代一代的人在不同的种族、地区间传承，主要讲述他们生活的那片土地、人民和历史的故事。各地传唱的土著民歌在全国范围内编织了一个复杂的交流网络。

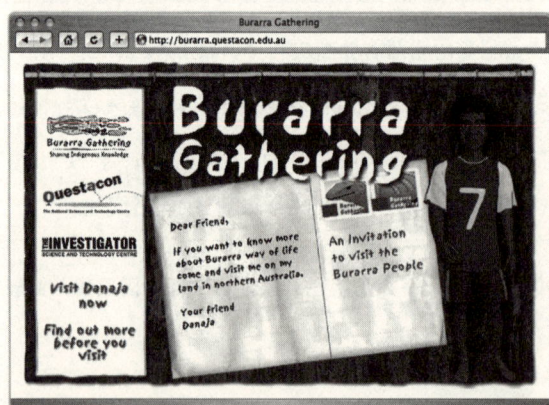

布拉拉土著在线集会网站

澳大利亚国家科技中心科技下乡计划在全国组织一系列科学传播活动，在科学大篷车活动范围外的其他场合举行，如在澳大利亚的土著节日中开展工作坊；同其他一些团体合作为土著居民传播科技活动；满足偏远学校对我们的一些特殊的科技活动需求等。

布拉拉土著在线集会这个网站的成功促成了一个新项目的诞生——"科学与本土知识：共同在线"这项网上传播项目。

新的项目将制作 4 个网站，强调传统的本土知识和学生在校接受的当代科学都重要。团队将在 2006 年多次访问 4 个不同的社区，制作出一个以学校为平台的科技传播项目。还要与那里社区的老者合作，把他们的传统知识记录下来。团队也将进行一个培训项目，给学校外的社区人员培训关于多媒体和网页等方面的制作技能。培训后的人员就能够先用电子形式来记录他们的本土知识，随后和澳大利亚国家科技中心人员合作推上网络，方便更多人分享。

这个新项目的产生是对社区要求积极参与的一种回应，同时也是致力解决麦克里斯基和戴（2004）一文中披露的问题：土著人认为他们与科学技术没什么关系，本土知识对他们最重要，这两点是造成土著人在高等科学教育领域中所占比例很少的原因。

与受众的互动关系起了积极作用

自 2000 年以来，一系列反思评价已经促进了该项目的发展。来自老师、学生和活动组织者的反馈一方面用来帮助调整下一年的项目方案，另一方面也常常及时地用来和才开展活动学校的老师们加以探讨。

2003 年，我们对传播活动后的效果作了一个更为正式的评估。马斯基尼在《国家中心对土著居民的科技传播：对 2002 年科学大篷车在安赫姆村访问活动的评估》（Mascini，2003）一文中写道：让学生参与动手是最适合学生的学习方式，科学传播在那里很有成效。马斯基尼同时还指出，活动组织者所作的准备、他们同学校和社区的咨询沟通工作都很重要。

从科学大篷车 5 年里对偏远土著社区的传播活动中可以看出：认真理解受众和活动组织者间的关系很有必要。即便在城市中，不同的学校也各有自己独特的校园文化，因此，作为一个科学技术推广项目的活动组织者，必须理解项目推广地的文化背景，尽可能先想到可能遇到的障碍，适时调整项目呈现的形式和风格。这对所有形式的传播交流都重要，尤其是对于那些要将科学大篷车项目推广到土著社区的组织者来说更是如此。

作为科技传播者，常常有冲动去直接帮助解决土著居民们的健康和社会问题，但更为重要的是，我们应该集中精力做好传播的本职工作，以此来为那些问题的解决作出一些积极的贡献。如果我们能够为学生提供一个平台，让他们感受到学习的乐趣，尤其是由此热爱科学知识，能够为老师提供一系列当地可行的探索科研的好项目，那将鼓励学生们参与学习，继续深造，能做到这些就算是很大的贡献了。

为了使我们的工作具有效率，我们需要将注意力集中在核心任务上，但同时也要意识到我们的所作所为可能产生更深远的影响。

团队正在开发一些项目，旨在惠及更多的学校之外的社区，让那些深信传统本土知识的土著居民也参与进来。这些项目强调知识的共享，为土著人民提供一个平台，把他们对环境很有认识的本土知识分享给全世界。与此同时，这些项目也充分展现出现代科技已经成为土著社区日常生活的一部分。

与来自不同文化背景的人们进行交流，尤其是进行科学传播，是一项艰巨的任务。通过了解受众让他们参与进来，使用合适的传播方式是成功交流的第一步，这些工作本身就很有挑战性。

科学大篷车团队已经找到了一种在偏远学校的土著学生中成功传播科技的方式。这种方式到底能否产生长久持续的影响还是个未知数，这个问题将在未来的活动中给予更多关注。

致谢

澳大利亚国家科技中心的领导们，感谢他们给予的鼓励；

澳大利亚国立大学中那些参与科学大篷车项目的学生们；

教育部门、科学与培训部的资金赞助；

农村和地区重建基金会的资金赞助；

普拉特基金会的资金赞助；

科学大篷车的协调员和学生们的热情参与、执著奉献和运送材料器材的保障；

全身心致力于澳大利亚国家科技中心科学大篷车团队的成员们，感谢他们对下一代热忱的关注。

参 考 文 献

Cober W and Loving C (1998). *Defining "Science" in a Multicultural World：Implications for Science Education.* SLCSP # 148, National Association for Research in Science Teaching, US.

DEST(Department of Education, Science and Training) (2003). *Breakdown of Indigenous Science*

Enrolments at Australian Universities. DEST, Canberra.

Mascini P(2003). *Questacon's Indigenous Programs*: *Evaluation Comments on Shell Questacon Science Circus Visit to Arnhem Land*, *NT*, *2002.* Centre for the Public Awareness of Science, Australian National University, Canberra.

McLisy C and Day D(2004), *Black and White Science*: *Encouraging Indigenous Australian Students into University Science and Technology.* University of Sydney, Australia.

Neil R(2002). *White Out.* Allen and Unwin. Australia.

作者简介

阿伦·鲁尼（Allen ROONEY），Questacon，PO Box 5322，Kingston，ACT Australia 2604

arooney@ questacon. edu. au

www. questacon. edu. au

阿伦·鲁尼，澳大利亚国家科技中心科技传播推广部经理。

阿伦·鲁尼在加入澳大利亚国家科技中心之前，是主流教育系统外的一名小学老师。他有很多机会开发不同的教育模式，他致力于实践的和动手参与的教育模式，这种教育模式能让学生的脑、手和热情都参与到学习过程中。

在澳大利亚国家科技中心工作期间，他积极参与展示会开发、教育项目以及为老师提供辅助材料等多项工作。

阿伦·鲁尼管理澳大利亚国家科技中心全国教师项目多年。2001 年，他创立澳大利亚国家科技中心科技下乡项目，如今仍负责管理在澳大利亚全国开展的这一系列项目。

"想象"：与发展中国家分享生命科学技术

丹·舒尔比尔斯　　玛丽姬·布洛姆乔斯

帕特丽夏·奥瑟维杰尔

概要

　　"想象"项目旨在将科学传播与可持续发展结合起来。在每年一度的竞赛中，邀请生命科学家就他们的研究在发展中国家的应用提出建议。16～18 岁的中学生们可以从中选择一个提案来设计一些项目动议的商业计划。在这个校际竞赛过程中，学生可以访谈项目设计专家，也有机会做相关实验，以此来加深所涉动议的理解并寻求解决方案。仅仅只有 5 个团队能够晋级决赛：他们可在国际会议上介绍实施计划，方案优秀并演示精彩的团队获得最后的胜利，获胜者可以得到资助，到竞赛项目所针对的国家进行旅游，而且获胜项目将获得资助，得以实施。

"想象"项目的目标

- 让年轻人关心世界各地的紧迫问题，鼓励他们采取行动。
- 告诉他们生命科学技术在缓解落后国家的紧迫问题上能发挥的作用。
- 鼓励生命科学家应用他们的专业知识来解决那些问题。
- 在迫切需要的地方执行那些很有价值的方案，努力增加可选项目总数。

　　该项目已经在荷兰成功举办了 3 年，目前项目的国际化推广正在组织实施中。

青少年关注食物、疾病、贫困和环境问题

　　举办"想象"项目的关键动因是提醒人们把握机会，要善于利用生命科学技术去解决全球的紧迫问题。每年一度的竞赛为科学家和中学生提供了平台，为他们提供机会来设计有价值并且可担负的生物技术在落后国家的应用，造福发展中国家。

　　与世界一些具有高品质生活的富裕地区（例如欧洲和北美）形成鲜明对比的是，世界上还有很大比例的人正被一些严重的问题所困扰，诸如不稳定的食品保障、疾病、贫困和环境恶化。人们可利用科学技术的潜力来缓解这些问题，联合国也认同此理，在它的21世纪议程（Agenda 21）行动计划中高度评价了科技在促进人类发展和环境保护上所发挥的作用（UN，1992）。2002年可持续发展问题世界首脑会议在约翰内斯堡（Johannesburg）举行，强调需要应用科技发展来解决粮食安全和贫穷问题（UN，2002）。更近一些，2005年格伦伊格尔斯（Gleneagles）八国集团峰会达成了一个被欢呼为"历史性机会"的公报，公报中称将援助非洲作为一个重要的优先事务（G8 Gleneagles，2005）。

　　但是，关于运用科技，特别是生物和生命科学技术去解决这些问题却受到人们的质疑，得不到公众的信任。尽管有寄予生物技术高度期望的强烈的科学乐观态度，但公众对此的信心仍很低且在该领域的抵制不断出现。例如，2002年欧洲人口和生物技术晴雨表（Eurobarometer）调查显示，"大多数人不认同转基因食品的有用性，认为它们是有风险的，觉得它们在道德上是不可接受的，没作好支持它们的心理准备"（Gaskell *et al.*，2003，Schuurbiers，2003）。

　　科学界的乐观和公众的质疑之间的对比凸显了科技传播的重要性。我们不应仅是要么不加批评地接受，要么是断然地拒绝从二者中作出选择，而是要更深层次地思考科学在社会中到底扮演怎样的角色，深思它带来的希望和顾虑、风险和利益、优势和劣势。这些探讨尤其应该让年轻人参与，因为他们是未来观念的创新者和决策的制定者。如果他们要想能够在一个科技创新不断遍及的社会中看清形势并作出明智的选择，拥有科学知识和创造性思维是至关重要的。欧洲委员会科学与社会行动计划中强调了这一点，把"激发青少年对科学的兴趣，鼓励他们批判性和创造性的思维方式，改善科学教育和促使更多的年轻人选择科技为业"作为主要目标（EC，2002）。这点重要性被广泛接受。根据2005年6月发表的另一份欧洲晴雨表调查统计表明，82%的欧洲人认为，年轻人对科学的兴趣对社会未来的繁荣至关重要（EC，2005）。

科学家和青少年共同为发展中国家出谋划策

　　"想象"项目通过学校竞赛，将教育、传播、生命科学和开发元素联系在一起，在这个过程中，鼓励科学家和学生各尽所能，取得成绩。项目比赛已经在荷兰连续举办了3年，第一期赛出的具体项目目前已在莫桑比克和多米尼加共和国实施。

1. 起初……

"想象"项目发端于荷兰克鲁弗（Kluyver）工业发酵基因组学研究中心——一个利用微生物基因组学来改良微生物以用于工业发酵工艺的荷兰研发联盟。除了对酵母、真菌、乳酸菌的科学研究外，该研发联盟还运作了一个社会项目。此项目进行社会调查活动，重点关注研究人员在关于工业生物技术的社会辩论中所扮演的角色。组织一场校园竞赛的想法就此产生，而后克鲁弗中心于 2004 年开始举办首期竞赛。

荷兰的科学家被号召起来依照一定的标准为竞赛提供议案，中学生从这些专为发展中国家所提的动议中选择项目来进行参赛。他们的提案必须满足若干标准：它们必须有可行性、是原创且在伦理上可接受；必须以生物技术为基础；能解决发展中国家的实际问题，并有可观的成效；项目的执行时间最长不应超过 18 个月。

递交上来的提案种类繁多，如在非洲通过种植青蒿就地提取抗疟疾药物青蒿素。另一个提案是关于将几乎覆盖了维多利亚湖的水葫芦制作成牲畜饲料。最有前途的那些提案被推荐给 2004 年 3 月在埃德（Ede）举行的荷兰生物技术大会，由公众来评判。

> 尝试为发展中国家做些实在事儿，这让人倍感鼓舞。
>
> 翁特·凡·温登（Wounter van Winden）
>
> 参与的科学家之一
>
> 代尔夫特科技大学（Delft University of Technology）

有 5 个学生团队参加第一届竞赛，每个团队由 2～5 人组成。他们随后各自选择其中一个科学项目提案来制订出一个商业计划。他们的任务是制订出提案中涉及科学、财务、管理和社会方面的详细内容，并做到能说服一般观众都觉得可以执行他们的项目。怎样"卖出"他们的实施计划完全由学生们自己作出确切的决定，但他们至少要回答下列问题：要使用什么技术？这将如何影响在发展中国家的人民？确切地说，该项目将在哪里实施？你打算对谁实施计划？费用是多少？你预计会出现什么问题？

除了要对创意背后的科学技术有更深入的理解外，学生还发现，他们面临着一系列的财务、政治和社会问题有待解决。为了帮助他们解决问题，整个一年的过程中会举办三个独立的活动：

- 在科学家实验室中亲自动手做实验，可以帮助学生理解该项目的科学背景。

还广泛地从互联网及相关刊物中获取信息，并通过与老师讨论后，学生们
去进行相应的试验，也有机会直接请教科学家。

● 在莱顿的民族博物馆举办的一个特殊的"知识日"活动中，学生们通过与
项目援助专家进行讨论，了解在发展中国家开展项目的情况以及可能遇到
的问题。学生们因此也让自己对文化相对性、参与和能力建设等形成概念
性的认识。

● 一次教学研讨会让学生了解最新的讲解技术和 PPT 技术，从而让他们制作
出一个高品质和有吸引力的展示。他们也和有丰富经验的电影制片人合作
制作宣传短片来加强他们的展示效果。

经过数月的艰苦努力，2004 年 9 月 1 日，学生们在鹿特丹国际基因组学会
上展示了他们的计划。17 岁的宋嘉·宝斯（Sonja Boas）和张柳（Chang Liu）
的"在莫桑比克生产生物柴油"项目赢得了这场比赛。该项目是基于翁
特·凡·温登（Wouter van Winden）和布拉姆·凡·毕克（Bram van Beek）两
位科学家的提案。

2005 年 8 月，比赛中获胜的高中生在执行用藻类生产生物柴油的
项目访问期间，和莫桑比克的孩子们见面

这个提案是关于在莫桑比克用海藻油和生物乙醇生产生物柴油。海藻油可
以从户外的养成池里用低技术培养的海藻中提取。生产生物柴油本身并不是一
个新的创意，但是从海藻油和生物乙醇中生产生物柴油却有明显的优势。用藻
类油生产的生物柴油环保，二氧化碳排放适中，还是一项可循环生产的项目。

"想象"项目组织单位和参与的科学家随后开始准备执行该项目。经过一段时间的筹款和制订出一个更细致的商业计划书后，这个创意现在正在莫桑比克一个名为伊拉拉音（Elalane）的小村里实施。2005 年夏天，两位项目组学生（宋嘉和张柳）受邀在科学家和来自项目组织单位的一名代表的带领下参观了项目实施地。在到访前，代表团与那里的环境协调委员会和农村协会达成了最终协议，做好了项目的细节安排，并参观了爱德华多大学和位于马普托的荷兰大使馆。他们也来到了伊拉拉音村并检查了建设培养藻类池塘的场地。

所有必要的安排都做好后，海藻池塘将很快建成。科学家布拉姆·凡·毕克将前往莫桑比克帮助建立池塘，预计在 2006 年投入使用。毫无疑问，两位项目组学生（宋嘉和张柳）将密切关注它的进展。

> 这比我预期的有趣得多。我原以为与科学家们接触会很正式。但事实上，我们一起度过了一段美好的时光。
>
> 张柳
>
> 2004 年"想象"大赛获奖者
>
> 从莫桑比克返回途中

2. 第二轮竞赛……

第一轮比赛在荷兰受到很大欢迎。通过 50 多家地方和全国性的报纸杂志、电台和网络出版物的报道，这个项目得到了大众广泛的关注。教育文化科技部长玛丽娅·凡·德尔·侯文（Maria van der Hoeven）写信赞扬了组织者，也对获胜的学生表达了祝贺。参赛的学生们也给予了项目积极肯定的评价。其中一名学生甚至写了一封信给校长，特别声援这项计划，信中写道：

> 这个项目使我们在这所学校受的教育更有价值。通过这个项目，我们接触到学生生活、科学研究、发展援助、国际代表大会等，还有其他方方面面。我们将它视作一个对我们人生很有益处的重要经验。

一些没有获奖的学生们仍在继续努力获取资金来继续项目，并认识到参与这个项目的重要性远远超出了比赛本身（上文提到的出版物及原信内容，请参见 www. foundation-imagine. org. ）。

针对这些积极反应，主办方决定继续开展竞赛计划，并为此成立了一个独立的基金会，命名为"想象生命科学基金会"（Imagine Life Sciences），主要负责组织学校比赛，做获胜项目实施前的准备工作，筹集资金以保证项目得以具体实施。在举办第二轮比赛前，基金会试图解决在第一轮中面临的瓶颈问题。例如，其中一个困难就是激励大量的学生来参加。为了吸引更多的人参与，在充分听取了参赛学生的意见后，对参赛事项作了相应的调整。

一个大的改变就是，调整比赛规则以满足学校综合实践课（profielwerkstuk）的要求，这门课是荷兰中学里必修的跨学科课程。因为荷兰所有的中学生都得选修该课程，把比赛内容嵌入课程体系，就更容易动员学生来参加竞赛了。参赛指南也一并为满足学生的要求而改进了，参赛规章清楚明白，参赛项目简洁易懂。徽标、传单、网页都适应学生的品位，而用来鼓励新的参赛者的口号也来源于他们的建议。

组织者也发现，在提交提案阶段也有困境，很难鼓励科学家们提交提案。科学家之所以不情愿是因为这与他们正在作的研究不直接相关，做了工作没人认可；没人鼓励他们参加此类活动，也没得到什么回报，因此，他们也不轻易地为此花费大量时间。为了鼓励科学家参与，得多考虑他们可能获得的利益：如果提案胜出，就可能被实地实施。新的参赛规则对科学家的任务和责任作出了清晰的解释，也列出了可能花费的时间，还努力减少了科学家组织管理的负担。庆幸的是，有很多热心的科学家愿意提交他们的提案。

经过所有必要的调整后，比赛在 2006 年再次拉开帷幕。这次共有 16 个学生团队参赛，在 6 个月的时间内他们要将科学提案转换成精心设计的执行计划（每个学生要为项目花费至少 80 个小时）。他们所做的长达 10 页的结题报告经由一个专业评审团审议，评审团由科学家、教育专家和在发展中国家工作的专家组成。有 5 个团队得到机会参加决赛，他们（2005 年 4 月 22 日在爱得举办的两年一度的荷兰生物技术社会大会上）演示了他们的成果。

力克·斯比（Lieke Spee，18 岁）、安科·俄格尔斯（Anke Vogels，17 岁）和琳达·希尔（Linda Scheel，18 岁）三位学生取得了最后的胜利，他们的提案是"多米尼加的鳄梨油"，最初是来自瓦赫宁根大学（Wageningen University）的马力恩·沃姆（Marian Vermue）和德特米·思皮可马（Detmer Sipkima）两位科学家的提案。这个提案的创意点是用丰收季节在鳄梨园剩下的成熟鳄梨（因为它们不能出口）榨油，作为那些种植园里工人的另一个创收来源。

项目执行前的准备工作正在进行，学生将在 2006 年参观项目实施地，并正式开始运作。

学校比赛日程时间表

8 月前：科学家提交提案，学生注册参赛

9 月：学生选择提案

10 月：学生搜集信息

12 月：实验室做实验

1 月：与项目援助专家进行访谈

2 月：结题报告截止日期和选拔出 5 个决赛晋级团队

3 月：展示技术研讨会

4 月：参加决赛

4 月后：获胜项目的执行

3. 竞赛仍在继续……

第三轮"想象"项目校园大赛在 2005 年 9 月举行。这次有超过 70 位参赛者，他们开展了 14 个提案项目。组织者从过去的两年里获得了经验，并从先前拥有的资源和建立的联系中获益。这个项目在科学界已经很知名了，并且有一个活跃的科学家团队，他们尽心尽力来保障项目提案的数量和质量，项目的成功很大部分依靠于此。一个由老师和其他教育家组成的更为宽广的网络，很容易地就把赛事内容在学校间传播，鼓励了很多学生们参与比赛，另外，与媒体建立起的良好关系也能使项目结果更容易地告知更多的大众。

第三轮的提案

- 青蒿抗疟
- 用真菌防疟蚊
- 地下升流式厌氧污泥床（UASB）反应器
- 生产单细胞蛋白
- 抗疫霉马铃薯
- 在苏里南生产胭脂红
- 新型竹制复合材料
- DNA 木材检查（通过 DNA 检查木材来源，看是不是出自被保护的森林）
- 巧用米糠
- 生物土壤加固
- 菲律宾的生物质聚合物
- 太阳能嗜热厌氧反应器
- 纳米过滤

想象生命科学基金会的活动在荷兰开展得相当顺利了，现在正在探索如何进一步发展这个项目，其中一个理想就是在欧洲其他国家也举行这样的竞赛。基金会目前正在和比利时、德国及英国的相关组织进行接洽。开展方式大体上同在荷兰一样，这样易于在欧洲其他国家开展开来。该项目可以并行地在多个国家组织，起初在几个国家，范围小一点，然后扩展到欧洲的其他地方。如果按设想规模化执行这个竞赛项目，将大大提高相当部分的在校学生和欧洲科技界对发展中国家紧迫困难的认识，也促使他们利用生命科学技术去帮助发展中国家解决这些问题。

基金会也在研究如何鼓励来自发展中国家的科学家提交他们的项目提案。他们处在一个更好的视角，可提供重点关注的发展项目以及这些问题合适的解决方式。胜出的项目将得益于这些发展中国家已有的聚焦点，相应的，项目的实施更有胜算。这种机制也易于强化同这些地方已有的联系，也便于得到当地获利者的赞同和配合。

目前面临着两个主要的挑战：第一个挑战，上文已经提到，就是鼓励荷兰的科学家给学生的实验提供帮助，因为项目并非是源自他们的提案；第二个挑战就是更加有效地组织起一个大范围的国际网络。选项之一是可以和各个地区热忱参与的已有联系的组织开展合作。事实上，目前正准备提交欧盟一个动议：撒哈拉以南的非洲科学家将通过"非洲生物科技联盟"（AfricaBio）来参与竞赛活动，那是一个非营利的生物科技联盟，它们组织论坛探讨非洲生物技术方面的问题。这种国际合作的可行性和效果还得从这次和类似的活动中取得进一步的了解。

通过真实的项目激励学生

"想象"项目的成功是基于一条很清晰的底线："生命科学既有益处，也很重要。有人遇到了困难，我们可以去帮助解决。就让我们去努力寻找解决问题之道"。这听起来可能很简单，但是却有深远影响。实现这一伟大目标是一个不断学习的过程，在此过程中，我们会一步一步感知我们的努力尝试，路途中的坎坷荆棘，通过我们的不畏艰险，终会柳暗花明，喜得成果。

该项目也为生命科学家提供一个机会，让他们更多地理解所从事的事业，努力用所知所能去解决具体问题。项目组织者清楚认识到他们很大部分是依靠科学家们的善意，因为要求科学家们贡献很大，所得回报很小。未来应该重视这种不平衡。组织者希望通过这次来自发展中国家的科学家的参与改变这种不平衡，并使基能成为项目的优势。

伟大的创意。一个崇高的、非同寻常的机会去做有点影响的事。

菊斯特·维特哈格（Joost Uitdehaag）

参与的科学家

欧家农生物公司（Organon）

在校学生也有难处。16～18周岁的目标群体很难参与进来。在荷兰，高中生有非常繁重的学习任务，他们需要花费大部分时间在学校学习或完成家庭作业。他们不得不完成一些固定的课程，也仅仅乐意参加一些能得到明显收益的额外的工作。另外，一些社会活动和社交也要占用相当时间。为了说服他们把空闲时间用在"好的事业"上，"想象"项目已经试图达到一些一般的标准：

- 吸引学生参与。年轻人不会简单地按照要求他们的那么去做。如果他们感觉项目（包括学校的竞赛）的成功是依靠他们自己的努力，以及他们能自由地按照一定的方向推动项目的发展，才会激发他们的兴趣。
- 鼓励他们。学生需要一些刺激促使他们开始，他们要为某个理由才做一件事。
- 提供一个社会背景。学生们的个人兴趣常常从这个主题的相关内容中产生，为了能获得对社会问题更广泛的认识。

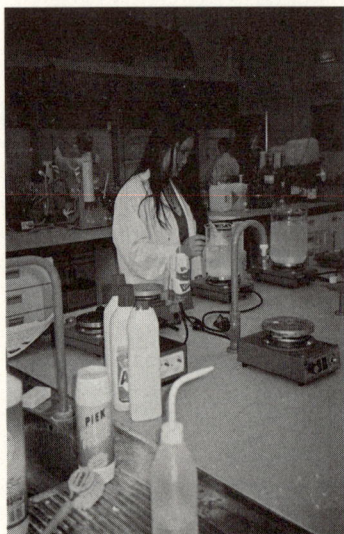

实验室里的实验帮助学生
理解项目中蕴涵的科学

项目首先通过将校园比赛与必修的综合实践课结合起来给学生提供动因。这么做就与学校的课程联系起来了，尊重学生的实践日记，认真考虑他们的受限条件；其次，学习抽象科学概念同解决具体问题相结合：即用于改善发展中国家一个特定的困境；第三，竞争元素和获奖的益处会进一步鼓励学生；第四，学生在全过程中获得指导：在实验室、报告写作中以及项目的展示技术等；最后，让学生参与来改进比赛方式，认真听取他们的意见和建议。

该项目希望能够给学生提供这样一个机会：利用亲自动手和实践的方式来获得有价值的经历以及对科学的深度见解。也希望更多的学生能够以科学研究为职业，前几届的一些活动参与者已经这么做了。作为对未来工作的最后一个建议，希望通过监测学生在参加比赛前后的态度变化以及他们随后作出的从业选择来评估该项目的影响力，这将会非常有意义。

回顾过去的三年，"想象"项目好像已步入正轨。它始于一个临时的动议，如今却演变为一个专业的组织。然而，展望未来，需要去做的还有很多。通过举办更多的校园大赛和实施更多的发展项目，项目的运作已经越发成熟，但同时伴随着它的责任也需要更审慎地对待。力争项目实现它崇高的理想，也寄望科学家和学生们的共同努力能带来丰硕的成果。

项目将一如既往地致力于提高年轻人对科学的兴趣，鼓励他们创新性地思考，努力成为科学家。它也将继续致力于让科学家们意识到他们对发展中国家的责任，并尽其所能，作出贡献。最后，"想象"项目也将保障这两方共同努力的成果能够帮助那些最需要它们的人们。

致谢

荷兰基因组学计划的支持使"想象"项目得以实现。

克鲁弗工业发酵基因组学研究中心、荷兰生物技术协会、生物系统基因组学中心、荷兰生物技术基金会、荷兰可持续发展国家委员会以及代尔夫特科技大学。

想象生命科学基金会董事会成员组成：Patricia Osseweijer（主席），Daan Schuurbiers（副主席），Elly Muilman（财务主管）和 Marije Blomjous（秘书）。

金·麦伦布雷克斯（Kim Meulenbroeks）组织了 2005～2006 年"想象"项目的竞赛。

参 考 文 献

BC（Europe Commission）（2002）. *Science and Society Action Plan. Luxembourg: Office for Official Publications of the European Communities.*

EC（European Commission）（2005）. Special Eurobarometer 224 / Wave 63. 1 —*TNS Opinion and Social: Europeans, Science and Technology, June 2005 and Special Eurobarometer 225 / Wave 63. 1—TNS Opinion and Social: Social values, Science and Technology, June 2005.*

G8 Gleneagles（2005）. *The Gleneagles Communiqué.*

Gaskell G, Sllum N and Stares S（2003）. *Eurobarometer 58. 0: Europeans and Biotechnology in 2002, 2nd Edition: 21 March 2003.*

Schuurbiers D (2003). *Who Should Communicate with the Public and How*? http：//www. society-genomics. nl/CSG_ Downloads/doc_ 32739_ Public%20communication-Warsaw-2002. pdf.

UN (United Nations) (1992). *Agenda* 21. Division for Sustainable Development, Department of Economic and Social Affairs, UN.

UN (United Nations) (2002). *Report of World Summit on Sustainable Development*, Johannesburg. South Aftria, 26 August–4 September 2002. UN.

作者简介

丹·舒尔比尔斯（Daan SCHUURBIERS）, Delft University of Technology, Julianalaan 67, 2628 BC, Delft, the Netherlands

d. schuurbiers@ tnw. tudelft. nl

www. foundation-imagine. org

www. soecity-genomics. nl/? page = 360

丹·舒尔比尔斯致力于代尔夫特科技大学的授权科学家社会中的责任项目研究。他现任欧洲委员会协调行动：纳米生物技术：对社会和伦理问题采取负责行动的项目经理。

在过去 3 年间，丹·舒尔比尔斯在有关公众认知生物技术欧洲生物技术联合会工作组工作，特别致力于科学传播的研究。他组织召开了有关"谁应该向公众传播和如何传播？"（2002～2003 年）4 个主题研讨会。2004 年，又围绕"工业生物技术的社会问题"举办了研讨会。

他担任想象生命科学基金会副主席和荷兰生物技术协会社会状况工作组主席。

玛丽姬·布洛姆乔斯（Marije BLOMJOUS）, kluyver Centre for Genomics of Industrial Fermentation / B-Basic, Julianalaan67, 2628BC, Delft, the Netherlands

m. blomjous@ tnw. tudelft. nl

www. foundation-imagine. org

www. kluyvercentre. nl

www. b-basic. nl

玛丽姬·布洛姆乔斯，现任荷兰生物技术协会社会状况工作组联合主席，也是想象生命科学基金会董事会成员。她在荷兰格罗宁根大学获得了传播科学硕士学位。撰写了多种报告、简报，也为热门新闻、网站、海报、传单和小册子撰写文章。

帕特丽夏·奥瑟维杰尔，　　（Patricia OSSEWEIJER），Delft University of Technology，Department of Biotechnology，Julianalaan 67，2628 BC，Delft，the Netherlands

p. osseweijer@ tnw. tudelft. nl

www. foundation-imagine. org

www. kluyvercentre. nl

帕特丽夏·奥瑟维杰尔，现任荷兰代尔夫特大学生物技术系常务主任，也是想象生命科学基金会主席。她组织和发展了一个生物技术伦理和社会问题的研究小组，也组织了此领域的国际研讨会和课程，诸如在牛津大学召开的生命伦理和公众认知国际高级研讨会。

帕特丽夏·奥瑟维杰尔获得分子生物学学位，也具有课程编制、收购基金管理、国内和国际研究管理以及教育项目的专业经验。她出版了大量的作品。

2002 年，她被任命为克鲁弗工业发酵基因组学研究中心国家杰出中心常务主任。

对青少年进行科技传播的其他案例摘要

热门话题

联系方式：Frank BURNET, Graphic Science Unit, Faculty of Applied Sciences, University of the West of England, Gold Harbour Lane, Bristol, UK, BS16 1QY

Frank. Burnet@ uwe. ac. uk

http：//science. uwe. ac. uk

通过戏剧方式来吸引青少年参与科学问题的讨论，激发他们对科技创新，如基因技术与机器人对我们生活潜在影响的讨论。

这里描述了两个剧本。第一个名为"遇见强大的基因机器"，它涉及基因隐私权，最初是为 2003 年捷克科技活动周设计的，然后依据观众和顾问小组的反馈进行了一些修改；第二个叫做"机器人思想"，它涉及机器人在我们生活中所扮演的角色，其中戏剧表演和观众讨论交织在一起，问卷访谈结果表明，观众既喜欢戏剧也喜欢辩论内容。

计算机图形科学

联系方式：Frank BURNET, Graphic Science Unit, Faculty of Applied Sciences, University of the West of England, Gold Harbour Lane, Bristol, UK, BS16 1QY

Frank. Burnet@ uwe. ac. uk

http：//science. uwe. ac. uk

该计算机图形科学项目包括三个活动，旨在促进英国青少年通过常乘坐画有宣传海报的公交车来对科学问题进行讨论。

第一个"公交车上的科学"活动先后在几个城市开展，车身上画的 12 份海报表达的是当代生物科学和物理科学的话题；第二个活动取名为"科学巴士"，旨在促进对由科学和技术引起的社会问题的讨论。这些活动的效果借助向不同年龄段的公交车乘客随机面对面问卷和访谈方式进行评估。

在第三次活动中，通过"可持续性路径指引"的宣传，用公交车外面的海报唤起公众对布里斯托尔市如何改善空气质量的思考。该活动采用网站点击和访问量以及跟帖信息的方式进行评估。

结果表明，这种类型的交流模式吸引年轻人，并且有可能促进对目标问题的讨论。

科学园地：一个多用户虚拟环境用于培养科学素养

联系方式：Margaret CORBIT, Cornell Theory Center, Cornell University, Ithaca, New York, 14853-3801 USA

corbitm@ tc. cornell. edu

http：//www. scicentr. org

"科学园地"是一个针对美国偏远地区青少年的在线项目。它采用游戏技术和老师、教练、同龄人的指导，来鼓励青少年参与科技教育，同时提高他们的科技素养。

该项目分三个阶段进行。第一阶段，不同学生团队获得各自一小块网络空间，并在项目中登记注册，了解游戏的互动方式；第二阶段，团队设计和创造一个知识空间，如陈列室、迷宫或别样地貌，以解析某特定的科技问题；最后，每个团队都向其他团队和教育专家在网上展示其作品。

事前问卷、事中辅导者的团队评估和事后问卷评定可用来衡量"科学园地"项目的成功与否。结果表明，参加者提高了科学素养，并对自己参加的工作感到自豪。

对澳大利亚国家科技中心"聪明动向"项目有效性的评价

联系方式：Brian FLETCHER, Questacon—Australia's National Science and Technology Centre, King Edward Terrace, Canberra, Australia

bfletcher@ questacon. edu. au

http：//www. questacon. edu. au

澳大利亚国家科技中心"聪明动向"项目旨在培养澳大利亚青年在尖端科技方面的意识，鼓励他们将来选择这些领域作为自己的职业选项。

该方案由两部分组成。首先，在整个澳大利亚的各地方中学进行校内演出，以互动、幽默和高效能的方式呈现澳大利亚的科技发展；第二，年度青年企业家会议为具有创新和创业才能的学生提供论坛，旨在演示和实践他们创新性的科学项目。

评价表明，该方案深受学生和教师的欢迎，学生选择科学技术作为他们未来事业的人数增加了。

与年轻一代沟通

联系方式：Lawrie KIRK, Murray-Darling Basin Commission, GPO Box 409, Canberra, ACT 2601, Australia

lawrie. kirk@ mdbc. gov. au

http://www. mdbc. gov. au

制定并实施一整套长期的教育项目，旨在提高年轻一代对如何管理自然资源的认识。

准备了4种创意项目：第一个项目是在小学生中，让他们通过诗歌、艺术来表达对澳大利亚墨累达令流域的感受；第二个项目重点在于鼓励12~16岁的青少年向其他青少年传授如何管理自然资源；第三个项目是为大专院校学生提供信息；第四个项目重在提高他们的领导能力。

分别采用外部量化评价、第三方独立评估、年度审查及网上反馈，来评估这些活动的成功与否。结果表明，这些项目对与青年交流很有成效。

对青少年科学传播的策略思考：澳大利亚的生物技术应用和生物工程

联系方式：Henry C. H. KO, Graduated School of Biomedical Engineering, University of New South Wales, New South Wales 2052, Australia

henry. ko@ student. unsw. edu. au

http://www. gsbme. unsw. edu. au

http://www. ausbiotech. org

组织了一系列科学传播活动，向青少年介绍生物工程和生物医学工程知识，希望他们把这些学科当作未来的职业选项。

"家酿"活动每年举行两次。举办职业信息夜会，旨在让学生们有机会与业界领袖交流。分发通讯简报给澳大利亚生物技术学生联盟会员，及时告知澳大利亚生物技术领域的近况，同时，举办年度"生物未来"科技活动周，为学生提供机会了解本行业的尖端科学和企业。这些举措受到大学、澳洲生物技术集团公司和相关行业的大力支持。

从学生和行业/机构组织的信息反馈、批评性审查会议、内部评审及评估报告可得知这些活动是否达到预设目标。

同青少年交流环境保护和可持续发展议题

联系方式：LI Lily, Research and Design Division, China Science and Technology Museum, 1 Bei San Huan Zhong Rd. , Beijing 10029, People's Republic of China

lilycstm@ sina. com

http：//www. cstm. org. cn

组织实施一系列活动，加强青少年的环保意识，培养他们对可持续发展理念的认识。

组织开展多种多样的活动。其中一个是人类与环境关系新思路的展览，举办方用生动有趣的方法来展示环境污染的影响，解释可再生和非再生资源的差异，倡导可持续发展的理念。展览还寻求解释和传播科学发展观的概念，鼓励青少年积极参与环境保护的创新活动。

这一整套方案吸引了全国各地青少年的关注，也在多个地区组织了活动。青少年从活动中加深了对环境保护和可持续发展重要性的认识。

日本科学技术总局向公众传播科学技术

联系方式：Yoshiyuki MAEDA, Department of Public Understanding of Science and Technology, JST. 3, Nibancho, Chiyoda-Ku, Tokyo, 102-0084, Japan

y2maeda@ jst. go. jp

http：//www. jst. go. jp/EN

在过去的 10 年中，日本科学技术总局一直在追求使科学的知识和信息传送到整个国家，促进科学教育的发展。

1996～2000 年，组织实施了"虚拟科学中心"和"科学交流渠道"等项目向大众传播科学技术知识。2001 年，新兴科学创新技术国家博物馆对公众开放，以简单易懂的方式传播先进科技。2001～2005 年，组织了多项有益的活动，例如，通过数字媒体学习课程和超级科学中学项目来促进科学教育。正在制订新计划来支持科学人力资源培训和让大学积极参与对大众的科技传播。

使用科学玩具提高青少年对自然科学的兴趣和理解

联系方式：Per-Olof NILSSON，Department of Applied Physics，Chalmers University of Technonlogy，SE-412 96 Göteborg，sweden@ perolof@ fy. chalmers. se

http：//www. chalmers. se

8 年来，使用科学玩具为青少年传播自然科学知识。

科学玩具首次被用作科技交流的工具是在一个瑞典哥德堡的国际科学博览会上，后来就发展为长期在查尔姆斯理工大学展出并发起相关研讨会。展会期间，人们会看见许多设计简单、有趣和教义寓于其中的科学玩具。它们不仅让人爱不释手，乐于摆弄，亦能阐释科学原理，提高公众的科学知识水平。

有专业设计的书面问卷和口头调查表来评估这种科学传播模式的成果。结果表明，这种方式对激发青少年对科技的兴趣是非常成功的。

从观看到参与——北京自然博物馆的探索角

联系方式：YANG Jing，Beijing Museum of Natural History

yangjing3076@ 126. com

http：//www. bnhm. org. cn

北京自然博物馆举办系列活动让青少年有机会参与科学实验和研究，加深对科学的理解。

在博物馆里，来访游客有机会动手做实验，尝试解决问题，讨论问题，也有机会和专家探讨。博物馆工作人员会在全程给予帮助。

结果表明，这种活动深受参与者和相关单位的欢迎。

能力互动资源共享——科普小导游实践活动

联系方式：YAO Jianlan，Shanghai Xuhui District Youth Center

yaojianlan@ 126. com

培训十几岁的青少年成为上海植物园里的小导游，使他们通过活动掌握更多科学知识，提高对科学交流的能力。

在上海植物园的支持下，选定几所中学参与这个项目，由青少年活动中心负责从中挑选和培训志愿者。培训后合格者可担任植物园的业余导游，表现优异者有相应的奖项，不达标者再回炉培训。

从植物园游客的评价、科普小导游和家长的信息反馈及参与学校的统计材料来看，这个项目对学生很有吸引力，有益于他们对科学的理解和科学传播能力的培养。

第三部分　与社区对话

社区：传播科技的场所

程东红　石顺科

概要

在北京公众科技传播国际研讨会上，与会者最关注的是城乡社区的科技传播问题，该研讨会涉及了 17 个与此相关的案例，本文将详述 5 个研究个案，并简要介绍其他案例。

策略：研讨会的关键主题

本次研讨会主题将讨论检测科学传播（包括城乡社区之间的传播）在不同的背景和不同的文化下如何进行。这些个案涉及几个不同的方面：首先，所有的案例研究都注重解决问题；其次，大部分个案研究都认识到有必要选择正确目标的灵活性、使用恰当的方法以及在合适时机推广科技传播活动；再者，许多人认为科学传播驱动力是一种契机，可以为目标公众带来利益和有价值的东西。以上三点就构成了良好策略的基石。最后，北京公众科技传播国际研讨会上的每个案例都各具特色，而每个已知领域也尚有改进之处。

正如此部分案例所示，策略是一种艺术。科技传播规划蓝图无论在何时何地的绘制，都需考量诸多相关因素。其中包括时势评估、目标确定、主题宣传、可用劳动力、受众特质、所需技能的适用性，甚至运行的快慢节奏等方面。应侧重考虑时间、地点、内容、实施者及所需技能等诸多要素。科技传播必须在文化多样性的背景下进行。

传播策略旨在解决问题。在科技传播领域中，社会需要和公众需求往往会产生一些问题。如今我们正处在科技主导生活的世界，要以科学的方式生活得更好，老白姓需要更多地了解科学知识来解决面临的问题：健康的改善、食物的安全、气候的变化及生物技术的运用。特别是当人们发现自己处于困境或受到威胁时，如疯牛病、非典型肺炎以及禽流感的肆虐，对科技知识的需求就尤为明显。在乡村地区，特别是在发展中国家，人们渴望获得更多的实际技能来迅速地提高生活水平和有效地改善生存环境。印度、中国、泰国、菲律宾等国家的个案研究已证实了这一点。为了满足这种需求，我们需要行动起来。而采取行动必须依靠恰当的策略，这样才能行之有效。

过去的调查表明，公众对科技信息还不甚了解。大部分人都是通过电视、电台、报纸、杂志、图书、科学博物馆和科普中心等渠道获得科技信息的。尽管如此，这些有限的科技信息已服务于公众科技传播，并应用到分散的城乡社区。北京公众科技传播国际研讨会上的案例研究，正致力于寻求填补这个差距。

社区涵盖许多不同的方面，是人们聚集的生活区。作为社会的基本单位，它们也构成了社会信息网络。在社区组织邻里之间的各种活动，也是科学技术传播到大众的渠道，科学技术策略就在那里得以产生、发展、检验和改进。

本文中的案例研究，凸显出城市和乡村社区的显著差异。如在城市人口稠密中心，密布着大量科学技术传播基础设施和资源以满足人们的多重需求。以农业为中心的乡村生活，现代媒体资源匮乏，人们的需求是与他们息息相关的生计。大多数乡村案例研究来自文化背景悬殊颇大的发展中国家。

不同国家在政治、经济和文化方面正经历不同的发展阶段。尽管存在相似性，但每个国家却有其各自的问题。同样，城市社区的发展区别于乡村社区，特别是在生活条件、文化传统和资源的使用方面。这些地理、政治、经济和文化的差异决定了当地人的不同需求，应运而生了一些丰富多彩、创新变革的科学技术传播策略。

这些差异强调双向沟通的重要性。采取互动的方法，倾听受众的要求，以了解他们的期望和需要。本文的案例研究提供了这方面的一些情况。例如第一届意大利"科学在社会"论坛中探讨的内容（Arzenton et al. , 2005）以及在泰国纺织品中改善靛染技术的创新努力（Tinnaluck, 2005）。

社区是科学技术传播的真正场所，多元化是它们的标志，科学传播要做到这些就需要在思想上做好准备，同时还要了解社区。

城市社区

并非所有本章节中的案例研究都清楚地说明了受众群体对待科学技术的态度。科学和公众之间的关系正在改变，因为"越来越多的公众不信任科学家和决策者（Riedlinger, 2005）"。这点尤其在诸如核技术和生物技术方面的争议最大。仿佛是"科学越进步，社会越抵触"（Arzenton et al. , 2005）。猜疑的产生通常是因为"许多决策并不是像公众所想的那样"（Cormick, 2005），而"有些公众想要更多地了解科学如何为他们的社会服务"（Riedlinger, 2005）。另一方面，"尽管人们可以获得越来越多的科学信息，普通公众却对科学没有更多的了解，或者没有具备更高的科学素养"（Mendizábal and Sanfeliu Sabater, 2005）。科学和公众相互需要理解的问题仍然存在，所以，必须重视彼此间以对话为手段的双向交流。

本着把科学和技术大众化以及让公众参与进来这样一个共同目标。每宗个案研究都表明了截然不同的目标。韩国知情委员会（Cho, 2005）和意大利"科学在社会论坛"（Arzenton et al., 2005）在建立科学技术双向传播模式方面都作出了努力。澳大利亚开展的"金星凌日"（Riedlinger, 2005）活动方面的经验，能够让城镇居民了解参与科学活动的可行性。华人社区图书馆项目（Li, 2005）设定了通过私人图书馆来推动公众科技传播的目标。一些项目旨在发现对于新兴技术和媒体报道有争议问题的公众态度，并探究其根本原因。正如考密克（Cormick）在《理解社区关注基因技术的动因》（Cormick, 2005）一文和韩国生命科学知情委员会的作者所阐述的那样，"要使公众支持和理解科技的发展，从一开始我们就必须考虑他们的观点和态度"（Cho, 2005）。

这些案例研究的对象是广大受众。来自瑞典的项目（Lindgren, 2005）把诺贝尔获奖者的信息用多语种海报在世界范围内派发，而西班牙和意大利的项目研究则涉及本地的公众。"金星凌日"和社区图书馆分别在澳大利亚和中国吸引社区居民。与此同时，在韩国，人们着手建立社区居民网络，大学和政府瞄准了"家庭主妇"（Song, 2005）。科学传播者正致力于发展和改善"在研究人员和社区之间建立联系和增进彼此信任"（Leitch and Pitkin, 2005）。

许多人认为，公众需要了解有关科学的一些基本信息，这样可以让他们从事和参与到科学中去，许多项目都采用了示范方法。"绝大多数的科学信息就是在这种模式下产生的"（Mendizábal and Sanfeliu-Sabater, 2005）。

在实践与示范的同时，协商性公众的参与变得更受欢迎。为了使双向对话更加有效，对于目标受众而言，科技传播者在政策制定方面起到了更大的推动作用。"不同于先前在意大利启动的标准式公众科学传播，科学家和居民的对话基于居民设定的议程"（Arzenton et al., 2005）。在澳大利亚，联邦科学和工业研究组织的资源未来规划，在诸多项目中提出了这样的模式，即"更具有参与性的科学传播方式，旨在帮助社区决定资源使用规划和管理"（Leitch and Pitkin, 2005）。

在此论及的策略也说明了从传统"公众理解"模式转变到社区参与的新型模式。在《在真实社会语境中促进科技辩论和社会参与》一文中，蒙迪扎巴尔

（Mendizábal）和莎芭特（Sanfeliu-Sabater）探讨了在西班牙如何推动民间的科技辩论，该论文作者基于结构主义策略并运用认知科学的学习理论，强调学习过程的三方面：启发、意义的实现和反思。同样，卓（Cho）关于知情委员会的报告注重了韩国事务委员会委员的反刍过程。西班牙关于世界大脑意识宣传周（Revuelta, 2005）涉及了颇为广泛的要素，诸如股东、演员、设施和节目，巧妙地把人脑科学与音乐和时装展结合起来，这种结合反映了普通百姓的情感和利益。

一些案例讨论了进一步理解目标受众的重要性。有关澳大利亚的生物技术的报道《了解社区关注基因技术的动因》，考密克（Cormick）指出，"更好地理解社区关注的问题能够更顺畅地进行双方对话"，以及"涉及对基因技术的公众态度问题，企业、研究人员和政府的决策使用过于简单或错误的言论"。长久以来，该项目在考察公众态度背后的动因时，发现了"5个制约基因技术采用的关键因素"：信息、管理、咨询、消费者选择和消费者利益。

韩国知情委员会项目（Cho, 2005）抽样调查市民中的一个代表组。两轮调查相隔3个月，通过提问和提供生命科学的相关信息。其中一个调查结果表明，市民的信息或知识水平与他们的态度无关。

许多项目包括小范围的调查和问卷形式。大多数所作的评价基于定量和定性的分析。然而，这些评价并不全面，一些分析方法缺乏平衡。评价涉及对话的交际内容是件不容易的事情，而且这个领域有大量的工作要做。有些建议提到让更多的参与者进入待评价活动，提高评估方法的信度和效度，开发长短期相结合的评价工具。

乡村社区

六七个案例特别涉及农村地区的科技传播，几乎全部发生在发展中国家。在研讨会上，为数不多的几个个案研究是针对乡村科技传播的。虽然一些其他研究涉及了乡村问题，但这并不是他们的研究重点。据联合国人口统计，现在世界人口城乡几乎均衡分布。而亚洲、非洲的绝大多数民众居住在农村。

和城市相比，乡村地区特别缺乏科技传播资源、基础设施、各种信息资源以及专业技术人员。通常生活水平远低于城市，乡村居民通常受教育程度低，聚群而居，且彼此相聚甚远，但却富有生动的传统文化遗产。

农民的需求往往推动着乡村社区的发展。为了造福农民，迫切需要解决他们的实际问题，促进地方经济发展和提高生活水平。印度的案例涉及社区发展的工具和方法的研究（Bisht，2005），这项研究向居住在兴都库什山脉和喜马拉雅流域的农民传播技术，通过生物化肥和改良种子的运用种植反季节蔬菜。来自泰国的廷那拉克（Tinnaluck）呼吁"振兴纺织靛蓝染色的传统做法"，促进社区经济发展。菲律宾关爱土地（Landcare）的研究认识到有效沟通的重要性，博伊（Boy，2005）强调在追求"大量的可持续农业的成果"的同时应重视土壤侵蚀与土壤保护的问题。应农户的要求，中国走乡串户科技信息服务项目（Feng and Jia，2005）解释了如何运用"计算机技术、通信和现代管理科学"低成本提供科技信息。科技信息对于改善民生、民主发展和文化推广具有重大意义。

就乡村社区而言，很大程度上要务实和脚踏实地才能实现科技传播目标。印度的帕塔利亚（Patairiya）案例研究中乡村社区科学意识的提升，主要通过开展文化活动进行科技传播，中国的项目研究则立足于流动的科学普及（Sun and Jia，2005）。

解决乡村社区的实际问题需要务实方法和有效工具。研讨会上的大多数方案得以进行有赖于专家、研究所、地方政府和当地农民的共同努力。"决策者、研究人员和开发人员要携起手来"（Bisht，2005）。国际援助的重要是因为可以让项目得以实施，正如彼西特（Bisht）山地水域研究和博伊的菲律宾关爱土地的案例中所见。替代性策略强调了现代科技与地方智慧的融合，为社区经济的发展"共同创造全新的、适应性强和实用的知识"，而且两者的结合不会导致传统知识与现代科学技术的冲突（Tinnaluck，2005），菲律宾案例研究提到"土著文化与现代科学知识融合"的重要性。

社交活动、集市和节日活动常常在乡村社区为科技传播提供了良机。新疆少数民族科普队利用商场和集市进行科学传播。在过去几年间，科普队历经4万多千米，为当地人们"举行科普报告会，发放科普报纸和书籍，举行科普展览和演示并放映科普电影"（Sun and Jia，2005）。另一典型事例是在印度通过文化交流活动，利用民间媒介，"如集市、展览、戏剧、舞台造型和游行来进行科学传播，同时注意印度拥有传统仪式、节日和社会娱乐活动的宝贵财富"（Patairiya，2005）。这个项目的开展帮助当地村民转变旧信仰和错误信仰态度，因为绝大多数印度人信教、参加宗教活动（据这项目调查，占人口的94%）。文章的作者总结道，"动员牧师、圣人、'神人'和宗教布道者推广科学思想，将极大地推动科学传播……若我们能号召这些人加入我们的行列，我们的任务就会轻松许多"。

持续的挑战

小组讨论是专题讨论会的一个不可或缺的部分。尽管与会代表来自不同的国家，有着不同的社会、政治和经济背景，却都有相似的观点。例如，在回答"存在什么问题？"时，回答是"缺少传播的奖励和惯例、缺少时间、缺少需求刺激，需要理解'研究'而不是'科学'，需要注重辩论，等等"，对于"什么样的思路最有效？为什么？"的回答是："明确自己的想法和需要，通过科学传播关注公众的个人切身问题，到公众中去，举办吸引公众参加的活动，支持和鼓励科学家与科学传播的受众相联系，了解文化背景"。

然而，讨论中出现了新的和更复杂的问题，人们普遍认为，科技传播作为一种领域正趋于成熟，其包含的问题涉及不同的技能和信息。一些问题如下：

- 科学缺乏公信力吗？或者只是一种认识罢了？
- 难道我们真的有促进科技传播的驱动力吗？
- 我们应在多大程度上重视有争议的问题？
- 市场方面对城乡社区的影响如何？它对科学传播的贡献是什么？

科技传播者对于以上问题的回答，只能通过在他们服务的社区做深入细致的工作，辨别公众舆论，倾听他们的观点才能作出应答。认识到社区人人都是专家，培养他们真正地参与双方或三方对话的能力。这些工作对科技传播者最具挑战性，也是需要多种资源支撑才能展开。

一些人提出的方法挑战了传统的传播方式，科技传播机构需要思想文化上的转变。这些包括开放式对话、传统的认知方法或许优于现代的传播方式，通过研究审视过去的重点是什么，而现在又是什么。科技机构在承受着压力的同时，认识到公众意识更甚于公众喜好，避免蓄意影响舆论。

在即将到来的论坛上，需要进一步深入探讨日趋复杂情形下现实可行的策略和技巧，需要加强所有项目的评估和评价。若没有健全而可靠的评价体系，科技传播活动就不能尽展全能。

尽管对某些问题只是轻描淡写地涉及，但这些问题仍十分重要。其中之一是更为全面地理解公众的需要。科学传播需要理解和考量人们行为举止背后的情感驱动。公众对科学的反应不仅仅是理智的，也受到情感的驱动，而大多数时候会受到情感的支配。理智本身不能解释为什么人们信与不信以及喜欢与不喜欢科学。遗憾的是，"这些研究很少发生在社会心理学试验室之外"（Metcalfe et al.，即将出版）。

要理解公众就需置身于公众之中，可以借鉴认知方面的知识，有利于了解大脑的运作机理和人们如何学习和组织自己的行为。

我们认为值得一提的是，另外一个问题涉及公众对待科技的态度和公众素养之间的悖论。仿佛是人们的文化素质越高，就越对科技持怀疑态度。这种现象有待进一步研究。如果这种认识倾向不可避免，那么，我们能做些什么呢？对此问题的回答特别有益于发展中国家。

参 考 文 献①

Arzenton A, Bucchi M and Neresini F(2005). Does Science belong to everybody? The first Italian Science in Society Forum. Printed in this volume.

Bisht SS(2005). Tools and approaches to community development：PARDYP Network experiences.

Boy G(2005). Landcare in the Philippines：recognizing the importance of effective communication. Printed in this volume.

Cho SK(2005). The Informed Panel for Life Science.

Cormick C(2005). Understanding drivers of community concerns about gene technologies.

Feng F and Jia H(2005), Rural science communication of Door-to-Door Science and Technology Information Service.

Leitch A and Pitkin C(2005). Science communication in participatory projects in Australia：two case studies in natural resource management. Printed in this volume.

Li J(2005). Community libraries：the communication of science without barrier.

Lindgren M(2005). Communicating Nobel Prizes：Nobel posters in physics and chemistry.

Mendizabal V and Sanfeliu-Sabater E(2005). A contextual approach to promoting debate and social engagement in science and technology. Printed in this volume.

Metcalfe J. , Cheng D, Riedlinger M and Shi S(forthcoming). Report：Strategic issues in science and technology communication.

Patairiya M(2005)Science communication through cultural events：a success story from India.

Revuelta G(2005). World Brain Awareness Week in Barcelona：Think about it!

Riedlinger M(2005). The transit of Venus：communicating science through participatory activities.

Song J(2005). Toward a network of local community, university and government：reflections from a science culture program for housewives in Korea.

Sun R and Jia Z(2005). Mobile science popularization among ethnic minority people.

Tinnaluck Y(2005). Improving indigo-dyed textiles：a community-oriented communication success.

① 所列文章约于2005年北京公众科技传播国际研讨会上提交。

作者简介

程东红，中国科学技术协会，中国北京市海淀区复兴路3号，100863

dhcheng@ cast. org. cn

www. cast. org. cn

程东红，中国科学技术协会书记处书记。在中国，她发起并指导了全国青少年的科学教育和农村社区科学项目。

她是国家科技传播、青少年项目、农村发展和国际科学等合作委员会的成员。

她是公众科技传播科学委员会成员和国家重点项目——联合国教科文组织亚太地区性别、科学和技术项目成员。

她与同事合著发表了有关非正式科学教育和科学普及的多部图书和多篇文章。

石顺科，中国科普研究所，中国北京市海淀区学院南路86号，100081

shishunke@ yahoo. com. cn

www. crsp. org. cn

石顺科，中国科普研究所副译审，自1988年以来一直在该研究所工作。作为项目组带头人主要从事国际科学传播信息的收集工作。

作为中国国家提升公共科技素养项目的一部分，他的主要研究兴趣涉及科学传播史以及国际范围的科技传播发展。

2005年，他协助组织了北京公众科技传播国际研讨会。他发表了多篇关于科学普及的文章，编辑出版了《英汉解析词典》，并且校对了《汉英古今常用词汇词典》。

科学属于每一个人吗？
第一届意大利"科学在社会"论坛

维拉利亚·艾赞同　马萨西米诺·布茨

费德里科·冯检基

概要

本文介绍了第一届意大利"科学在社会"论坛的理念、方式、结果和评价。该论坛由非营利性组织"观测—社会中的科学"（Observa-Science in Society）创办，并于2004年10月至2005年2月承办。

论坛旨在开启一场卓有成效的思想和观点的交流，注重科学与社会之间关系演变的方式。论坛给这些与科技革新紧密相关的广大人士提供了良机，其中包括企业家、非政府组织、普通市民、社区团体和在校学生等。他们可以向专家提出问题和质疑，例如当今社会科学研究优先考虑的问题或最具价值的研究问题。为促进科学与社会间的对话，论坛邀请与会者给出建议和提议。不同于先前在意大利尝试过的传统式公众科学传播，这次，科学家与市民的对话议程由市民拟定。

2005年3月9日~11日，欧洲委员会在布鲁塞尔举办的"社会论坛中的欧洲科学"已经发布了此次对话的结果。

创建对话

核能、转基因生物、干细胞——科学越发展，社会似乎越抵触。科学社团成员、决策者和其他的评论者往往把在科技问题上的争执和公众的摇摆，解读为公众抵触科学研究的进步，阻挠技术革新。按照这种解释，公众怀疑甚至公开敌视科学的态度，主要是因为他们对科学成就不甚了解。基于这种假设，即公众对科学理解的"缺失模型"，强调公众相对于专家而言，缺乏科学知识（Wynne，1991，Durant，1999），一些机构已经启动项目，旨在通过扩大和促进公众科学活动的传播，以填补科学知识的空白。

然而，尤其在过去5年中，大量证据证明，信息缺乏并不是公众对科学和革新的某些领域态度尖锐的唯一原因。争论的质疑还包括媒体对科学的报道、公众的知识水平和公众对科学研究赞成的态度及其应用之间的相互关系（Bucchi and Neresini，2002；Bauer and Gaskell，2002）。

相反，一些迹象表明，公众态度的敌意表现在对某些研究的搁浅、技术的应用以及要求参与科学实践方面，可能是由于他们普遍质疑目前现状，如科学专业知识、政策的制定和公民的政治代表（Bucchi and Neresini，2004）。

其实，公众积极参与科学活动并不是为了批评和阻挠科学技术，反而是支持科技进步。现在，这样的事例越来越多，而且越来越有意义。例如，公众通过筹资和个人参与，对癌症和艾滋病研究作出贡献；还支持法国一些像"电视集资"、"肌肉萎缩协会"的组织，促进特殊病理学的公共和独立研究。没有公众的参与，这些研究就无法进行。他们的贡献使得研究计划得以成形——雇用专家、搭建实验室、购置设备（Epstein，1995；Callon，1999；Callon *et al.*，2001；Bourret，2005；Bucchi and Neresini，即将出版）。尤其在信息技术领域，非线性的互动形式让创新与使用的界线日益模糊（Joly，2005）。

在体制方面，世界各地的机构已经开始促进公众参与科研的管理（协商会议、市民小组、方案研讨组、参与性技术评价等）。

学者们认为上述及其他实例可以证明，基于共创知识理念上的科学与社会之间的一种互动新模式已经出现（Irwin and Wynne，1996；Bucchi，1998；Callon，1999）。因此，科学知识和非专业的见解不是相互隔离，在互不关联的情况下产生的，而是在"混合论坛"共同讨论的过程中产生的。在论坛上，学术专家和非学术专家积极互动和对话交流。

采用论坛作为参与模式的标志性特征，这一想法激励了人们的一些活动和方案的开展，希望能够认识到公众参与科学活动的重要性以及他们起到的重要作用。出于这一目的，欧洲委员会于2004～2005年发起了欧洲"科学在社会"论坛，以期介绍和探讨一些在科学和社会领域最突出的成果和经验。在此框架下，"观测—社会中的科学"发起了第一届意大利"科学在社会"论坛，这是6个全国性"镜子活动"之一，旨在帮助奠定欧洲科普举措的基调和议程。

"观测—社会中的科学"是一个非营利性的文化协会，旨在提升科学和社会相互间关系的研究与探讨，鼓励研究者、决策者和公民之间的对话。该组织开展了诸如公众意识、科学技术的传播、市民参与研究管理和革新的议题。"观测"活动的主要领域之一，是研究和实践新的流程形式和管理机制，以期支持专家、利益相关者和普通市民之间的交流，并特别关注参与过程的潜在作用和局限性。

第一届意大利"科学在社会"论坛被认为是一种尝试，力图检测与以往科学中的不同方法——与市民对话的举措，常常被认为建立在"缺失模型"上（即普通市民被认为缺乏科学知识）。为此，科学家和市民之间的沟通，要由公民制定的议程来决定。不再是由科学家和研究机构提出他们的活动建议，而是邀请市民——直接邀请或通过协会和组织，也可以通过新技术如互联网邀请——表达他们对科学及其作用在社会中的期望和认识。此过程不仅可以丰富现有的传播形式，也可以提升市民和利益相关者的参与性。例如，在意大利，全国和地方性的研究和革新的政策制定涉及几个领域的参与，而不是市民只能对已作出的决定回答"是"或"不是"，市民希望能够发表意见，且在政策制定的早期阶段考虑他们的看法。

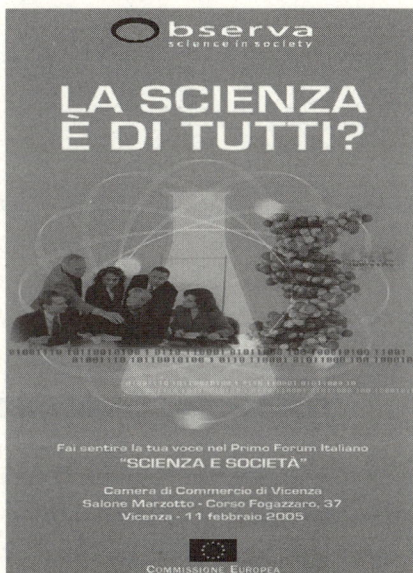

"科学属于每一个人吗？"——第一届意大利"科学在社会"论坛宣传册

市民参与研究和革新政策

第一届意大利"科学在社会"论坛主要分为两个阶段：

- 第一阶段为"倾听"阶段。在此期间，所有涉及科学与技术问题的社区成员（公共机构、企业、协会、民间组织、学校、个人）陈述他们的期望、建议和意见。
- 第二阶段：2005 年 2 月 11 日在维琴察（意大利）举行的公众会议上，科学团体成员和利益相关者一起讨论第一阶段讨论的议题和提议。

1. 倾听阶段

有关对科学研究和技术革新的期望、观点、建议和意见将以各种方式收集起来。"科学在社会"在线论坛，在意大利观测（www. observa. it）网站首次启动。与此同时，在全意大利进行了人口代表抽样的电话调查，涉及的内容是公民对于科学研究的期望及其优先研究课题的选项问题。最终，由利益相关者（研究人员、企业家、环境组织、消费协会和工会）就"市民参与研究和革新政策的重要性"议题，进行了初步研讨。

"科学在社会"在线论坛创建于 2004 年 10 月 20 日，对所有人开放。它给大家提供一个阐述自己观点和建议的机会，用以促进科学界与普通公民之间的对话或仅表达他们对科学研究和技术革新的期望。

为了引导讨论，论坛提出了三个主要议题：研究和创新中的优先投资问题、科学和社会对话的形式问题以及在科技决策过程中市民的参与形式问题。学生、各种社团成员、教师、研究者以及普通市民跟帖发表他们的评论。很多学生在课上和教师一起讨论在线论坛提出的议题。最后，论坛网页的点击量超过14000 次。

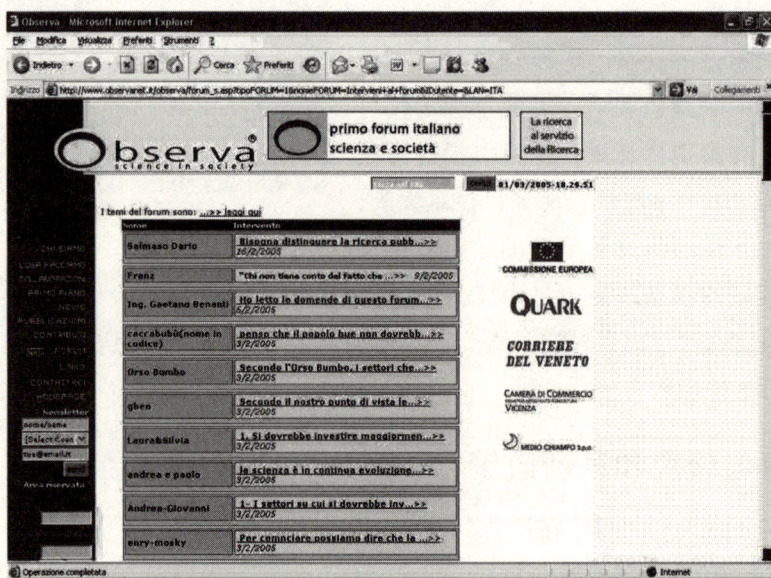

观测网站的在线论坛网页

网络论坛得到了 *Quark* 杂志（意大利最流行的科学杂志之一）和 *Il Corriere della Sera*（意大利的顶级日报之一）的地方版联合宣传。这些媒体刊物对此举措作出积极响应，邀请他们的读者参与，并发表有意义的评论。不仅如此，许多报社和网站还鼓励人们向论坛投稿，让这一举措更清晰地为人们所知。

与在线论坛同时进行的还有全国范围内的电话抽样调查，抽样对象为 292人，这些人代表着意大利 15 岁以上的人群，这个调查是为了追踪普通民众的观点，用来对比网络讨论意见。调查的核心问题是"在您看来，应给予哪个研究部门更多的投资？"每位应答者可以选择两个研究领域（见图 3.1）。

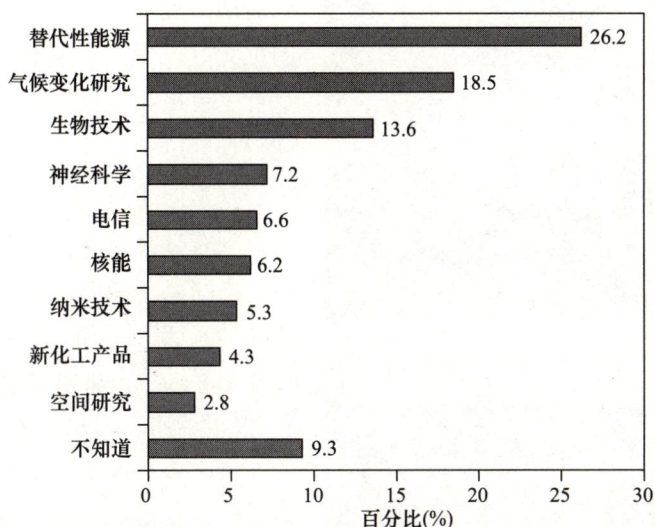

图 3.1　调查结果：在您看来，应给予哪个研究部门更多的投资？

注：可以选择两个答案，百分比的计算基于回答的总量（n =1858）

　　在线论坛信息和电话调查结果的分析得到一致的结论：意大利公众认为应该给予医学、生物学和环境科学领域更多投资。很多网络论坛的参与者认为，给予某项研究关注和投资时，应该分析该研究涉及的道德问题。在这些具体研究课题中，最重要的是治愈疾病的疗法的研究和药物的研制、辅助生育技术的发展、可再生能源的优化问题以及循环材料的技术提高。

　　参与者表达了迫切参与科研决定的需求和一些有意义的想法。例如，很多市民认为，科学与社会的对话不仅可以由传统主流媒体来承担，而且也可以通过互联网和当地的公众集会的形式来实现，在这些地方，人们可以对研究方案畅所欲言。

　　在 2005 年 1 月 28 日组织的"市民参与研究和革新政策的重要性"预备研讨会上，也强调了让更多公众参与的迫切性。与会者包括环境和消费者协会、工会、企业、研究人员和决策者的代表。其目的是通过和利益相关者讨论当前机遇，来促进当地市民对创新和科研问题的参与。

　　讨论的重点有二：第一，与科技在社会中的角色有关，公众常常怀疑研究革新的有效性，特别是对于他们的实用性。而科学越来越被认为是承载利益且经常被经济因素所驱动。

　　第二，主要涉及的是科学家们与社会各部门建立对话的困难。科学家的研

专家和利益相关者讨论在线论坛提出的问题

公众活动

究活动出现各种不确定状况时，这些困难尤其凸显，而且情形往往如此。这首先表现在当科学的应用极大影响到公众健康方面时。

基于上述两点的考虑，与会者应认识到有必要进一步开展科研人员与市民之间以及其他与科技创新相关人群间的对话，同时，应考虑市民对科技和革新的日趋敏感和期待的反应。

2. 公众活动——2005 年 2 月 11 日

最后的公众活动讨论了"科学在社会"论坛第一阶段的讨论成果以及预备研讨会中提出的主题。此次会议由市民、学生、教师、企业家和各协会代表以论坛的形式召开。

通过这种方式，既可以为市民提供机会，让他们对科学研究和科技创新提出自己的质疑和期望，同时也开启了现今和未来科学与社会之间关系的动态和发展趋势的有益讨论。

论坛于 2005 年 2 月 11 日在维琴察商会的主会议厅举行。共分为两届会议，第一届是开放性的，主要讨论在线论坛中出现的种种观点；第二届则仅限于参加预备研讨会的利益相关者们，并针对主题维尼托区的"科研、创新和市民参与性"进行讨论。

3. 科学属于每一个人吗？

贯穿第一届意大利"科学在社会"论坛的主线是"科学属于每一个人吗"？通过讨论所得出的答案是："是的，科学的确属于每一个人。"科学属于研究人员，因为那是他们的职业；科学属于企业家，他们对科技感兴趣，因为科学技术决定他们产品的成败；科学同样也属于学生，他们每天都会面对科学，都在接触科学，不仅通过科学课，而且在课外用科学研究的理论进行技术应用；科学属于教师，他们试图在每天的学习生活中培养学生对科学的强烈兴趣；科学属于民间组织，他们有时会探讨某些科学研究的应用，但是他们必须面对和运用科学研究。

　　参与者们解释了科学对其活动至关重要的原因，并重申他们的需要应纳入各阶段的研究和创新的决定和选择之中。在尊重他人的作用和具体需要的同时，强调公众参与科技所存在的困难。

　　在艾丁尼·马尼安（Etienne Magnien）（欧洲委员会科学和社会策略和政策部主任）、保罗·麦格罗科（Paolo Magliocco, *Quark* 杂志主编）和费德里科·纳若斯尼（Federico Neresini, *Observa* 主席）致开幕词后，邀请科学家们对在线论坛的结果给予答复。

市民参与讨论

　　卡罗·埃尔伯特·瑞迪（Carlo Alberto Redi，帕维亚大学生物发展教授）和安东尼·马塞罗（Antonio Masiero，帕多瓦大学物理学教授）都认为在线讨论的成果十分有趣且合情合理。但是，他们也强调了研究人员需要向市民指出，尽管这些基础科学研究还不会很快运用，但应该长期关注科学和基础科学研究的重要性。

　　恩佐·莫伊（Enzo Moi），维尼托区革新机构负责人，该机构旨在推动创新和在区域范围内推动企业应用研究的开发，强调民间社会和市民在加强研究和企业间对话所扮演的角色——而就对话的进行，并非总是件非常容易的事情。

　　朱塞佩·巴斯齐洛托（Giuseppe Baschirotto），罕见疾病研究中心的创始人，该研究中心由家庭、患者和市民共同建立。朱塞佩谈到自己的经历，认为民间协会和最重要的国际研究中心合作，无论对公立还是私立研究人员来说，可以在没有能力研究的领域或还未涉及的研究领域，都会取得显著的成果，例如在制药业。

　　第一次会议针对科学研究和创新领域召开后，第二次会议则在民间社会代表中展开讨论，经常缺席科技会议的市民却成为第一届意大利"科学在社会"论坛的主角，他们表达了对科学的明确要求和期望。

　　费德里科·奥尔迪哲瑞（Federica Aldighieri）代表意大利公益环保组织，强调协会关心的是，对健康和环境可能存在潜在危险的研究和创新选择。环保组织担心，草率的研究决定可能会严重影响我们的生活品质，在今后的几十年中，情况会愈演愈烈。该组织着重要求决策者和研究人员在讨论某个科技项目的可行性时，应该认真评估该项目对环境的影响，同时期望有更多的可替代和可再生能源研究的投资。

环境组织也期待能有新一代的科学家站出来，不仅热衷于传播他们的研究成果，而且关心公众的要求，并对公众关于科技和革新意义的疑惑和保留态度作出响应。

手工艺（Artigiani）协会是一个规模甚大且颇具影响力的小企业家协会，强调领先科技对当地经济发展的重要性。该协会重视手工艺和研究领域之间的关系：手工艺企业需要创新、技术指导和技术应用，从而满足其客户的要求。

小型手工艺企业家也表达了他们的意愿，希望与研究人员和在科技过程中的参与者进行更加稳定的合作和持续的对话。

法比奥·皮耶罗邦（Fabio Pierobon），CUOA（企业管理和培训的重要基地）的代表，提出了他所在机构与研究部门和民间协会，尤其是企业家和商务部门密切联系的重要性。受到良好素质培训的学生，无论是在科学领域还是其他领域，均是企业不可替代的资源。为了满足知识经济的需要，企业家们也认识到投资于研究、创新以及受过良好训练的劳动者的重要性。

保罗·维达利（Paolo Vidali）最后发言，他是 Liceo Quadri 中学的教师，该中学重视自然科学学习。他认为，从学校教师的角度来看，不仅要讲授科学的内容和成就，更重要的是讨论科学在社会中的角色变化。

4. 研讨会

在线论坛公众活动显现的主题证实了市民有普遍参与研究和创新决策的愿望，并强调需要策划相应的方案来推动公众和科技的社区对话。随之而来的问题是采用何种方式进行对话，精心设计有组织的对话应定期开展和稳步进行，而不是偶发的活动。全国性的"科学在社会"论坛是其中的一种方式，但是还远远不够。

2005 年 2 月 11 日的研讨会为处理这个问题提供了良机，提出了至少在地方一级可实施的具体建议。

参与者涉及环境和消费者协会、经济和专业协会、企业家、研究人员和决策者的代表。他们都表达了有兴趣参与稳定的"科学在社会"论坛。讨论涉及当今市民和机构面临的最有争议的问题。例如，废物处理站或热能源站的配置、车辆交通污染等方面。

该论坛的目的：

- 鼓励所有参与人员，包括市民在内，直接参与交流科技创新的议题。
- 促进公众思考和讨论如何恰当处理该研究领域有争议的问题。

- 建立一些程序以促进决策的进展，考虑相关人士的不同意见，尤其是市民的意见。

第一届意大利"科学在社会"论坛以所有利益相关者承诺实现该提议而宣告结束。与会者认为，这是在科学和社会之间建立长期对话的第一步。

重视参与科技的过程

"科学在社会"论坛激励公众参与科技，目标有二：其一，给予市民话语权以表达他们的期望；其二，允许在科技决策过程中考虑非专家的意见。

就第一个目标而言，论坛提供了市民参与科技的议程设置的成功案例，并引导市民积极参与讨论。观测论坛倡议让所有参与者都能提出问题和建议，与科学家、利益相关者和其他机构人员进行讨论，并对科技问题表达自己的观点。

论坛取得圆满成功的指标包括：

- 2004 年 10 月～2005 年 2 月，论坛网站的点击量和访问量达到 14000 人次。
- 参与最终公众会议人数达 150 多人（包括高中和大学的学生、一些协会和非政府组织成员、教师、研究人员和普通市民）。
- 论坛期间，科学与社会对话有了"良好的实践"，例如，通过协会组织发挥积极作用，如患者协会在研究和创新方面创建了新形式的医患互动记录。

但是，论坛的第二个目标被证明更难实现。但这是向公众参与科技决策过程迈出了必要的第一步，其意义重大。在第一次研讨会（主题：公众参与研究和创新政策的重要性）上，参与者认识到需要牢固建立研究者、机构人员和市民之间对话的方案。此外，论坛宣告结束的提议也是由当地利益相关者确定的，即建立和鼓励公众参与当地的"科学在社会"论坛，旨在所有利益相关者之间就科技问题得以直接和继续的沟通。

尽管如此，一些参与研讨会的机构人员仍想采用"缺失模式"的理论体系，（Wynne，1991；Durant，1999），寄希望于传统传播策略，对采用不同的和更具有参与性的"科学—公众关系"的形式存有迟疑。这就是为什么迄今为止在一些国家，如意大利，很难再产生有效的市民与科研交流的原因之一。尽管在其他地方已经取得了成功（例如，"科学商店"）。

总而言之，从论坛结果分析得出以下结论：这些举措是在早期阶段促进公众参与科技过程的始发点。为了增加"科学在社会"论坛上的对话和辩论机会，应该继续扶持和完善此类方案。

致谢

第一届意大利"科学在社会"论坛由"观测—社会中的科学"威尼托德尔·威尼托（Regione del Veneto）主持，且得到梅迪奥·基安波财团（Consorzio Medio Chiampo）、意大利维琴察 Artigiani 协会（Associazione Artigiani della Provincia di Vicenza）、巴斯基罗托基金会（Fondazione Baschirotto）、Vero 咖啡馆、Grafiche Stocchiero 公司、Tank 工作室的赞助。媒体合作者是 *Quark* 杂志和 *Il Corriere della Sera* 的维尼托区版。感谢由 Intesa Banca 提供的全国电话调查资料。

马萨西米诺·布茨（Massimiano Bucchi）感谢欧洲委员会——DG 研究总司，支持他于 2005 年 6 月参加北京公众科技传播国际研讨会，会上他宣读了该论文的初稿。

参 考 文 献

Bauer M and Gaskell G（eds）（2002）. *Biotechnology：The Years of Controversy*, 1996–2000. Science Museum, London.

Bourret P（2005）. BRCA patients and clinical collectives：new configurations of action in cancer genetics practices. *Social Studies of Science* 35(1)：41–68.

Bucchi M（1998）. *Science and the Media：Alternative Routes in Scientific Communication*. Routledge, London and New York.

Bucchi M and Neresini F（2002）. Biotech remains unloved by the more informed. *Nature* 416：261.

Bucchi M and Neresini F（2004）. Why are people hostile to biotechnologies? *Science* 304：1749.

Bucchi M and Neresini F（forthcoming）. Science and public participation. In：*The New Science and Technology Studies Handbook*, Hackett E *et al.* (eds), MIT Press, Cambridge, MA.

Callon M（1999）. The role of lay people in the production and dissemination of scientific knowledge. *Science, Technology, and Society* 4(1)：81–94.

Callon M, Lascoumes P and Barthe Y（2001）：*Agir dans un monde incertain. Essai sur la démocratie technique*. Seuil, Paris.

Durant J（1999）. Participatory technology assessment and the democratic model of the public understanding of science. *Science and Public Policy* 26(5)：313–319.

Epstein S（1995）. The construction of lay expertise：ADS activism and the forging of credibility in the reform of clinical trials. *Science, Technology and Human Values* 20(4)：408437.

Irwin A and Wynne B(eds)(1996). *Misunderstanding Science? The Public Reconstruction of Science and Technology.* Cambridge University Press, Cambridge.

Joly P-B(2005). Debates and participatory processes: lessons from the European experience. Speech at the Science in Society Forum, 9–11 March, Brussels http://europa.eu.int/comm/research conferences/2005/fomm2005/docs/progr_joly_text en.pdf.

Wynne B (1991). Knowledges in context. *Science, Technology and Human Values* 16(1):106–121.

作者简介

维拉利亚·艾赞同（Valeria ARZENTON）Observa—Science in Society, Viale Fusinieri 65, 36100. Vicenza, Italy

v. arzenton @ observanet. it

www. scienceinsociety. org

www. observa. it

维拉利亚·艾赞同，意大利非营利性研究中心"观测—社会中的科学"研究员。她的主要研究领域是科学社会学，尤其是科学公众传播以及科技创新的管理中公众参与的作用。

维拉利亚·艾赞同最近的作品关注食品安全和生物技术问题，特别注意公众对与食品有关的风险的看法。

2005年，她出版了《安全清除》（*A travola con sicurezza*）（午餐安全：公众的食物风险认知）一书，她正在编著《2006年社会中的科学实况》（*Science in Society Fact Book* 2006）。

维拉利亚·艾赞同曾在维琴察护士研究生院任教社会学，并为意大利的 *La Stampa* 新闻报撰稿。

马克西米安·布茨（Massimiano BUCCHI），Università di Trento, Via Verdi 26, 38100 Trento, Italy

mbucchi @ soc. unitn. it

www. soc. unitn . it/sus/mb. htm

www. scienceinsociety. org

马萨西米诺·布茨在特伦托大学教授科学社会学和传播社会学。他的兴趣领域主要集中在公众的科学传播和在创新管理中的公民参与作用。

他已出版了6本书，包括《科学和媒体》（*Science and the Media*, London,

Routledge，1998）和《社会中的科学》（*Science in Soliety*，London，Routledge，2004），他的几篇论文刊载在《自然》、《公众理解科学》、《科学》等国际学术刊物上。他是国内和一些国际机构的顾问和评估者，其中包括美国国家科学基金会。

马萨西米诺·布茨在几个国际机构从事研究工作和举办研讨会，包括英国皇家学会、瑞典和奥地利科学院、伦敦经济学院、欧洲大学和加州大学伯克利分校。

他曾获得多个奖项，包括大众传播研究 RAI 电视奖（1996 年）和意大利最佳社会学专题讨论论文 Lelli 奖（1998 年）。

他是公众科技传播科技委员会成员。

费德里科·冯检基（Federico NERESINI），Università di Padova，Via del Santo，28，35123 Padova，Italy

federfico. neresini @ unipd. it

www. sociologia. unipd. it

www. scienceinsociety. org

www. observa. it

费德里科·冯检基，任教于意大利帕多瓦大学，教授社会研究方法论和科学、技术和社会课程。他的主要研究兴趣在科学社会学领域，尤其是公众理解科学领域。

在过去几年中，费德里科·冯检基侧重研究生物技术问题，并特别关注食品安全、克隆及体外受精方面。

他编著了几部有关社会政策和社会研究的图书并发表了论文，并给予一些协会组织顾问咨询，诸如"观察—社会中的科学"和"维琴察医生和外科医生协会的生物伦理委员会"。

菲律宾关爱土地项目：注重传播效果

赫拉尔多·博伊

概要

如同亚洲其他许多国家一样，菲律宾正面临着农村高地较大程度的土壤侵蚀。过去的项目对此问题少有长远对策。关爱土地项目（Landcare）是一项全新的、不同于以往的举措。该项目始于1996年，农民、当地政府官员和技术协调员之间建立了合作伙伴关系。目前已发展成为8000多名农民参与的运动，其中大部分农民在农场采用了水土保持技术。这个项目还具有积极的社会和经济影响。其成功的关键因素是效果明显的科技传播，其中包括采用土地保护协调人、有效的口头和视频传播方式、"手把手"的农民培训以及更广泛的社区参与。

科技传播过程中的一个重要特点是，不仅仅针对农场景观的改变，而且致力于改变人们的"思想景观"的精神风貌和社会经济的"生活景观"水平。强调土地保护的目标就是开展广泛、可持续的农业生产，将本土知识和科学知识相结合，联络各类人群，填补政策和实践之间的差距。

为了领会土地保护的"精华"，有必要以书的形式为新的土地保护开发者提供指导，这样引发一个创新的做法，收集和出版40多人的土地保护故事，涉及土地保护的先行者、农民、技术协调员、政府机构官员、社区代表和研究人员。此文叙述了出版这本书所收集到的科技传播活动的故事。

土壤严重流失影响农民的生计

据估计，在亚洲，大约16亿农村人口中的65%的亚洲人，依赖面积不到8%的斜坡山地生活。其结果是，这部分地带已成为世界上土壤侵蚀率最高的地区。严重的土壤流失不仅使农作物减产，影响农民生计和区域经济，而且造成河流的泥沙沉积，严重影响水质、水土保持以及海洋资源和生物多样性。

这种现象在菲律宾的南部山地比亚洲其他地区更为突出。在这里，农业人口比例高，人口增长快，赤贫，没有保障的土地使用权，过度的农作物耕种和高降雨量等诸多因素，使得这一地区的土壤流失更为严重。农业的可持续发展和脱贫面临极为严峻的威胁。尽管多年来采取了不少措施来解决这些问题，但几乎未见到什么有长远影响的卓有成效的实例。

相对来说，关爱土地项目是一种新举措，采用不同方法来解决土壤流失问题。此项目于1996年在菲律宾克拉韦里亚（Claveria）地区的棉兰老岛（Mindanao）北部启动。当地农户、地方政府官员以及来自世界农林中心（World Agroforestry Center）的技术协调员，结成特别的协作伙伴，促使当地农户开发使用土地并掌握耕种、土壤保持技术。命名为"关爱土地"一词（见图3.2），是为了给这个项目一个新颖的定位，主要目的是强调本合作项目里的"草根"属性，以区别过去主要采用的较传统的"自上而下"的技术传授过程（见图3.3）。

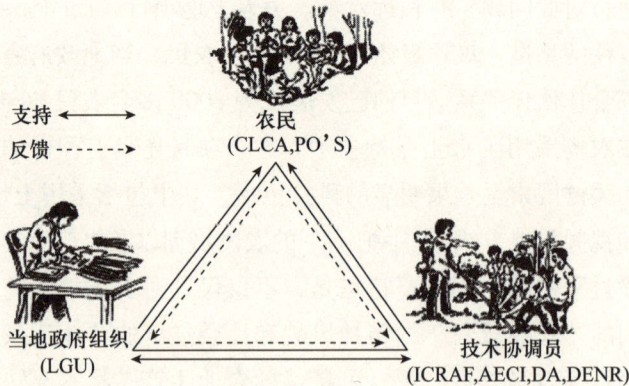

图3.2　关爱土地项目：一种"草根"合作伙伴模式

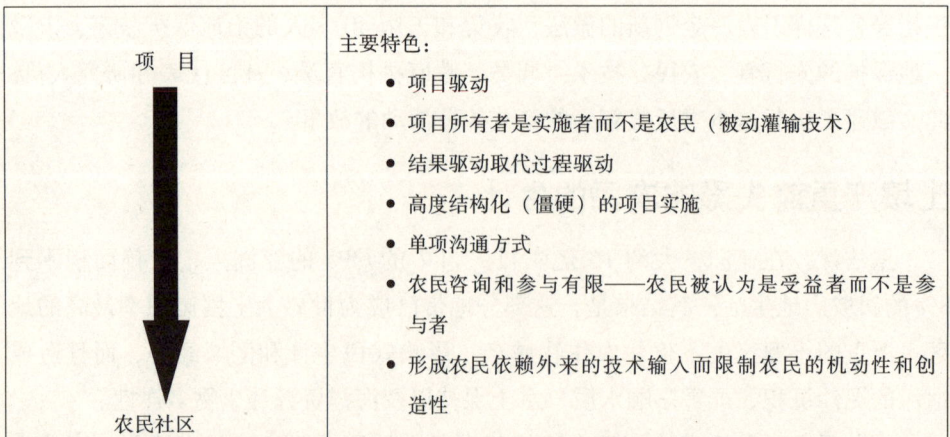

图3.3　传统的"自上而下"的技术传授模式

关爱土地项目是在当地农民、政府部门和技术协调员之间建立起一种平等的合作伙伴关系。这个项目着重帮助农民认识问题，寻找解决方法，采取所有权制度，分步骤用适合自己的方法来解决问题。虽然出发点和重点是土地管理问题，但鼓励农民和家庭成员在土地保护过程中，同时解决民生、社会及其与社区相关的其他问题。

1999 年，关爱土地项目扩大到棉兰老岛其他的两个试点地区，随后又在维萨亚斯（Visayas）试点。这是通过建立伙伴关系与世界农林中心、东南亚教育部长组织（SEAMEO）下属的东南亚地区农业高等教育研究中心（SEARCA）和两个国际研究和发展组织——来自澳大利亚的澳大利亚国际农业研究中心（ACIAR）和西班牙的西班牙国际合作处合作进行的。澳大利亚国际农业研究中心的合作伙伴给此合作项目带来了在澳大利亚 15 年多的土地保护的宝贵经验，这些经验来自于昆士兰州政府的基础产业、渔业、自然资源和矿产部门，昆士兰大学以及昆士兰草根团体直接参与巴龙地区（Barung）的土地保护项目。

在对最近的棉兰老岛三个试验点进行综合评价研究后发现，自项目开展以来，取得了优异的成绩。这些成果包括：

- 迅速成立了 600 多个土地保护团体；
- 25% ~35% 的农户参与了土地保护团体；
- 35% ~65% 的农民采用了节水技术，包括在自然植被带和农林业方面；
- 对占总面积 15% ~25% 的农场地区采用土地保护技术，而此地区可耕作的陡峭、脆弱性的土地占较大的比例；
- 建立了 300 多个个人和社区苗圃，有 50 多万的水果和树苗输出；
- 50 多个地方机构积极参与这些项目，其中包括当地政府部门、国家政府机构、非政府组织和私营农业企业；
- 通过培训，农民的知识和技能得到显著提升，极大地增加了涉及土地保护团体有关的社会资本；
- 通过团体之间和农民之间的直接联系，许多非土地保护团体和非土地保护项目成员受益匪浅，产生了显著的辐射效应。

该研究证明，农民参与土地保护活动的重点是水土保持技术。许多农民参与其中是认为有机会在参与过程中，可以改善他们的生计。例如，在水果和木材、高价值的蔬菜作物以及集体销售和采购计划等方面有所改善。虽然对农场收入的影响仍在全面评估中，但参照以前的模式，已说明土地保护措施成效显著。另一个鼓舞人心的成果是，不仅改变了项目试验点农民的态度和愿望，而且改变了一些重要的当地政府和其他机构的观念，过去主要采用"救济"和"自上而下"的粗放型模式。对于当地机构而言，由于关爱土地风气的蔚然兴起，农民自己计划和确定土地保护的活动和项目，而不是政府强加给他们，这样在改善土地保护中的管理方面呈现了积极的态势。

关爱土地项目实验地：采用等高梯田耕作及农林业方式改变景观

种植树苗和蔬菜种子苗圃：土地保护成员的重要活动

社区参与以寻求问题解决之道

关爱土地项目所面临的处境既有困难又有挑战。从农民的角度来说，他们缺乏知识、资金和农场实物资源，这些因素制约了农民向可持续性农耕发展所作的必要转变。

在体制方面，地方政府有各自不同的政治议程。现有项目观念根深蒂固，他们不可避免地会考虑新项目的成本、相关性、适应性及预期的结果，往往缺乏与当地农民的实际接触。这为推广农业服务造成了很大障碍，而且这些机构工作的重点放在"救济"和"自上而下"的模式，培养了依赖外在扶持的文化。这些因素限制了当地的机构去认真谋求长远的可持续农业项目的开发。

随着一些新社区的发展，具体项目的实施在以下两方面都面临同样的困难，因而导致了形势的进一步复杂化。那就是，这些社区对土地保护无动于衷，这源于对过去的项目无法带来实质成果所引起的失望，且通常不再愿意尝试新的不同方法。

在困难与挑战共存的情形下，关爱土地项目从一开始就意识到，最重要的是技术传播应做到内容清楚和效果明显，这会影响广大利益相关者的心理和以后类似项目的开展。由于学习过程的不断深入，项目实施过程中技术传播变得复杂和趋于成熟，而且这种复杂性还在继续发展。因此，四核心的技术传播过程确立下来，并且随后得到完善。

（1）采用特别的个人协调员（"土地保护技术指导员"）。经过训练的技术人员起到专家的作用，帮助农民和各机构人员去引导和管理学习，并作出改变。协调的重要作用就是帮助了解农民和机构的领导人，在必要的地方训练他们在自己的社区或机构发挥作用。在没有协调员的指导、管理或示范操作过程的情况下，经过培训的农民协调工作可能会很困难，因为往往需要平衡好管理和技术指导之间的关系。在参与地方政府管理人员和其他方面支持土地保护项目中，协调员起着至关重要的作用。

（2）注重语言和视觉的信息传播过程，特别应考虑到农民的知识水平。这一点非常必要，因为在大部分项目实施目标地区，农民的教育水平低、读写能力差。土地保护协调员可以先接触一个村组的农民（或一个机构中的技术人员小组），通过幻灯片放映演示文稿或展示图片来介绍土地保护的相关问题和所涉及的概念。然后感兴趣的农民或技术人员通常会交叉参观土地保护的试验点，参观者可以亲眼目睹关爱土地项目组的活动。这种"百闻不如一见"的经验已经被证明是一种积极的方式，可用于改变农民的态度和期望（心态），从而改变传统的农场或机构的做法。在农场方面，特别是在偏远地区，广播最具有大众传播媒介的优势。使用当地方言播音的土地保护广播节目，可以十分有效地加强土地保护的信息，使农民听众兴趣持久并参与进来。在与机构的沟通方面，以当地政府部门为例，员工具有良好的知识和英语语言能力，可以用英文印刷

"眼见为实"：农民交叉参观土地
保护试验点

"动手"参与：学习"牛背定位法"
定位土地耕作的轮廓线

关爱土地和保护土地技术的小册子，向员工提供一些材料，在机构内促进关爱土地的理念。

（3）为农民和技术人员开展专门的培训，包括积极"动手"参与实践。培训的内容包括诸如用农民发明的"牛背定位法"定位土地耕种的轮廓线、先进的育苗繁殖技术、促进技能实践等方面。所有技术培训活动都基于这一众所周知的理念："耳听的事，我会忘记；眼见的事，我容易记得；让我动手参与，我会明白事理"。因此，所有参与培训的人都积极"动手"参与到培训活动中去。此外，在对农民的培训活动中，强调农民作为培训者，进行农民对农民之间直接互动和农耕技术的传播，这种做法受益颇多。

（4）扩大社区参与土地保护项目。除了涉及农民和机构之外，关爱土地项目还鼓励其他个人和社区内团体的参与。这些团体包括学校、校外青年团、教会、参与农业综合企业的私营公司和城市职业团体。在许多情况下，特别是与学校和教会开展的项目，在整个农场家庭中发扬了土地保护的良好风气。这种做法有利于土地保护积极态度的培养，改变过去的传统观念和做法，其影响意义深远。这个项目同样号召农场妇女参与进来。协助提供相应设施，使妇女能够积极参与培训和其他活动。因此，许多领导和关爱土地团体的行政职务都由妇女来担任。

由于关爱土地项目发展壮大，其成功的影响已经开始显现，越来越多的各种地方政府部门、非政府组织和类似的菲律宾农村高地地区的其他办事处都产生了兴趣。其中一些人是出自好奇，但大多数人反映了想要实施综合土地保护项目的愿望或是想将项目的一些特点纳入现有的社区发展计划中。

对信息需求的急剧增加给试验点有限的土地保护项目协调员和技术人员造

成相当大的压力。在过去几年中，这种信息需求已经超过现有的资源，给土地保护项目提出新的技术传播挑战——如何给对土地保护感兴趣的人提供有关土地保护的最有效的介绍资料，采用灵活且易于理解的传播方法，运用恰当的大众媒体进行宣传。这将有利于项目协调员和支持项目开展的员工，来筛选未来新的关爱土地开发者并分配其有限的资源，用于资助对项目未来的发展最坚定或最具影响力的土地保护人员。

讲述关爱土地的故事

项目小组选择了最恰当的方式来抓住"土地保护的实质"，即以书本的形式将已有经验提供给未来需要进行土地保护的开发者。澳大利亚国际农业研究中心拨款并提供稳定经费来源，该研究中心的菲律宾—澳大利亚关爱土地项目实施者，将此书撰写为项目的结题报告。由澳大利亚国际农业研究中心出版社的专家宣传团队向土地关爱项目团队提供指导和咨询。澳大利亚科学与环境传播服务社的珍妮·梅特卡夫，是澳大利亚私营企业宣传专家，签订了与项目组合作撰写这本书的合同。

项目小组由菲律宾和澳大利亚队的成员以及珍妮·梅特卡夫组成。2003年年中在达尔文市（Darwin）开始着手起草这本书。会议探讨了书中有关内容所需的信息和各种各样的出书想法。在此分析的基础上，珍妮·梅特卡夫提出了"讲故事"的做法，可以让来自菲律宾的关爱土地项目的不同人群思考土地保护对他们自己的意义。该项目小组决定，这一想法最能反映关爱土地的精神，关

2003年年末，宣传专家珍妮·梅特卡夫在对菲律宾
进行培训和参观中，为这本土地保护书摄影留念

注人们的思想和伙伴关系，让他们掌握这一精神而不需所谓的保护土地"专家"的解释。随后，会议确定了 50 多个所需故事讲述者的名单，整理土地保护的广泛经验，并规定了采集故事的过程，采用亲临的"一对一"的采访方式。

关爱土地项目协调员赫拉尔多·博伊录音采集土地保护农民巴西利奥·迪卡诺（Basilio Decano）的故事

随后的小组会议于 2003 年年底在菲律宾举行，该会议精简了故事讲述者的名单和故事采集过程，珍妮·梅特卡夫对小组进行了采访技巧和摄影技术的专门培训。采用非正式的采访风格。设置一两个问题作为"破冰"切入点，引导受访者讲述他们的故事。从此之后，采访形式就采用这种自由开放式的访问风格，允许受访者不受访问者的约束表达自己的观点。作为培训的一部分，珍妮·梅特卡夫与协调员（土地保护技术指导员）一起，采访了第一对受访夫妇，了解故事讲述者对这种安排是否感到满意，同时拍摄了照片。从 2003 年年底至 2004 年年初，土地保护协调员进行了所有剩余的采访和拍摄。

基于这一观点，故事采集过程如下：

（1）土地保护协调员联系故事讲述者，简要介绍该项目并安排采访预约。

（2）采访采用电池供电的手持录音机，记录全部交谈内容。恰当地拍摄受访者、他们的农场及进行的土地保护活动。

（3）使用口授录音机将磁带录音转换为录音副本。

（4）采访者仔细检查录音副本阐明听不清楚的部分，纠正用词、拼写或术语使用方面的错误。

（5）录音副本送往专家珍妮·梅特卡夫处，将其转写为故事（以章节形式成书）。在这个过程中，关键是每个故事要保持完整不变，保留受访者的用词和话语，录音副本不作任何解释。

（6）每篇故事都要送回给受访者，核实该故事内容真实性，同时确定受访者同意出版他们的故事。

（7）澳大利亚国际农业研究项目的负责人检查这些核实后的故事，以确保它们不涉及任何不道德或诉讼内容的陈述。

（8）接下来要确定书的设计、排版和章节分类以及照片、地图、数字还有其他图表的选择。为了使此书简单适用，决定采用尽可能多的照片和图表，并且把故事分成易于理解的故事组，例如，关爱土地项目率先启动人员、农民、协调员、政府机构、社区代表及研究人员。通过这种编排，读者可以有选择地阅读与他们特别相关的故事。

（9）仔细挑选前言作者，邀请他来撰写序言。选定的作序者应是一名土地保护的农民，为了表明项目的草根属性，土地保护更多是基层农民参与的活动。

（10）本书由一位职业编辑编校，以保证术语的统一和编辑的质量。特别注意不要改变故事的内容，不能改动故事讲述人的用语。

2005 年 2 月，40 位土地保护书的故事讲述者出席首发式

本书于 2004 年 11 月出版，随后在 2005 年 2 月，在棉兰老岛土地保护开展的中心地举行了具有特殊意义的首发式。书中的 40 多位故事讲述人出席了发行日的活动，只有 2 人未参加。这一活动进一步体现了弘扬土地保护的精神，80 名客人中有 50 多人都是土地保护的农民以及他们的配偶。

目前评价这本书还为时尚早，评估还在进行。不过，无论是从对书的需求、人们对书的评论，还是经允许通过其他渠道，引用本书的内容用作其他用途，目前的早期指标都表明产生了积极的影响。重要的是，这本书体现了它所创作的目的：其价值在于本书

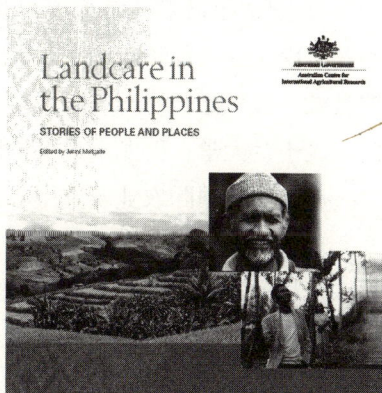

土地保护书

以其详尽的内容和丰富的情感，为新的土地保护开发者们提供了一系列的个人看法。

土地保护改善了生活和环境

土地保护作为新社区发展举措的经验，强调成功技术传播的价值在于内容清楚和效果明显。这说明了科技传播策略应该灵活且技巧应仔细斟酌，应与被传播者协力合作，以确保其关联性和及时性。

该项目表明，关怀农民和灵活的科技传播方法，在困难的经济和文化背景下，促进了某些难以接受的科学技术的推广，且对农民产生影响和形成有价值的长期转变。该书的序作者在前言中再次强调这一点，土地保护农民巴西利奥·迪卡诺写道：

> 土地保护项目的做法是：听取我们的想法，尊重我们的观点，并作出决定。农民成为领导者，成为项目的驱动者，而不是单纯的项目受益者。我们是合作伙伴……这点我们很珍惜。

随着项目的展开，土地保护可以称得上获得了一定的成功，探索了"改变思维、改造环境和改善生活"的道路。

致谢

关爱土地项目的经费来自于澳大利亚政府通过澳大利亚国际农业研究中心和西班牙政府通过西班牙国际代理公司的国际基金。目前，关爱土地项目的经费也由另一澳大利亚政府机构——澳大利亚国际开发总署（AusAID）提供。

自1999年以来，参与项目且作为项目实施的合作伙伴机构有世界农林中心；东南亚教育部长组织下属的东南亚地区农业高等教育研究中心；菲律宾天主教救济会；昆士兰州政府通过州政府的基础产业、渔业、自然资源和矿产部门；昆士兰大学；巴龙土地保护区。

澳大利亚国际农业研究中心为土地保护这本书的创作出版提供了专项资金。

珍妮·梅特卡夫和澳大利亚科学与环境传播服务社的同事们提供了重要的技术支持，在土地保护整本书的创作过程中也给予了许多鼓励和灵感。

作者同时也要感谢菲律宾开展土地保护活动的人们，为本人提供了一个有意义、有收获的学习和发现的旅程。

本文来自于赫拉尔多·博伊（世界农林中心，蓝塔畔研究站，蓝塔畔市，菲律宾）为 2005 年 6 月在中国北京国际公众科技传播研讨会撰写的论文。合作者还有艾米丽·加西亚（Emily Garcia，东南亚地区农业高等教育研究中心，洛斯巴尼奥斯，拉古纳，菲律宾）、马·奥罗拉（Ma Aurora Laotoco，前世界农林中心，克拉韦里亚研究站，克拉韦里亚，菲律宾，现任菲律宾土地保护公司基金会执行总裁）、埃尔登·鲁伊斯（Eldon Ruiz，东南亚地区农业高等教育研究中心，纳德，西武湖，菲律宾）和诺埃尔·沃克（Noel Vock，基础产业与渔业系，昆士兰州大学，澳大利亚）。

本文的文本输入由土地保护合作网络（现阶段关爱土地项目发展的新机构）提供，包括维罗妮卡·阿维拉（Veronica Avila，菲律宾天主教救济会，南阿古桑省）、罗伊·约瑟夫（Roy Joseph Balane，国际农林中心，薄荷岛）、赫拉尔多·博伊（Gerardo Boy，菲律宾国际农林中心）、艾维·叶拉戈（Evy Elago，国际农林中心，东米萨米斯）以及埃尔登·鲁伊斯（Eldon Ruiz，东南亚地区农业高等教育研究中心，南哥打巴托）。

参 考 文 献

Avila V. Balane R. Boy G,Dano MN,Elago E and Ruiz E(2005). Changing mindscapes,transforming lanscapes,improving lifescapes: reflections from landcare experiences in the Philippines. Paper presented during the 2nd National Agroforestry Congress,Pili,Camarines Sur,Philippines,2005.

Cramb R and Culasro-Arellano Z(2003). *Landcare in South Cotabato*. Philippines-Australia Landcare Project Evaluation Report No. 1, Philippines-Australia Landcare Project, Australian Centre for International Agricultural Research,Canberra.

Carmb R and Culasero-Arellano Z (2004). *Landcare in Bukidnon*. Philippines-Australia Landcare Project Evaluation Report No. 2, Philippines-Australia Landcare Projct, Australian Centre for International Agricultural Research.

Metcalfe J(ed)(2004). *Landcare in the Philipines*: *Stories of People and Places*. ACIAR Monograph No. 112, ISBN 1 86320 452 0 (print), 1 86320 398 2 (electronic), Australian Centre for International Agricultural Research,Canberra.

作者简介

赫拉尔多·博伊（Gerardo Boy），World Agroforestry Centre （ICRAF），Avocado St. , Casisang, Malaybalay City, 8700, Bukidnon, Philippines
karenboy@ mozcom. com

legolas2080@ yahoo. com

www. worldagrofores-trycentre. org/sea

赫拉尔多·博伊,菲律宾—澳大利亚关爱土地项目菲律宾南部地区的协调员。

作为协调员,赫拉尔多·博伊联络研究人员、农民及同事以开展关爱土地项目。他负责为农户、当地政府单位及非政府机构进行技术能力培养和评估。

赫拉尔多·博伊在布基农的高地社区和当地赤贫的人们一起工作,促进和传播简单的保护土地耕种技术和农林技术。他管理技术和机构革新培训项目,范围涉及地方政府单位和非政府机构以及学术团体和政府机构。

赫拉尔多·博伊是理事会成员,也是菲律宾关爱土地基金会的审计员。

澳大利亚社区参与式的科学传播：
两个关于自然资源管理案例的研究

安妮·雷奇　凯蒂·皮特金

概要

　　社区越来越被当作是可持续的科学方案推广的重要伙伴。为了支持这种合作伙伴关系，科学传播者要推动科学传播方法的推广和实施，打破传统公共关系和教育模式的限制。在支持公众参与、知识交流、人际关系的管理和规范学习方面，科学传播的研究过程应是不可分割的整体。

　　澳大利亚国家科学研究机构的未来资源规划，隶属于澳大利亚联邦科学与工业研究组织（CSIRO），在自然资源利用的规划和管理方面，通过研究改进科学传播方法和实施过程，以寻求帮助社区决策的途径。这篇文章描述了社区更多参与科学传播的模式，并通过两个自然资源管理的实例来阐明这种模式的实施过程。为了便于科学传播者、研究机构以及社区采用这种更多人参与的模式，本文探讨了这种模式的一些优势和所面临的挑战。

支持社区自己解决面临的问题

　　在澳大利亚自然资源管理方面，传统科学发挥了惯常的核心作用，这是因为人们认识问题和解决问题的基础有赖于传统科学。各类科学专家们采用理性主义的方式，告知普通公众存在的资源问题以及所涉及的范围。然而，这并没有让他们作出科学的决定去处理问题（Dale and Bellamy, 1988），而且资源仍在持续减少。

　　人们逐渐认识到要获得有效和持久的资源管理，社区需要得到支持和授权，以了解和解决与他们自己相关的资源问题（Lawrence, 2004）。因此，澳大利亚政府已广泛行动起来，采用了把自然资源管理的责任下放到分散的区域实施交付模式（AFFA, 1999），各社区团体在该模式下可以找到新的合作方式。

　　对于研究小组来说，新模式的实施，特别需要打破传统的以专家为主导的操作，从而转向更为积极的参与模式。与此同时，新的模式会伴随许多新的挑战，其中包括研究人员和社区之间建立相互关系和彼此信任，需要发展和协调这种包容关系——因为这种过程既耗时又极不稳定——从诸多不同利益团体的不同观点寻求新的方法，重视和吸收他们的知识、观点和经验。通常需要掠过冲突的利益团体，综合多个"正确"观点，以达成共识。

为了支持这种合作伙伴关系，科学传播者要推动科学传播方法的发展和实施，冲破传统公共关系和教育模式的限制。在支持公众参与、知识交流、人际关系的管理和规范学习方面，科学传播的研究过程应是不可分割的整体。

采用社区参与方式

联邦科学与工业研究组织的可持续生态系统，在未来资源规划中的许多项目，已采用社区参与研究模式开发网络工具和项目运行流程，帮助社区决定资源利用的规划和管理。研究小组由多学科成员组成，其中的生物物理科学家和社会学家，从技术层面设置相匹配的研究问题。而另一部分团队成员则是具有专业科学传播技能的人员，采用更多社区参与的研究方法，让科学传播成为其他团队成员的核心。

来自两个研究项目中的具体实例，可以说明如何调整科学传播过程，使其适应更多人参与的研究方法。这两个项目是：中部高地区域资源利用规划项目（CHRRUPP）和奥古斯塔—玛格丽特河（AMR）可持续未来发展项目。

1. 项目背景1：中部高地区域资源利用规划项目

中部高地区域资源利用规划是一个为期三年的项目，在2000年完全移交给社区来实施。在昆士兰中部高地地区，通过与当地团队的合作，该项目改善了该地区资源的可持续性利用和管理，进而帮助他们更好地规划未来。

中部高地区域资源利用规划项目采用以下综合运作方式，协商和规划资源综合利用：

- 支持社区和产业部门了解该地区的自然资源问题，开发并获取技术信息和技术咨询，从而拟订他们本地的自然资源规划。
- 支持各部门联合成立一个地方性团体，即区域协调委员会（RCC）。了解彼此的观点，并商讨共同利用该地区的自然资源问题的解决办法。
- 支持地区科学传播计划，满足利益相关者的不同需求，这需要研究区域性规划的过程。

中部高地区域资源利用规划项目的主要工作重点是支持部门团队间的区域性规划活动，如确定战略问题和重点区域可持续发展的问题。各部门团队通过区域协调委员会汇集之前，项目工作组首先到各个部门，培养他们参与讨论和协商的能力。同时，在这些部门里开展类似的活动，如自我评价、互动交流和提高他们的规划能力。

区域协调委员会是中部高地区域资源利用规划项目的中枢机制（核心组织），也是一个合作的重要论坛。给人们提供机会去协商共同区域远景规划，确定跨部门的区域战略，也推动了四种总体区域服务即支持部门内的规划过程和活动（见图3.4）。

滚动区域审计　　　　　　　　　中部高地区域资源利用规划项目传播策略

基于部门的规划活动
区域合作委员会

中部高地区域资源利用规划项目评估策略　　　　　区域信息系统

图3.4　中部高地区域资源利用规划项目的四种总体区域服务

它们是：

- 中部高地区域信息服务和相关支持决策系统、多标准分析辅助决策系统（Java AHP）、综合式辅助地理决策系统（VegMan）（Zhu and Dale，2001）。
- 中部高地滚动区域审计，即一种区域资源利用审计的体系，提供一系列有关区域的可持续发展的指标和报告（Bischof *et al.*，1998）。
- 项目传播策略（Bellamy and Dale，2000）。
- 项日评估策略（Bellamy and Dale，2000）。

在中部高地区域资源利用规划项目之后，"区域规划实验"在2000年移交给社区管理，并成为中部高地区域资源利用规划项目"合作团队"，2005年，它作为发展中的区域过程继续存在，一些组件的研究评估已经完成（Bellamy Dale，2000；CapitalAg and Synapse Consulting，2000；Agtrans Consulting，2003），并发现项目研究本身体现了其自身价值。CapitalAg 和 Synapse Consulting（2002）系统评估得出结论，社区参与过程的发展已经成为项目的亮点。

2. 项目背景2：奥古斯塔—玛格丽特河可持续未来发展项目

奥古斯塔—玛格丽特河位于澳大利亚西部的沿海地区，被认为是一个"海洋式变化"地带（Burnley and Murphy，2004），对于它的未来发展，承受着来自发展和不同意见分歧的双重巨大压力。在管理未来发展和变革的战略规划方面，当地政府部门的决策者们希望更具有前瞻性。

2003年，该郡的地方政府和社区及联邦科学与工业研究组织开始了长达两年的合作研究，共同开发了一个更好的系统，该系统能制定出影响该地区的决策。其目的是确保该地区始终保持生机活力，社区人人享有优良生活品质。

研究小组运用"区域发展未来框架"（见图3.5），该体系的构建基于"社区整体规划"的理念，其中包含了四个阶段：发展伙伴关系；创建基础；把握变化的机遇和创造有活力的未来，并且把本土知识与科学知识有机地结合起来。

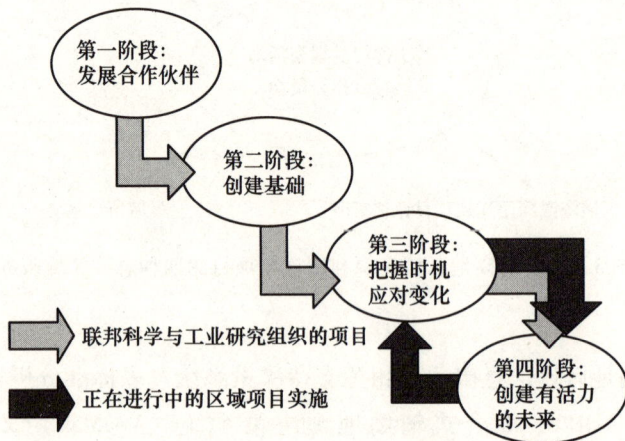

图 3.5　区域发展未来框架

该体系帮助社区和决策者们认识和了解涉及未来规划和发展的相关问题及其动因，并且认识和建立共享未来发展规划的评价策略。对于奥古斯塔—玛格丽特河郡委员会以及其他当地组织和团队而言，这些应用工具、分析过程和规划书有助于社区发展的策略规划与运作。

奥古斯塔—玛格丽特河项目成功的关键之处包括以下几个方面：

- 口述历史报告。对10个目标小组的55位常住人口进行口头调查，对所获信息进行定性数据分析，旨在记录该地区现状的形成史实，明确对未来发展需要保留的一些重要价值观念，并且开始吸引人们积极参与（Kelly and Horsey，2004）。

- 地域概况。一份长达90页的参考简介，概括了当地社会、经济和环境的有关信息，呈现了目前该地区的总貌。该简介已作为当地规划和生物多样性政策的参考文献（CSIRO，2005）。

- 建立可搜索的数据系统。在线工具的开发使最新信息唾手可得。社区的任何人员可以通过郡图书馆系统搜索文件和报告。

- 成立社区咨询小组。建立了一个30人的社区咨询小组，成员来自该郡的政府机构和社区的各个领域（艺术、警察、教育界、环境、开发商、健康、商务、旅游、农业）以及郡内各种不同的地区。该小组通过修改重要的驱动程序，制成了可供参考的综合"系统框架图"，并确定了对该地域未来发展的四个关键性问题（在水、人口、全球化和技术方面以及相关薄弱环节），还设计了7个"现场"公众研讨会，帮助支持社区发展的公众参与进来。

- 公众研讨会和报告。召开了3个地域研讨会和7个现场研讨会，听取了相关报告，用于解决由咨询小组决定的关键问题（Kelly and Hosking，2004）。

- 关键问题的报告。撰写的报告主要涉及对该地区未来可持续发展至关重要的一些问题：志愿服务在奥古斯塔—玛格丽特河流域（Kelly and Hosking，2005a）以及流失的人口：奥古斯特—玛格丽特河流域非常住居民的调查（Kelly and Hosking，2005b）。

- 系统动态工具。研发了两种系统动态工具，用以探索不同的发展方案对环境产生的影响（如残留植被与水资源利用）。这种模型具有互动功能，使用者能根据自身的情况，设计相关的场景，作为讨论不同发展路径的基础（Langridge et al.，2005）。

- 社区概况和草案指标。为了管理该郡未来的发展，设计了一个社区纵览草案。该草案涉及可持续问题和对地方政府部门的满意度，还可以与前几年的相关指标进行比较。

- 培训。区域发展未来框架的一个关键问题是建立当地的职能部门，来最大限度地使用该项目所开发的数据和工具。在项目的前期，项目组成员和其他感兴趣的相关人员已经召开有关"系统思考"技术的研讨会（奥古斯特—玛格丽特河项目青年咨询委员会）。

联邦科学与工业研究组织研究小组于2005年11月结束了他们对于奥古斯塔——玛格的特河项目的正式参与。在那时，当地社区和政府参与者表示他们对该项目的支持，承诺利用项目过程和产品。然而，现在判断这项研究对奥古斯特—玛格丽特河区域是否有持久作用和本质的绩效还言之过早。

3. 科学传播策略更具参与性

研究小组在这两个案例的研究过程中，采用了具体的策略，既超越了传统意义上的"科学传播"，也使得研究项目更加具有参与性。

策略一：社区学习利用品牌身份来促进项目发展

只有做好切实可行的工作，才能确保中部高地区域资源利用规划项目和奥古斯塔—玛格丽特河项目，不会被社区认为是联邦科学与工业研究组织的项目，而是真正的社区合作伙伴的项目。这就意味着需要为每个项目创建一个中立的"品牌"，并明确其身份，这样，项目实施不仅限于联邦科学与工业研究组织参与，而扩大到更多社区参与进来。这些努力的结果是，项目的进程和产品更具本地属性。对于宣传材料，如小册子和媒体发布，联邦科学与工业研究组织的工作人员要经常与社区合作伙伴一起开展工作，把撰写材料作为合作者的产品进行分发。

虽然这意味着放弃了许多企业正面的曝光，甚至也放弃了公司品牌和形象建立的潜机，却大大加深了项目参与者之间的关系，并且项目的研究过程是真正注重结果，而非仅仅提供科学产品。

策略二：与重要利益相关方协商发展科学传播计划

科学传播是项目不可或缺的部分。传播和评价计划应在与项目小组和主要利益相关者之间进行，结合项目目标和整体项目的审查，共同协商制定出来。

中部高地区域资源利用规划项目：科学传播是中部高地区域资源利用规划项目研究小组的一部分职能。拟订传播计划始于项目的第一阶段（研发阶段：1997～1999年）。次年，该计划重新修订（继续阶段：1999～2000年），其中包括项目在正式评估之后的科学传播过程和产品审查（Bellamy，2000）。1999年中期，就实现项目目标的科学传播过程方面，采访了项目工作人员和一系列社区利益相关者。这次评估使项目小组就项目的最终阶段作了许多改变，其中包括改变传播方式和丰富传播活动。

策略三：建立社区协调或咨询小组和举办研讨会

社区协调或咨询小组作为一种沟通渠道，反映社区各界代表的意见。专家和社区研讨会解决具体问题，具有广泛的代表性。

中部高地区域资源利用规划项目：区域协调委员会是具有代表性的中间机制。该委员会汇集了来自社区企业的15个部门（自定义而非科学定义）。它是这些部门之间的交流平台，也是进入社区的沟通渠道。这是项目成功的关键因素之一：在联邦科学与工业研究组织撤出项目之后的5年多，区域协调委员会仍然能够有效地运作。

区域协调委员会和中部高地区域资源利用规划项目就许多具体的问题共同组织了一系列的研讨会，涉及了社区紧张和冲突关系的主要问题来源，包括水资源分配和自然植被的管理。水资源分配项目将主要的利益相关者汇集在一起，在科学、公平和公正的基础上，为社区水资源的分配重新制定规则。

奥古斯塔—玛格丽特河项目：成立奥古斯塔—玛格丽特河社区咨询小组，监察奥古斯塔—玛格丽特河项目，作为社区交流的渠道。咨询小组则发现对社区未来发展至关重要的问题，通过举办公众研讨会在社区进行更广泛的讨论，并帮助支持项目的公众参与进来。咨询小组确定的两个问题——"社会意识的缺失"和"业主的流失"——促进研究小组深入调查和分析。志愿者服务是针对"社区意识"所采取的一种替代措施。一份《志愿服务在奥古斯塔—玛格丽特河流域》（Kelly and Hosking，2005a）的报告已广为流传。另一份报告《流失的人口：奥古斯塔—玛格丽特河区域非永久居民的调查》（Kelly and Hosking，2005b），为该郡建立了基础数据信息，也是澳大利亚为数不多的关于非永久居民态度和动机调查的研究之一。

奥古斯塔—玛格丽特河项目和中部高地区域资源利用规划项目都研发了多种决策支持工具，通过相关培训促进研究小组探索不同的发展方案，从而使用户能够制定适合自己的方案，探讨不同的发展途径。

策略四：运用研发系统，全面看待问题

中部高地区域资源利用规划项目：区域协调委员会鼓励其代表们联络各自相关部门，这样可获得该地区自然资源利用规划上的基层意见。通过区域协调委员会论坛的平台，提出了共同区域远景规划和跨部门的区域策略，这对解决大规模的种植问题特别有用，如需要跨辖区管理的杂草和虫害的管理问题。

奥古斯塔—玛格丽特河项目：社区咨询小组成员通过修改奥古斯塔—玛格丽特河系统中的重要驱动程序，研制了综合"系统框架图"（其中包括社区人员的关系网络、联络方式和人员背景资源）。在此信息资源的基础上，召开了公众现场研讨会和区域研讨会。

策略五："创建"阶段

研究项目必须经历一个创建阶段，在此期间最重要的是，要着眼于建立一种合作关系，确保该区域的合作伙伴在界定项目范围、目标和结果方面能起到重要的作用。

中部高地区域资源利用规划项目：在研究项目真正启动之前进行了为期一

年的地区概况调查，此次考察为项目区域规划制定了三个基本原则，同时，区域规划将在为期三年的项目中得到检验。这次考察也为在该地区发展合作关系、相互信任和理解提供了一次绝佳的机会。中部高地区域资源利用规划项目也拥有一项评估策略作为项目实施过程的一部分，这对于明确参与者的期望，确定他们满意与否非常重要。

奥古斯塔—玛格丽特河项目：奥古斯塔—玛格丽特河项目发展阶段历时至少18个月。在项目开展期间，人们建立了相互关系，彼此理解，对研究进程、团队和研究结果树立了信心。在确保社区期望被纳入发展过程中，帮助支持项目的公众参与进来，社区咨询团发挥了举足轻重的作用。

策略六：借鉴所有利益相关者的知识

中部高地区域资源利用规划项目：中部高地滚动区域审计系统，作为一个区域的国家报告体系，是由当地的"专家"开发和维护的一项工具，这些"专家"提供了一系列与该区域可持续发展相关的指标和报告网页，如社会经济特征、资源利用与管理、部门发展、社区发展及体制规划等。它为围绕一系列主题区域发展提供了许多适用、易获取的信息。该系统从2002年启动至今更新过一次，该审计系统为区域自然资源管理规划的拟订，发挥了重要的作用。

奥古斯塔—玛格丽特河项目：奥古斯塔—玛格丽特河项目的口述历史部分旨在记录该地区现状的形成史实，明晰当地人们需要保留的一些重要价值观念，已开始鼓励人们积极参与到该项目中。重要的是，要认识到当地人民的作用和智慧，通过描绘过去的历史来管理他们的将来发展。口述历史也给了长住居民，通常是年老的社区成员参加项目的机会。

策略七：确保项目工作人员与该地区的密切联系

立足于当地的项目工作人员可以更容易地建立用户的网络资源，联系本土知识，提高对研究议题和进程的认识，培养当地社区居民的能力和恪守对该地区的承诺。通常项目分配给当地工作人员，有时需要其中的一位受雇员工迁入该地区居住。

中部高地区域资源利用规划项目：项目雇用当地人力服务部门的员工，作为协调人在中部高地区域工作。他们是该项目基础工作获得成功不可或缺的角色，而且还能促进更广泛的合作，同其他研究团队一起撰写研究报告。

奥古斯塔—玛格丽特河项目：区域未来发展框架强调需要迅速建立有关该地域的相关知识信息资料，包括当地的政治背景。项目小组与合作伙伴和在更广泛的社区群体之间建立信任（Kelly *et al.*, 2005）。在奥古斯塔—玛格丽特河项目研究过程中，该项目负责人曾居住过该地区，他在该项目启动之前，就对该地区问题进行了一定的了解。

策略八：与当地居民共同开发资源和工具以帮助社区应对变化

奥古斯塔—玛格丽特河项目包括一个口述历史研究，从而意识到了解过去往往有助于应对未来的变化。项目的这一部分在构建社区未来蓝图时凸显其重要性。此研究包括培养当地历史协会成员的能力，管理目标小组收集信息，协会成员也可以将这一技巧应用到以后的其他项目中去。详细的叙述请查阅 Kelly and Horsey（2004）。

策略九：如有可能，确保项目借鉴前人的研究成果

避免重复工作十分重要。中部高地区域资源利用规划项目和奥古斯塔—玛格丽特河项目试图从前人和现存的研究中收集更多的信息。

通过中部高地区域资源利用规划项目，一个用于社区信息范围内的门户网站（中部高地区域信息系统；http：//www. centralhighlands. com. au/chrrup）建立起来，然后移交给社区管理。

奥古斯塔—玛格丽特河项目，开发了可搜索目前信息的数据系统作为在线工具，任何社区的人员可以通过郡图书馆系统搜索文件和报告。

分担科学传播的责任

科学传播在公众参与的研究团队中起到的作用，完全不同于传统的专家主导的科研进程。重要的是，科学的传播采用了更加分散的方式：许多传播过程和活动不再是"科学传播者"的责任，而是由研究团队的成员共同分担。

科学传播者采用这种传播方式，面临四大挑战，可归纳如下。

1. 科学传播者在研究团队中扮演的角色

科学传播技巧是知识的另一种形式，或是其他多学科研究中的 环。资源短缺时，资源的科学传播动因也相应变得贫乏或舍弃传播而转向其他学科的研究。然而，科学传播中需要专业技巧，是因为它是建立和保持工作关系以及项目信息畅通的保证，它将确保项目的成功。科学传播的专业知识应满足如下具体的需要：

- 帮助认识和鼓励公众参与项目并让他们坚持下来，确保他们了解其作用和贡献以及传播人员和被传播者双方的时间。
- 在研究人员与参与者之间建立良好的工作关系（特别是双方的高度信任）。

- 发布和提供有关项目的一致信息——项目研究涉及不同团队的众多利益相关者的互动。重要的是，对研究目标的描述应保持一致，以避免混乱和冲突。
- 在项目团队内，采取有效的内部沟通，从而促进关于项目和目标的共同理解和共享语言。

2. 开发和实施适合的科学传播过程

就传统上的科学传播而言，研究人员已经牢牢控制了研究进程，科学传播的作用主要彰显在项目开始和研究过程结束之时。而在公众参与的研究方法中，科学传播者需要使用不同的技巧，来协助研究团队结合社区情况将科学传播贯穿整个研究过程，建立和促进对话，支持研究过程中和决策时的责任分担。挑战还包括寻找新途径来吸引不同公众利益群体的各种观点，重视并借鉴这些利益群体的知识、观点和他们的经验。

在研究机构内，重视这种参与式的传播的内部教育，可能还需要获得恰当的支持和资源，包括需要额外的时间建立这种传播方式，以鼓励公众有效地参与。

3. 规划和评估科学传播，认识其有效性

科学传播项目研究的规划、监测和评估一直被认为具有挑战性（Metcalfe and Perry，2001）。但是，将规划和评价融汇为研究项目的核心内容，如在中部高地区域资源利用规划项目中，可以监察传播过程的有效性，并综合其他方面的研究进行判断。

4. 在传播和评估计划之间确保明确的联系

来自奥古斯塔—玛格丽特河项目的实践表明，虽然传播计划是通过利益相关者的研讨会在项目初期制订下来的，但并没有被采用。这也许是因为缺乏项目内工作计划的整体性。这就说明了科学传播者面临非常现实的挑战，科学传播过程应贯穿整个项目工作计划之中，而不是拟订互不关联的单一计划，尽管传播也许同时在开展。

结论

科学传播扮演着十分重要的角色，它涉及改善所有利益相关者的良好关系，确保提出和讨论切合实际的问题，促进所有权的归属和研究成果的采用等方面。良好的科学传播不仅让科学超越原有的"可靠"知识生产内涵，而且确保科学知识应是"社会的强劲力量"，在社会背景下的科学知识生产方式应具有透明性

和参与性（Gibbons，1999），这两种属性的实现在于树立公众对科学的信心和支持科学发展。

致谢

该中部高地区域资源利用规划项目的实施包括澳大利亚联邦科学与工业研究组织的以下研究人员，他们是 Allan Dale，Jenny Bellamy，Anne Leitch，Robert Bischof，Xuan Zhu，Luis Laredo and Tiffany Morrison。

奥古斯塔—玛格丽特河可持续未来发展项目实施的研究人员包括 Gail Kelly，Jenny Langridge，Karin Hosking and Tony Melhuish。

参 考 文 献

AFFA(Agriculrure, Fisheries and Forestry—Australia) (1999). *Managing Natural Resources in Rural Australia for a Sustainable Future : A Discussion Paper for Developing a National Policy.* Australian Government Publishing Service, Canberra.

Agtrans Consulting(2003). Guidelines for regional resource use planning : a case study of the Central Highlands Regional Resource Use Planning Project (CHRRUPP). Unpublished report, Land and Water Australia.

Bellamy JA(2000). *An Analysis of Stakeholder Views on the Central Highlands Regional Use Planning Project : March /April* 1999. CSIRO Australia, Canberra.

Bellamy JA and Dale AP(2000). *Evaluation of the Central Highlands Regional Resource Use Planning Project : A Synthesis of Findings.* CSIRO Australia, Canberra.

Bischof RJ, Dale AP, Zhu X and Laredo LA(1998). Communicative regional resource use planning and the Internet : what is the connection? Paper presented at AURISA 98, Perth, Western Australia, November 1998.

Burnley I and Murphy P (2004). *Sea Change : Movement from Metropolitan to Arcadian Australia.* UNSW Press, Sydney.

Capital Ag and Synapse Consulting(2000). Regional resource planning : A review of three rangelands R&D projects integrating research, information generation and multistakeholder processes with regional resource planning. Unpublished report, Land and Water Australia.

CSIRO(Commonwealth Scientific and Industrial Research Organization) (2005). *Augusta-Margaret River Regional Profile.* Resource Futures Programme, CSIRO Sustainable Ecosystems, CSIRO, Canberra.

Dale AP and Bellamy JA (1998). Regional resource use planning. In : Rangelands : An Australian Review, Land and Water Australia, Canberra.

Gibbons M(1999). Science's new social contract with society. *Nature* 402(suppl):C81–C84.

Kelly G and Horsey B (2004). *Learning from the Past: Oral History Report.* CSIRO Sustainable Ecosystems, Canberra.

Kelly G and Hasking K (2004). *Augusta—Margaret River Sustainable Future Projelt: Community Workshops Report.* GSIRO Sustainable Ecosystems, Canberra.

Kelly G and Hosking K (2005a). *Volunteering in Augusta-Margaret River.* CSIRO Sustainable Ecosystems, Canberra.

Kelly G Hosking K (2005b). *The Missing Segment of the Population: A Survey of Non-Permanent Residents.* CSIRO Sustainable Ecosystems, Canberra.

Kelly GJ, Measham T, Horsey B, Leitch AM and Smith TF (2005). *Reflections on the Stream: The Theory and Practice of Participatory Research-Lessons from the Field.* A review of the "Community Capacity to Manage Biophysical, Economic and Social Systems" Research Stream. CSIRO Australia, Canberra.

Langridge J, Kelly G and Melhuish T(2005). *Modelling Possible Futures and Scenarios: A Description and Guide to the Use of the Augusta-Margaret River Model.* CSIRO Sustainable Ecosystems, Canberra.

Lawrence G(2004). Promoting sustainable development: the question of governance. Plenary address presented at the XI Word Congress of Rural Sociology, Norway, 25–30 July.

Metcalfe J and Perry D (2001). The evaluation of science-based organisations' communication programs. Paper presented to Australian Science Communicators Conference, Sydney, September.

Zhu X and Dale AP(2001). JaveAHP: a web-based decision analysis tool for natural resource and environmental management. *Environmental Modelling and Software* 16(3):251–262.

作者简介

安妮·雷奇（Anne LEITCH），CSIRO Sustainable Ecosystems, 306 Carmody Road, St Lucia, Brisbane 4067, Australia

anne. leitch@ csiro. au

www. csiro. au

安妮·雷奇，澳大利亚联邦科学与工业研究组织可持续生态系统资源未来规划的科学传播负责人。资源未来规划项目主要关注保护珍贵的自然资源以及影响该地区的决定和决策，该规划成为连接社会、环境、经济和机构部门的纽带。

在澳大利亚的自然资源管理的研究领域，她的科学传播兴趣是把公众参与和社区研究结合起来。她曾任过记者，并且曾就科学传播的计划为澳大利亚和日本的政府和企业提供过咨询指导。

她编辑出版过关于澳大利亚牧场的生物多样性的系列丛书。同时，她也是澳大利亚科学传播者的创始人。

凯蒂·皮特金（Cathy PITKIN），CSIRO Sustainable Ecosystems，306 Carmody Road，St Lucia，Brisbane 4067，Australia

cathy. pitkin@ csiro. au

www. csiro. au

凯蒂·皮特金，澳大利亚联邦科学与工业研究组织下属机构可持续生态系统社会责任和道德规范的管理者，她负责人类道德规范框架发展和实现的综合研究以及企业社会责任的报道。

她的兴趣包括研究社区参与和市民参与科技发展的模式。

她拥有 15 年科技传播、培训以及社区发展的经验，并且在澳大利亚国内的政府组织及非政府组织工作过，目前正在攻读国际和社区发展硕士学位。

在真实社会语境中促进科技辩论和社会参与

维多利亚·蒙迪扎巴尔　艾琳娜·圣费留·莎芭特

概要

　　普通大众一经完成了在校正式学业之后，对科学技术（科技）的看法主要是受大众媒体的影响。一些研究表明，公众科学信息的主要获取渠道包括电视、报纸、电台和互联网（EC，2001；OCC，2003）。遗憾的是，这些大众传媒普遍认为科学是公正、可靠的信息来源，科学最终会提高人们的生活水平。与此相反的是，科学技术的话题引起越来越多的争议，其中关于科技发展的伦理道德方面尤为突出。因此，迫切需要建立一种科学与社会间的真正对话机制，来协调这两种相互冲突的观点。

　　迪纳摩（Dynamon）项目是在一些城市社区组成的社会中心，采用辩论的方式促进科学与社会间的互动，探索和发展关于科学技术问题的新策略，而这些社会中心正是问题探讨的重要场所。

　　本文通过介绍建构主义的策略，用以指导普通民众明确自己的观点，并提供一个人们可以就科技的看法进行交流、修改和辩论的平台。我们从以往的经验选择了"科学，为了什么？"这个问题，作为切入点挑战传统的观点：公民只要提高其读写能力，就增加了科学知识。本文还讨论了对科学本质的反思，帮助公众认识到他们是重要的行动者，承担着科学研究的后果及其技术应用的责任。

需要社会公众参与辩论

　　尽管可用的科学信息越来越多，但普通公众似乎并没有对科学有更多的了解，换言之，普通公众没有具备更高的科学素养。即便如此，对于科技的发展，大部分公众仍然持赞成态度并抱有过高的期望，仍然信任科学技术（EC，2001）。

　　另一方面，自第二次世界大战以来，民主社会的公民已逐渐审慎地看待滥用科学知识的潜在后果。因此，尽管许多人相信科技的进步将开拓更美好的未来，但更多的人正在思考"回归自然"，而淡漠任何人造技术或科技发展。持相反观点的双方（科技乐观主义者和悲观主义者）的唯一共识是：无论是科技爱好者还是科技恐惧者都必须承认，面对科学和技术，无论社会和个人都显得无能为力，人们对科技的反应只能是崇敬或厌恶。结果，普通公众认为科技只是专家们的涉足之地，这将妨碍科学决策过程中的社会参与（Grupo Argo，2003）。

在制定政策时，公众对科学的认知正在发挥着越来越重要的作用。许多政府组织开始意识到，在我们这个时代，对于许多有争议的问题，需要和公众对话以建立一种合作辩论机制。许多难题的解决已成为 21 世纪面临的重大挑战，如转基因生物的应用与食品安全问题、人类活动的无限制发展与环境保护的必要性等问题。鉴于科技之外因素的影响，这些难题的解决办法可能不是来自于专家，而是来自社会各界有关人士的共识。威康信托基金（Wellcome Trust）进行了调查研究，证实了这种观点，研究表明，非专业人员讨论社会和伦理问题，并不需要了解大量的科技详细资料（OST-WT，2001）。不足为奇的是，有关促进科学和社会之间的互动，各个领域都提出了越来越多的方案。然而，对科技进行有效的公开辩论的场所依旧未曾出现。

一些地区组织了大多数城市社区人员参与科技辩论，这些组织不仅涉及政府机关，还包括民间协会。这些社会中心促进了邻里之间的互动交流，并提供了社区文化、娱乐活动及许多领域的培训课程。我们的主要目标是利用这些民间组织，探索和发展新的策略，促进公众对科技辩论的参与。

在"科学技术与社会"（STS）运动的框架下，我们提出这种方式是在社会背景下，将科学置于一个群体参与的活动中。这种策略旨在指导参与者确认他们的观点，并且找到一个平台，让参与者置身于既刺激又熟悉的环境之中，就科学技术问题，对各自的观点进行相互交流和修改，并进行有建设意义的辩论。

在社会背景下解读科学

1. 历史简述

该项目在 2003 年年底启动，当时巴塞罗那自治大学（UAB）新开设了一门名为"科学和技术促进和平"的课程，该课程的协调员邀请我们组织一次有关科学教育的研讨会。在讨论的论题上进行了一段拉锯式的争论后，我们的想法从回答问题变成了提出问题。例如，教授科学的目的是什么？我们所传授的科学的本质是什么？我们要以何种方式进行科学教育？

大众媒体是对普通大众最具影响力的科学信息传播渠道，而且绝大多数信息是被当作明确的"事实"告知大众的。我们决定引导大众将科学看成新闻来思考。通过提出 5 个 W 和 1 个 H 这个新闻业的基本要素问题，我们把它们确定为巴塞罗那自治大学理工科学生研讨会的出发点。这些问题是：科学的本质是什么？从事者是谁？科学产生于何时、何地？为什么会产生科学知识？科学知识是怎样产生的？

为了能与学生一起讨论这些问题，我们详细描述了一系列小组动态，力求引导课堂营造出我们预期的辩论氛围。经过这次鼓舞人心的尝试，无论是学生还是老师都对科学有了崭新的认识。

本次活动的成果是，不同的社会文化社区对我们在巴塞罗那自治大学的活动表现出浓厚的兴趣，并且鼓励我们将这一举措从学术领域推广至公众领域。

在大多数科技新闻报道中，记者忽略了探究科学事件发生的过程和原因，从而被认为是普遍真理的科学事实并不是在社会背景下解读的。结果，普通大众认为只有专家才能获得科技知识，这阻碍了社会决策中的社会参与。为此，我们决定将为公众开展的第一次活动的重点放在回答"科学，为了什么？"这个问题上。

如今，迪纳摩项目包含了不同的活动和举措。其中，名为"科学是一个……的事实"的一批研究团体活动，旨在回答科学的 5 个 W 和 1 个 H 的问题，以便在不同类型的受众中开展真正的公众讨论。

2. 参与者

城市社区开展活动所获得的经验，已经在巴塞罗那（西班牙城市）得到了推广，有 4 个不同的民间组织（两个社会中心、一个邻里协会和一个登山俱乐部）参与了该活动，总共进行了 64 宗案例分析。在这些案例中，50.7% 为 18~42 岁的女性，49.3% 的参与人员是 16~48 岁的男子。女性的平均年龄为 23.59 ± 0.76 岁，男性的平均年龄为 28.24 ± 1.36 岁。参与者的专业和职业概况如表 3.1 所示。

表 3.1 参与者的专业/职业概况

专业/职业领域	参与者的百分比（%）
科学领域：生物学、化学、健康科学、数学	34
人文学科领域：人类学、社会学、记者	15
工程与通信领域：录音师、电脑技师、电视制作人、工程师	21
教育领域：中学教师、大学教授	13
其他：商人、厨师、音乐家、珠宝商、画家	17

3. 策略

尽管科学传播者们普遍认为，采用自上而下的模式来教授科学（即"缺失模型"）是不合适的，但很多科学信息仍然是在这种模型（OST-WT，2001）下产生的。传播科学的确切"事实"的期望往往与如何实现传播科学过程的需要相冲突。结果，大多数时候，科学作为完善的、正确的知识被编入课本中，然而发表在专业期刊上的90%以上的科学成果是有争议的、不完整的、不确定的（Grupo Argo，2003）。此外，科学问题通常被当作是已经解决的且不公开的问题呈现在公众面前。即使有些问题是开放性的并且人们也有争议，但问题本身表现出的技术挑战也让公众无话可说。因此，科学作为普遍真理的来源，却未在具体社会背景下进行解读。

后者涉及的是最近几年出现的一个科学传播模型的基础问题。基于对科学事实的解释不只是一种含义的看法，这种新模型的引领者们宣称，社会背景在科学知识如何使用方面扮演着重要的角色。故而，这种被称为社会背景下的方法，见证了公众对新科学知识的创造，多以对话的形式出现。其中，科学家仍负责科学事实的诠释，而普通大众代表本地知识和亟待解决问题的个人理解（Miller，2001）。但是，怎样设计一个科技传播过程去激发公众的投入和参与呢？

作为一种学习理论的建构主义思想普遍认为，学习的发生是由于个人将新信息融入世界上已存的心智模型之中，抑或由不同的见解而建构的新模型。这种新模型能够容纳旧知识和从实践中获得的新见解。此外，所有的建构主义者都会赞同这样的观点，即知识结构的建立需要学生积极地参与学习过程（Geer and Rudge，2002）。因此，从建构主义的角度来理解，发展一种公众接触并参与其中的传播策略，我们认为这涉及学习过程中的三个方面：

- 启发——在学习过程中，学习者将被唤起要学习主题的背景知识。
- 意义的实现——学习者接触到新的信息，将新信息与背景知识相比较，进行确认或修正预测或作出推论。
- 反思——在这个过程中，学生不是简单地回忆信息，而是以某种方式处理和转换信息。

4. 参与

我们展开的小组动态活动包括这三个学习过程，也是我们的实践经历。第一步，我们引导参与者联想他们以前的看法：科学的目的是什么或应该是什么？因此，首先，我们要求参与者单独回答这个问题，"科学，为了什么？"问题的回答是通过启发式进行的。

我们选择放映了一些对科学有不同看法的电影片段和广告［例如，《生命的意义》（*The meaning of life*）、《人性》（*Human Nature*）、《圆周率》（*Pi*）、《华氏451》（*Fahrenheit 451*）、《约翰 Q》（*John Q*）、《银翼杀手》（*Blade Runner*）、《12 只猴子》（*The Twelve Monkeys*）］，鼓励意义的实现。我们把这个过程称为情境化，是激发观众对于科学研究意义的情感手段。因此，参与者不再袖手旁观，而是参与其中，科学不再被看成是一种理论上的概念，而是日常生活的一部分。然后，提出了对科学的 6 种不同的陈述，鼓励参与者从不同的立场表达观点。这些陈述经过筛选，涵盖了科学实践的各个方面，如认知方面（与知识有关的科学）、实用方面（与实用相关的科学）和道德方面，6 种陈述列举如下：

（1）科学是构建人类知识大厦的基础。

（2）科学的目的，无论是社会的或是自然的，都是追求真理，试图尽可能以最好的方式来描述和解释现象。

（3）科学可以改善我们的生活质量。

（4）由于有了科学，未来会出现许多我们未曾想象的事物。

（5）科学不能产生公正的知识，它只能产生由系统驱动的知识。

（6）科学是一项能改造世界甚至毁灭世界的活动。

对这些陈述进行分类的标准，是基于对开放性问题的分析。因此，（1）和（2）属于认知方面,（3）和（4）属于实用方面，（5）和（6）则涉及伦理范畴。

参与者无论赞同还是完全反对，都要求他们选择从情感上最触动他们的陈述。

最后是反思刺激过程的实现：邀请参与者组成小组，讨论选定的陈述。在辩论中，要求各组的成员陈述赞成或反对的论据。最后，在总辩论中提出每一组谈论过的所有话题。在共同参与的讨论中，我们引导观众得出新的结论，了解涉及任何科学问题的多种观点和价值。

5. 发生了什么？

尽管在辩论中，学生参与水平的评价还有待改善，但这种交流策略仍然被证明能够有效地促进理想的辩论。这场辩论还证实了这样一个观念，那就是大多数普通民众都把科学看作一种改善他们生活质量的主要来源。以下是一个实例（见下页图框）。

设计开放性的问题非常有用，可以在启发过程中作为检验科学思想和观念的一种方式。这种辩论证实大多数人仍旧肯定科学的积极作用却忽略了滥用科学的后果。

"科学只有益处"

邻里协会的群体动态活动中的一个参与者提供了一个有趣的例子，这个例子描述的是在科学技术问题上公众参与的缺失。讨论产生了这6种被提出的陈述的优劣方面。"我选择了第4点（由于有了科学，未来会出现许多我们未曾想象的事物），我觉得这个论据100%正确。"这位30岁的男子说，作为一名音频技术员，科学给他的工作带来的就是创新。

在这一点上，辩论的中心聚焦在科技如何影响日常生活，科技将如何塑造世界的未来。大多数参与者选择了第5点和第6点陈述（"科学不能产生公正的知识，它只能产生由体系驱动的知识"，"科学是一项能够改造世界甚至毁灭世界的活动"），并讨论了涉及科学的决策过程中权力的关键作用。当时，这位参与者清楚地说：

> 由于我不从政，对于改变历史的进程，我什么都做不了。这就是为什么最后两条陈述中的任何一条我都没选。另外，因为我也不是科学家，因为科学家不得不讨论真理或作出解释。所以，我感觉前两条陈述与我无关。我只是一个科学的受益者，享受着科学带来的更好的生活品质和技术创新。

表3.2列出了参与者答案的关键词分析。根据实际情况，将分析分为6类。

表3.2　参与者回答"科学，为了什么？"使用的关键词和关键词语的总结

关键字	相关领域	参与者的百分比（%）
观察，命令，解释，分析	心理过程	5
了解，发现，学习，增加或提供知识，研究	获取知识	20
解释，解读，理解，定义，判断，证明	寻求解释	20
将来，改善，进化，提前，进程，控制，改造，发展	方向/行动	17
回答问题，提出解决方法，技术，生活质量，治病，改善生活舒适度和提高福利	实际问题	24
与自然和谐均衡共存；感觉安全；作为一种生活方式；了解我们自己；为了一些人的利益？作为人类成长；拯救世界；因为吃饭、睡觉或其他什么之后，有空闲时间来填补；我不知道	其他	14

因为在回答"科学，为了什么？"这一开放性问题时，每个参与者通常都用

了不止一个关键词或关键词组。我们对完整的答案进行了全面的分析，评价其所属的类别。建立了 3 个相关的分类：认知方面（与知识相关的科学）、实用方面（与实用有关的科学）和科学的道德方面。因此，将在答案中提到的诸如"增长知识"或"更好地理解我们周围的事物"的词语或词组定义为认知。把其他的诸如"改善我们的生活质量"，"治疗"或"解决问题"的词语和词组归类为实用。最后，将"科学是为了一些人的利益？"之类的回答归为科学的道德方面。然而绝大多数参与者在回答中提到了所谓的实用方面（60%～70%）或认知方面（40%～50%），只有一些人(5%～10%)提到了科学实践中的道德方面（图 3.6）。

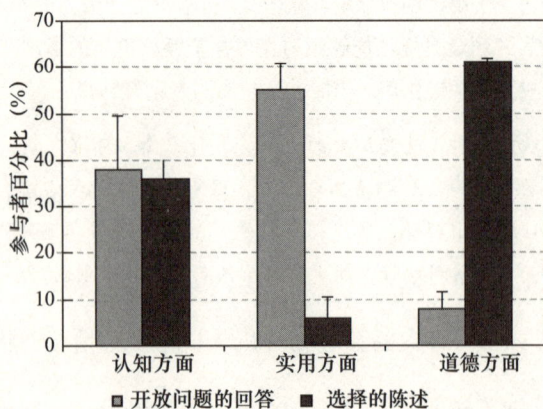

图 3.6　科学认识的分类

在实现意义过程的练习中，我们播放了反映科学不同观点的电影片段和广告，触动观众对科研含义的情感。情境化过程的结果是，当要求参与者选择 6 个陈述中的 1 个时，65% 以上的观众选择科技的道德方面，而不是认知、实用方面的陈述。

放映视听节目或选择一段有关科学研究含义的陈述，是开展一场辩论的行之有效的策略。然而，实践证明，我们更难客观地评价辩论的结果中所涉及的反思过程。参与者表达了赞成或反对各个陈述的论述，就选择其中一种陈述而言，大部分人意识到对最初问题的回答更为复杂（见表 3.3）。我们无法系统地评价这一反思过程。在这方面，我们正计划使用像参与评价壁画之类的评估工具。这种评估工具在分析其他论坛讨论时，已显示其有效的作用（Guell *et al.*，2004）。

表 3.3　参与者在总辩论上对于 6 个陈述赞成和反对的论点的概括

陈述	赞同	反对
1. 科学是构建人类知识大厦的基础	• 该陈述是最普遍的，涵盖了其他几点 • 科学是一种最可靠的知识	• 哲学意味太重，模糊，看起来华而不实 • 不是所有的人类知识都是以科学为基础的。科学知识只是人类知识大厦的一块砖
2. 科学的目的无论是社会的或是自然的，都是追求真理，试图用最好的方式描述和解释现象	• 该陈述试图描述理想的科学目标 • 采用科学的方法，科学是解释事情的一种非常好的方法	• 这不是唯一的真相，还涉及许多方面 • 直到科学受到反驳之前，科学提供确定无疑的知识 • 科学的发展服务于其他领域的利益（经济的、社会的、政治的），不总是追求真理 • 科学也追求实用的或物质的目的
3. 科学可以改善我们的生活质量	• 该陈述最为实际 • 是科学必不可少的动力 • 改善生活是科学应用的一个方面	• 科学不总是改善每个人的生活 • 有时改善生活质量以破坏环境为代价 • 不是所有的科学都用于改善生活质量
4. 由于有了科学，未来会出现许多我们未曾想象的事物	• 该陈述完全正确，因为我们可以根据科学创造新的器械 • 这是唯一一个没有争议的陈述	• 这样的表述过于乐观，听起来像科幻小说。仅基于科学的应用方面，那是技术，而非科学 • 该表述只是提出了科学有限的一面 • 不正确。如果不曾想象的事物，将来也就不可能发生

续表

陈述	赞同	反对
5. 科学不能产生公正的知识，它只能产生由系统驱动的知识	• 这是最现实的、最令人担忧的陈述。因为科学传递的信息是系统的控制 • 要是有可能，科学能够产生各种知识，但是实际上只是生产具有经济利益或社会利益的知识	• 该表述没有很好地定义科学，有一点夸张 • 不是所有的科学生产都受系统驱动。科学不是私人产业 • 问题是知识的应用，而不是生产
6. 科学是一项能改变世界甚至毁灭世界的活动	• 这一观点在我们的经历中就得到体现 • 该表述涵盖了其他定义 • 这是最为震惊的，却反映了一个明晰的现实。科学是控制和权力的一种手段 • 该表述准确。因为科学是一项人类活动	• 该陈述非常悲惨和悲观，我们已经看过《疯狂的麦科斯》（*Mad Max*） • 摧毁地球的不是科学，而是科学的应用。科学只是人类的一种工具 • 该陈述对科学的描述远远不够

科学：为了什么？

本案例的研究进一步支持了非专家群体对科技问题有自己的观点，鼓励非专业人士在公开的辩论环境下表达各自的看法、坚持自己的观点和交换意见。

"科学，为了什么？"这个问题被选为小组动态活动的切入点，对公众而言，增加科学知识就提高了科学素养的传统观点受到了考验。我们研究发现，许多人的回答与科学的认知方面有关，且符合我们大多数人的实际情况。学生克服重重困难学习科学知识，就像是登山者登上顶峰一样。然而，我们并没有机会知道为什么攀登某座科学的顶峰而不是其他的，为什么那些攀登是有益的，我们在峰顶能看到什么（Martín-Gordillo and Osorio, 2003）。因此许多专家认为，只有当我们认识到科学远非克服阻碍时，才能促进在科学技术问题中的社会参与。

遗憾的是，不仅有很多科学教育工作者继续强化这种传统理念，大众媒体和科学传播者也坚持认为，科学议题被当作是获取新知识的兴奋旅程或提高生活质量的手段。因此，对最初的问题"科学，为了什么？"大量的回答都是从实用角度出发的。民众普遍认为他们是科学技术开发应用的受益者。这种关于科学（对知识的追求）、技术（知识的应用）和社会（知识应用的直接受益者）的线性观点，阻碍了人们影响科学技术决策的积极作用——无论社会、经济甚至政治对他们生活可能有多大的影响（Martín-Gordillo and Osorio，2003）。

许多研究表明，如果人们相信自己有合适的工具，且他们的努力能有所作为，就会参与其中（Sato *et al.*，2005）。因此，在大多数科学技术与社会运动的支持者的推动下，有效的实现社会承诺的传播/教育策略，应该考虑到更复杂的科学技术和社会之间的关系。这意味着应理解科技发展的原因和科技发展所产生的社会效应，理解科技在不同社会的功能以及社会力量如何试图形成和控制各种互相冲突的利益的决定（Acevedo Díaz and Vázquez Alonso，2003）。

涉及科学和技术方面时，对未来冲突的想象往往源自电影。许多电影的特点是，令人惊叹的科技最终能够解决所有的问题。然而还有一些电影却展示了科技对未来造成的巨大灾难，例如，科技是自然灾害或毁灭性战争的根源（Grupo Argo，2003）。这种二分法进一步加剧了科技爱好者和科技恐惧者的分化对立。基于这个原因，我们对这些电影进行了筛选以便立论。选择科学道德方面陈述的大多数观众，在观看了视听节目之后，支持将科学放在社会背景之中的假设是行之有效的策略，这样可以鼓励普通大众参与和辩论有关科学技术问题。

除了使用电影作为科学背景元素外，戏剧、音乐或其他艺术表现形式也能用来产生相似的情感效应。因此，我们把术语语境化理解为一个过程，在这个过程中，在思想意识领域内（对开放性问题的回答），科学形象的描述来自人们观点的表达，这种观点涉及某一科学的特定问题的立场（从6个陈述中选择1个），从而强调情感在社会背景之下发展任何传播策略的关键作用。

从上述观点出发，提出科技方面有争议的问题，并运用相应的方法引导辩论，这是把科学理解为在道德、政治和社会范畴中的人类活动的关键所在。类似的做法也已经证明，能够有效地促进正规及非正规教育课程（Martín-Gordillo and Osorio，2003）。

结论

过去几十年来，人们越来越清楚地认识到科技的负面影响，特别是在一些更为敏感的部门，诸如环保组织、反对全球化运动和反对军事科研的和平团体。因此，在科学和社会之间建立真正的对话机制日趋紧迫。

这里汇报的工作仅是最初的研究，旨在探索在城市社区的诸如社会中心和民间组织实现对话的新方法。由于普通大众对科学的观点呈两极分化，我们选择了具有建设意义的社区环境，在这种环境中有助于开展科技爱好者和科技恐惧者之间的对话。此外，根据我们的经验，这些地方要比科学中心和博物馆更为合适，这是因为在那里没有现存的社会关系网，而正是这种社会关系网营造了人们可以进行创造的更为熟悉的环境。

此外，这里提出的以建构主义为基础的策略，已经开启了参与者之间真正的公开对话。参与者明确自己的想法，找到平台进行交流、修正和辩论各自关于科技的看法。同时，本研究中应用的科学技术与社会的观点，让参与者重新考虑自身的重要作用，并对科学实验和技术应用后果承担责任。在这些方面，许多作者提供了事实，证明对科学本质的反思是实现公众参与科技的有效方式（Acevedo *et al.*，2005）。

致谢

作者在此感谢对此稿和英语校对提出宝贵意见的帕特里夏·罗夫莱博士（Dr Patricia Robledo）以及所有的迪纳摩项目成员，特别要感谢瓜达卢佩·索里亚女士（Guadalupe Soria）和塞尔吉奥·门德斯先生（Sergio Mendez）积极参与小组动态活动。本文所进行的研究是在圣库加特（Muntanyenc de San Cugat）俱乐部、托雷夫兰卡（Torreblanca）、卡尔费罗（Cal Ferro）和日萨里亚（Ateneu de Sarrià）社会中心的合作下以及在所有的社会中心助手参与下完成的。

参 考 文 献

Acevedo Díaz JA and Vázquez Alonzo A (2003). Las relaciones entre ciencía y tecnología en la enseñanza de las ciencia. *Revista Electrónica de Enseñanza de las Ciencias* 2(3).

Aceveda Díaz JA, Vázquez Alonso A, Martín M, Oliva JM, Acevedo P, Pãixão MF and Manassero MA (2005). Naturaleza de la ciencia y educación científica para la participación ciudadana. Una revisión crítica. *Revista Eureka sobre Enseñanza y Divulgación de las Ciencias* 2(2):121-140.

EC(European Commission) (2001). *Europeans*, *Science and Technology Eurobarometer* 55.2. EC, Brussels,13,14.

Geer UC and Rudge DW (2002). A review of research on constructivist-based strategies for large lecture science classes. *The Electronic Journal of Science Education* 7(2).

Grupo Argo(2003). *Documentos Ciencia Tecnología y Sociedad*,Asturias,2-17.

Güell N,Escalas T,Buil M and Colomer M(2004). Social participation forums dealing with scientific and environmental issues. PSCT International Conference,2004.

Martín-Gordillo M and Osorio C(2003). Educar para participar en ciencia y tecnología. Un proyecto para la difusíon de la cultura ciencifica. *Revista Iberoamericana de Education* 32:165-210.

Miller S(2001). Public understanding of science at the crossroads. *Public Understanding of Science* 10:1-6.

OCC(Observatori de la Comunicació Científica i Médica) (2003). *Medicina, Communicación y Sociedad,Informe Quiral* 2002,Rubes Editorial,Barcelona.

OST-WT(Office of Science and Technology and Wellcome Trust) (2001). Science and the public:a review of science communication and public attitudes towards scientific in Britain. *Public Understanding of Science* 10:315-330.

Sato H,Akabayashi A and Kai I(2005). Public appraisal of government efforts and participation intent in medico-ethical policy making in Japan:a large scale national survey concerning brain death and organ transplant. *BMC Medical Ethics* 6:1-12.

作者简介

维多利亚·蒙迪扎巴尔（Victoria MENDIZÁBAL），National Council for Scientific and Technological Research，Instituto de Investigaciones en Ingeniería Genéticay Biología

Molecular，Vuela de Obligado 2490，（1428）Buenos Aires，Argentina

vicky@ catalitza. info

www. catalitza. infor/dynamon

维多利亚·蒙迪扎巴尔，科学和技术研究（阿根廷）全国委员会副研究员，主要研究领域是成瘾过程中神经生物学基础研究处理。

维多利亚·蒙迪扎巴尔还积极参与迪纳摩项目，主要目的是促进科技问题的公众参与。

她曾与科学中心和科学博物馆合作《生物多样的秋天》和《科学咖啡厅》（《秋天的进化》，2003）。

她是世界青年科学家学会指导委员会（WAYS）成员，并组织了 2004 年和 2005 年的科技活动周活动。

艾琳娜·圣费留·莎巴特（Elena SANFELIU-SABATTER），Àngel Guimerà 7－3°6a，08172-Sant Cugat del

Vallès，Barcelona，Spain
elena@ catalitza. info
www. catalitza. info/dynamon

艾琳娜·圣费留·莎巴特，中学科学教师，目前致力于科学传播和教学方法的研究。

艾琳娜·圣费留·莎巴特是网页设计师和迪纳摩项目的门户网站管理员。在这个项目中，她创作、协调和组织不同的活动，以促进关于科学技术的批判性思维在当今社会的作用。

她曾在天然产物合成和合作领域发表文章，活跃于圣库加特的多个社会中心和民间组织。其中包括一个生态学小组和一个由多个和平组织组成的平台，旨在促进当地政府的参与。

艾琳娜·圣费留·莎巴特是一名新的教育地区监事会成员。

改进靛染纺织业工艺：面向社区传播的成功案例

俞万纳克·廷那拉克

概要

1996 年亚洲经济危机爆发之后，泰国强调"双轨制"发展的重要性。"双轨"包括两方面：一方面，通过现代科技驱动的竞技性发展；另一方面，是指依靠泰国人民的当地传统知识，即"本土智慧"运用的基层发展。过去的几年是本土智慧复苏的显著时期。

泰国政府认识到了农村具有社会减震器的潜力。数以万计的失业人员回到家乡，寻求身体和精神上的庇护，与此同时，各种不同的发展方案应运而生。许多项目旨在鼓励村镇生产当地特色产品，其产品利用本土知识和自然资源优势，也是村民的额外收入来源。"一区一产品"计划便是这样一个项目，主要特色是手工艺产品。

今天，现代科技为本土智慧适应并应用于当今现实生活提供了可能性，科学技术可以从技术上改善本土智慧的观点已被人们广泛接受。例如，在手工艺品生产中，现代科技帮助改进生产工序，提高原材料质量，甚至开拓潜在的市场。但遗憾的是，现在的主流思想——资本主义观点却很少考虑到当地社区的社会价值和文化价值。

本文旨在呈现泰国农村社区促进公众科技传播的全新视角。以泰国东北部的某个小村庄为例，当地本土智慧融合现代科技革新的靛青染色技术，从而形成了全新的、适用的、高效的社区经济模式。这种合作促进了社区的全面发展，即在社区经济发展的同时，高度关注其发展的社会和文化程度。

重视本土智慧

"本土智慧"是用来（多数是交替使用）指代"本土知识"的专业术语。然而，在泰国，"本土智慧"却成为人们的首选，因为它更集中在"智慧"，而不是"知识"，科学与发展网就提供了一个关于"本土知识"的定义。

> 传统知识或本土知识的概念是指长期以来，在人类与自然环境的亲密接触中传承和发展下来的，集知识、技能、实践和描述为一体的完整体系。这一系列的理解、诠释和含义是文化复合体的一部分，涵盖了语言、定义、分类系统、资源利用方式、宗教仪式、精神以及世界观①。

源于西方的现代科技知识如今被认为是全球范围通用的知识。现代科技与本土智慧的区别在于其认识论及其特性（Agrawal，1995，1996）。现代科技通过“科学方法”获得，并且将认知事物与认知者分离，而本土智慧则建立在宗教世界观、精神和社会价值观的基础上，具有地域性，深深植根于当地社区，在地理和文化方面受制于传统的泰国生活的方方面面（如建筑、农业、饮食、医疗、艺术和手工艺）。本土智慧是一门如何生存并与自然相融合的学问。

经济危机之后，本土智慧的复苏以及其价值的重现表明，在泰国社会，本土智慧和现代科技互为补充，相得益彰，而非一方起主导作用。二者的有机融合不仅使民主更具有包容性，接受其他非科学知识体系的存在和作用，而且，这对于要建成知识型社会并实现可持续发展的国家来说是必不可少的。

2000～2002年，为了响应政府乡村地区科学技术可持续发展计划，泰国国家科技发展署（the National Science and Technology Development Agency）启动了研究项目，旨在帮助那空潘奥姆省（Nakhon Panom）那洼（Nawa）地区振兴靛青染色纺织业的传统工艺（NSTDA，2003）。当地的一所高等教育院校——左近那空皇家大学（Rajabhat Sakon Nakhon University）负责承担名为“发展泰国本土智慧纺织品学习包”的项目研发，由于这种研究之前从未进行过，因此，科学研究成为该工程第一阶段的重点。研究人员系统地研究和编辑了本土知识，并制作了含录像带、光盘、张贴画和手册等各种形式于一体的学习包。

本文的重点是第二阶段，或者说是研究项目的实施阶段。

研究人员选择左近那空省和潘那尼克姆（Panna Nikom）地区作为一个新的试点，在这里研究结果得以应用。工匠莫斯塔（Mae Theeta，母亲）和她的女儿普瑞佩潘（Prapaipan）或称吉乌（Jiew）已经多年用传统靛染方式生产出优质的纺织品。然而，染色工艺迫切需要改进，以减少染料溶液的浪费以及降低劳动投入。工匠们也需要更有效地指导当地村民，以生产出优质的靛蓝染色织物，

---

① 参阅：http：//www. scidev. net/dossiers/indigenous_ knowledge/ikintro（检索于2003年1月30日）。

以满足国内外市场更大的需要。

靛染纺织品的价格相当于其他天然染制品的 5 倍。复杂染色工序的主要问题是，靛染溶液容易在染桶里腐烂变质，而村民并不了解其原因。由于每批染液要花 1 个月的时间才能制好（正常情况下，每批染液的浆料都可以使用几年），因此需要大量的时间和劳力。生产工序的改进减少了操作失误和劳动量的投入，这将不仅仅让研究试验点的社区从中受益，也有益于该地区范围内的其他乡村社区。

从经济学角度来讲，靛染产品（传统的泰国图案，通过在一个设计好的模型中绑扎线条来制成图案）在泰国、欧洲和其他一些国家如加拿大、日本和美国都很受欢迎。生产这样的艺术品需要高超的技艺和优质的原材料，才能绘制出优质的图案。同时还需要正确的伦理道德规范和价值驱动体系，以指导工匠们贯彻到整个生产过程中。倘若缺失这种世界观，提高靛染技能只会让工人更加注重金钱的贪婪追逐，而不能体现乡村社区的自给自足、和谐共处的理想价值观。

本地智慧和现代科学相结合

1. 关于靛蓝染色

很多植物都可以产生靛蓝染料，但大部分天然靛蓝主要来源于木蓝属植物，这种植物原产于热带。亚洲的商用靛蓝主要是木蓝。

几乎所有来自植物的天然染料都需要加热来保持颜色，并且织物在染液趁热时就需靛染。靛染是两种天然植物染料的一种，它需采用冷染或发酵的瓮染技术。这种精细工艺包括在特定时期的靛蓝叶的采集、染液的制备和染色工艺。

在制备阶段，当树叶浸泡在水中时，树叶中的两种化学物质相互作用，生成一种不溶的蓝色物质，这种蓝色物质不能被纤维吸收，而且很容易褪色（被称为染料"疲劳"）。在 16 世纪，欧洲首次应用靛蓝染料，鉴于蓝靛染料的这一突出特点，欧洲的染色艺人和印刷工人一直致力于靛蓝染料研究①。

经验丰富的泰国工匠们知道，这种原材料并不适合染色。为了使染料渗入纤维，必须使其具有可溶性。在发酵过程使用灰烬加入染料溶剂产生一种化学变化。在靛染过程中，工匠们必须通过他们的经验和观察（不用科学设备）来调试染液的酸碱度。

---

① http：// en. wikipedia. org/wiki/Indigo_ dye（检索于 2004 年 9 月 11 日）。

溶液从蓝变黄，黄色溶液就可进行染色。织物浸泡于黄色溶液之中并使之轻轻移动，氧化作用可使颜色由黄变蓝。通过化学反应，染料可以很好地和纤维结合。使用冷染液 6～20 次，织物就可以染成深蓝色。

没有经验的靛染织物的染工一般不知道这个过程，或者说，也许只是想走捷径，即制作批量的产品，获得快速经济回报。他们使用的初始溶液不能很好地渗入纤维，只黏附在其表面。产品一旦洗涤便会褪色。这种低质产品严重损害了高品质手工艺制作者的名誉。

靛蓝染色缸

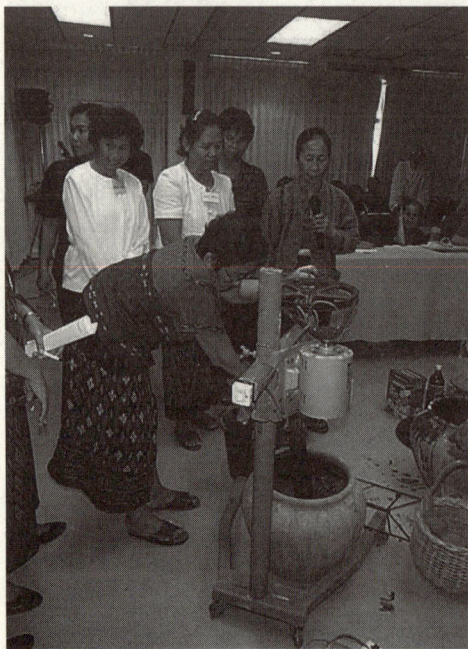

新染料搅拌装置

2. 成功必备的知识

在那瓦地区前期的科学研究中，项目第一阶段靛蓝染料产品的主要问题是靛蓝染液的制备。辨别染液问题并进行简单解释，可以帮助村民更好地观察注意染液，这可以让他们了解溶液颜色什么时候出错，怎样去预防错误的发生。

然而，在传统上村民们相信：只要他们亏待了染缸或染瓮，染瓮的灵魂就会溜走，染液就会变质腐烂（被形容成"靛蓝染瓮死了"）。制作靛蓝染料纺织品和科学一样，是一门艺术，而且每个村子的制作工序在细节上都有所不同。靛蓝染织品需要在染瓮中浸泡 1 个月的时间，以达到适当的染度。村子里有一种说法：照顾染料瓮比照顾丈夫和孩子还要小心。整个过程需要很长时间，而且在照顾染瓮时需要爱心和细心。

在研究初期，研究小组发明了一款染液搅拌装置，可降低染液制作过程所需的时间和劳动量，现在潘那尼克姆地区已经使用该装置。这种装置可以使染液不间断地搅拌，而工匠们也从先前人工费力劳时的工作中解脱出来。

3. 关于研究人员对当地文化的理解

　　来自左近那空皇家大学的助理教授安奴亚特·赛松（Anurat Saithong）是研究项目的带头人，她认为科学研究不应让传统实践从属于科学的事实、方法、指令和意见，这样会丧失传统手工艺的魅力。她尊重工匠们照看染瓮的操作方法，各具特色且方法多样，特别尊重工艺中的传统信仰，如他们所认为的染料瓮有个照看染色溶液的幽灵居住其中，这个信念指导他们很好地处理染液过程：若稍有大意，灵魂就会远去，而染液就会腐烂变质。

　　甚至在研究项目正式启动之前，安奴亚特·赛松就已经产生了研究靛染的兴趣，并曾与当地村民一起工作。她对靛色绿叶能够产生这样一种物质过程而着迷，即当浸于水中时能变成蓝色，而混合灰烬发酵之后能变成黄色，氧化之后还能再一次变回蓝色。作为一位化学家，她知道科学实验能够解释这些化学反应。

　　她是土生土长的本地人，而且在当地工作过，因此，可以称得上是理解村民的社会价值观、生活态度、文化习俗和村民问题的内行人。由于染液的配制和染色工艺过程都很复杂，她和她的团队为了不遗漏任何一个可能重要的关键点，必须与当地村民紧密合作。

　　人们饶有情趣地目睹了这位现代的年轻科学家身着靛蓝织物做成的衣服，与村民们一起工作，用当地的语言和村民交流，真诚地尊重当地人。例如，她在解释染色工艺的时候，使用描述"身体变化"的词语来表示每一个阶段和颜色的变化。看到这些来自城市受过教育的人们，如此赞赏他们的染色技术，并穿着他们制作的靛蓝纺织衣，村民们感到很自豪。

4. 全面发展：靛染研究的成功与影响

　　在莫斯塔（母亲）和她的女儿吉乌创办公司11年之后，研究成果极大地帮助他们改进了靛染工艺过程。在那瓦初期阶段和潘那尼克姆项目实施阶段都取得了成功，并引起了全国媒体的强烈关注。

　　其他村民注意到了这一点，想以此效法来提高他们的工作效率，以获得更多的经济收入。来自8个村庄的80位村民在潘那尼克姆农村社区，要求吉乌指导他们改进染色生产工艺。这些活动都获得了成功。

　　在靛染工作过程中，村民信奉宗教，这种宗教信念也是道德衡量的标准。例如，有一位佛教僧侣（每次参加会议都会被邀请给所有村民作演讲），他强调做人不能贪婪、自私或欺骗他人，要坚持对真理的不懈追求，把知识、智慧运用到生活中去。许多研究人员认为，若要深刻了解泰国文化、人物特点及其世界观，就必须了解泰国的佛教，因为佛教是泰国文化发展关键性的决定因素①。

在佛教里，人们要从痛苦和烦恼中获得解脱，必须通过自己的行动来实现。这种说教传递了一种积极努力的观点，并将知识和实践联系起来。人们必须自己掌控自己的命运，不应该消极地去等待别人的帮助。佛教把智慧看成是知识的最高形式，必须通过个人实践和经验来积累，以社会群体的道德伦理为基础。

遗憾的是，自第一次泰国经济和社会发展计划（1961～1966年）出炉起，由政府强行规定或国家主导的发展活动和资本主义的推行已经40多年，尽管给村民生活带来了诸多益处，但他们却脱离了原本的农业根源，失去了传统的耕作方式，不知如何尊重自然和尊重他人。更重要的是，他们失去了支配自己生活的自信和尊严。

因此，至关重要的是在乡村社区重建社会文化生活的各个方面，并重新平衡传统文化与现代科技的可持续发展。事实上，富有包容特性的本土智慧和泰国社会文化的特征，让本国知识和智慧融合（外来的）现代思想成为可能，这样泰国人民可以从中获益。泰国人民在做到这种融合的同时，也维持着自信、自尊和他们的价值观。在面对无情的现代化和全球化所带来的挑战时，他们采取积极的人生态度。在这项研究中，通过融合本土智慧和现代科技知识，为知识的共同创造奠定了丰厚的文化基础。

虽然靛蓝染色技术和工艺过程的知识已经整理出来，但是工匠心中若没有图案主题就不能调和出合适的靛蓝染料。这些设计非常复杂，几乎不可能使它们系统化。要获得这些知识，只能通过实践或从老工匠那里学到。这些设计图案通常是工匠们对大自然、环境和超乎自然力量的热爱而获得的灵感产物。对于工匠来说，制作靛蓝纺织品从来就不是人与人之间为了赚钱而展开的竞争。现在，他们的社区已经通过创造自力更生、相互信任和共同分配的生活方式，来重拾信心，这是泰国社区和社会的基本价值观。

后来，潘那尼克姆一些村民遇到了更多的外来游客，也发现了更多的潜在市场。他们继续改进制作工艺，创造和设计新图案或是修改传统的设计图案以迎合市场的需求。人人都想要学习和分享他们的知识。这样就建立了不同省份

---

① 维基百科提供各国佛教信息，资料源自诸如美国国务院的《2004 国家自由报告》和《中央情报局概况》。2005 年，6.55 亿泰国人中有 6.15 亿是佛教徒。http: // en. wikipedia. org/wiki/Buddhish（2005 年 2 月 5 日）。

的村民网络，而实现了共享知识的目标。

左近那空当地的学校师生和政府办公人员，每逢星期五都会身着传统的靛蓝染色面料服装，以此来表达人们重新引入文化认同的那份自豪感。当地的一些学校课程①已经融入了靛蓝染色纺织品的艺术。左近那空皇家大学是项目研究所在地，为所有想要改进生产技能的村民开设了靛蓝染色学习中心。吉乌和研究小组还为其他省份的靛蓝染色织物生产者提供网络学习机会，以满足他们的需求，分享他们的知识和经验，并拓展高质量靛蓝纺织品的市场。

这一成功也启发了潘那尼克姆农村社区不再从工厂购买棉花，而是自己种植以创造更多的本地就业机会，并为自己和那些要求环保的客户生产100%的纯手工制品。靛蓝染色工艺的传统知识和实践也正重归故里。例如，用过的靛蓝粘贴抛进稻田中，可以赶走破坏庄稼的螃蟹，也可以添加到一小块土地上，培育食用靛蓝蘑菇，即海德克拉姆（hed kram）。

吉乌自然就成了当地的带头人，一直在帮助村里靛染织品的生产者。通常是工匠们组成小组生产靛染织品，然后成批出售给吉乌，她再将收集到的织品拿到更大的集市上销售（例如，"一村一产品"交易会和全国举办的产品交易会）。通过这些销售活动，村民们的产品还可以卖到境外市场。

吉乌不仅对村民提供技术咨询，而且还考虑其他方式开拓市场。她经常就市场营销和产品设计的开发问题，得到国家产业促销部工作人员的指导。她家族经营产品的品牌叫"Mae Theeta"。由于妈妈莫斯塔的年龄越来越大，身体健康也有问题，吉乌就成为家族企业的领军人物。

在多个政府部门的赞助下，吉乌也在其他国家的展览会和交易会中展示她的产品。2004年7月，她的织品获得了杰出的手工艺品总理奖。2004年10月，在出口促销部的支持下，她飞往意大利参加了欧洲国际纺织展览会，并和意大利的设计师探讨她的纺织品的时尚设计。

在与作者的一次交谈中，吉乌谈到在2004年，她的靛染色织物进入"一区一产品"星级奖，然而，没有被评为五星级产品。看来，各政府部门没有协调好相互的工作，有太多的烦琐程序。不过，她认为：

> ……比赛或奖项不是真实的东西。我的产品能不能获得五星级评
> 级并不要紧。最重要的事实是，我们必须知道我们在做什么。竭尽所

① 由于目前执行的基础教育2542（1999）的国民教育法，当地学校可以管理课程的设置和教学计划。在此之前，曼谷市的中心权威决定课程设置和教学计划。

能制造优质的产品，赢得客户的信任和信心，这才是实在的。我的客户买我的产品，因为他们信任我，因为他们相信这张脸。他们找我的这张脸，而不是星级……

建立社区自信心

如果我们认可皮埃尔·法亚德（Pierre Fayard，1991）定义的全球三大公众科技传播目标：即政治性、认知性和创造性是正确的，那么，在农村社区背景下的公众科技传播活动的成功，可以从这三个层面来探究：

- 政治方面：带领或联系科学家/专家和非专家到乡村社区（那里居住着绝大多数的泰国人民）一起工作。
- 认知方面：通过深入生产过程和产品转型，从当地问题着手，找到针对地方状况的问题解决方法，创造出适用的、适合本地的知识。
- 创造性方面：人们能够把有用的知识或有能力将适应本地的知识运用到现实生活中去。令人叹服的是，还能将它运用到原有领域之外的地方。

在此案例中，本土智慧不仅仅继承了制作精美纺织品的技术知识。瑟瑞·冯菲特（Seri Phongphit），著名的社会思想家，在社区和村民一起工作30多年。他指出，操作方法和技能技巧仅是本土智慧的具体表现范畴。同样重要的是，本土智慧还存在抽象意义的范畴，它对于知识如何运用、如何发展具有深远的影响（Phongphit，1993）。这种抽象意义的范畴，通过人们的世界观、哲学、信仰以及价值观影响人们的一生：它是日常生活中一切事物的精神意义。

衡量公共科技传播的成功基于两方面：其一，如何丰富乡村社区的本土智慧；其二，如何增强村民的信心，把新知识融入本土智慧中去，其中包括知识的共享。

值得一提的是，社区人员的积极性是该研究项目的力量源泉。换句话说，这个研究项目采用了"参与式行动研究"的框架和针对社区问题的解决方法。社区去发现当前最迫切的问题并积极寻求解决方法。这样，当地社区的人们会主动、积极地参与到项目研究的整个过程中。活动的焦点不仅限于主流经济的发展，更重要的是授权给社区。这种全盘考虑问题的方式，不仅解决了靛染纺织品生产的技术方面的问题，也关注了纺织品制作者的思想状况。

在泰国，通过传统的公共科技传播策略促进科学文化发展不到 10 年。然而，这个案例研究发现，另外一种尝试是把现代科学技术专业知识融入本土智慧的方法。两者间的协同合作，形成了新型、适用的且适合乡村社区发展的知识，并且在知识转换过程中，传统知识和现代科学技术并未冲突。

在这个案例中，相对具体的或技术方面而言，本土智慧的抽象意义更为重要。然而，通常的传统做法是，国家倡导努力复兴当地智慧的举措，注重的是技术层面的东西，也是最容易掌握且易发现的方面。现代科技中的具体技术知识的应用，只是技术方面的能力，却忽视了意识形态的抽象意义的层面。本土智慧被看成是新的赚钱资源。用这种方法推广本土智慧会产生负面影响，即重复先前国家主导发展的错误。尽管这种生产的发展运用和推广了本土智慧，但采用资本主义和消费主义的观点，却丢失了本土智慧的内在精神，只剩下可以利用的知识和技术。传统经济发展（即现代资本主义）的做法对乡村社区影响长达40多年。在这种情况下，人们思想意识中的抽象意义的"智慧"又一次丢失了。

公众科技传播（和现代科学技术）可以从本土智慧中学会运用"多角度思考"（Ciborra，2002），即同时或从不同的角度考虑事物的现象。多角度思考让我们了解事物的变化，可以从一种观点入手，而从另一个角度看到影响事物变化的特征。

最近讨论公众科技传播的模式时，人们聚焦在"参与模式"、"情景模式"和"知识模式"。但是，绝大多数讨论的模式是，现代科技作为主导知识得到了很好的推广地区。这种模式在泰国乡村地区存在局限性。如果人们在经济发展实践中，意识到并且认可乡村社区和本土智慧存在的潜在价值和实力，那么，这种模式就是适用的。现代科技和本土智慧协同合作，彼此吸收智慧，而人们可以从两种各具特色的不同知识体系的合作中获益①。现代科技和本土智慧具有自我丰富的潜力和能力，同样也可相互作用，彼此丰富。

这个全面发展的独特案例，是现代科学技术融合本地智慧的结果。我们可以看到这样的实践需要不同的评价工具。这些案例的成功及其影响应该从定性角度进行分析认定。对于人们在生活中运用科技知识，或者只把现代科学技术融合本土智慧去解决最初问题的做法，比较而言，建立适合本土发展的知识网络、分享知识和丰富知识更为重要。

虽然这个案例仍然远离泰国主流乡村的发展，但这种趋势最近已经得到了更多的关注。对公众科技传播者来说，继续这种不同于传统方式的发展，将会

---

① 参阅 http://www.co-intelligence.org。

是一种挑战。

在泰国社会，大众科技传播还没有形成一个完善的体系，也没有完整的操作系统，目前还不清楚谁会肩负起责任，来跨越不同知识体系传播现代科学技术。当前，作为"民间科学家"的科学家的作用非常重要，他们应当得到认可和推广。在这方面，非政府组织和民间社会组织的运动日益强大。他们可以在各种资源中使用现代科技，农村社区可以更好地推广和随时使用现代科技，去解决当地的问题。同时，也能够实现皮埃尔·法亚德倡导的公众科技传播全球的目标，特别是他们所关注的可持续的全面发展。

致谢

这个研究项目（2000～2005 年，分为两个阶段）——泰国本土智慧纺织品学习包的研发和社区经济发展靛染纺织品技术的改进——左近那空皇家大学被授权为项目研究所在地，由泰国国家科技部下属的国家技术发展署资助。

参 考 文 献

Agrawal A(1995). Dismantling the divide between indigenous and scientific knowledge. *Development and Change*:26:413-439.

Agrawal A (1996). Indigenous and scientific knowledge: some critical comments. *Indigenous Knowledge and Development Monitor*. http://www. nuffic. nl/ciran/ikdm/3-3/articles/agrawl. html (retrieved 25 March 2003).

Burapharat C(2003). Patterns of learning and knowledge exchange in Thai work teams: a study of team members' communication and relationship etiquette. Unpublished doctoral thesis, Graduate Department of Adult Education, Community Development and Counseling Psychology, Ontario Institute for Studies in Education, University of Toronto, Canada.

Ciborra C (2002). *The Labyrinths of Information: Challenging the Wisdom of Systems*. Oxford University Press, New York.

Fayard P(1991). But where are the Cossacks?: an alternative strategy for popularization. *International Journal of Science Education* 13:597-601.

NSTDA(National Science and Technology Development Agency)(2003). *Research, Development and Engineering: Utilization for Local Community Economy for* 2002-2006 (in Thai). NSTDA Publishing. Bangkok.

Phongphit S(1993). *Folk Wisdom and Rural Development*, Vol. 1(in Thai). The Wisdom Foundation, Bangkok.

作者简介

俞万纳克·廷那拉克（Yuwanuch TINNALUCK），45/5 Moo3, Pak-ta Sub-district, Ta-reur, Ayutthaya 13130, Thailand

yuwanucht@yahoo.com

俞万纳克·廷那拉克，一位独立从事研究的学者，对公众科技传播、本土智慧（本地知识）以及知识创造领域有特别的兴趣。她在泰国私立和公立大学教授传播和传播科学，向泰国大学和其他群体宣传科技意识规划。

俞万纳克·廷那拉克女士曾任泰国公共关系组织的带头人，曾在教育博物馆中心（泰国第一个科技博物馆建立地）工作。她是公众科技传播科学委员会的成员，也是泰国科学作家和出版商论坛科学协会副主席，她出版了大量关于公众科技传播以及现代科技和泰国本土智慧合作方面的文章，目前正在撰写主题为知识创造的有关泰国的书。

社区科技传播的其他案例摘要

社区发展的工具和方法：喜马拉雅山脉—兴都库什山区流域（PARDYP）网络经验

联系方式：Sudhir S. BISHT, G. B. Pant Institute of Himalayan Environment and Development, Katarmal 263643, Almora, India

ssbishtl1@ yahoo. co. in

http：//extranet. icimod. org. np/pardyp

喜马拉雅山脉—兴都库什山区流域人口和资源动态项目调查发现，居住在这里的小农户普遍生活贫困。原因之一是人们很少努力发展和传播用改进的农场耕作方法来提高农业生产力。这一点在农业依赖降雨的地区尤为明显。

喜马拉雅山脉—兴都库什山区流域网络成员包括研究人员、公共机构和参与联合研究的农民。网络成员参与各种相关主题的国内和国际会议、培训和专题讨论会，这也使得更多的农民能够评价、采纳项目成功的实践经验，改进自己的耕作方法。

尼泊尔和巴基斯坦的研究团队在印度分水岭地区对有关生物肥料、鱼塘和土地复垦的成功经验进行了检测。尼泊尔分水岭的水稻强化栽培系统的反馈信息，促使印度和巴基斯坦在他们的分水岭地区尝试该项技术。

生命科学知情委员会（Informed Panel for Life Science）

联系方式：Sung K. CHO, Department of Communications, Chungnam National University, Taejeon, Korea

cnucho@ hanmail. net

生命科学知情委员会旨在改善普通公众、决策者和科学家之间的科技传播。该知情委员会反映了双向沟通的重要性。一方面，该委员会向会员提供信息，让会员了解科学；另一方面，该委员会能够理清思路得出自己的观点。

该委员会根据年龄、性别和居住地区招募了3000名会员，并通过提问和提供信息鼓励会员思考议题，而问题是经过两轮调查提出来的。专家在第二次调查之前提供信息。其中，委员会中 45% 的会员参与了第二次调查。调查结果表明，在向这个知情委员会提供生命科学信息方面，工作在一定程度上取得了相当的成效。

了解社区关注基因技术问题的动因

联系方式：Craig CORMICK, Biotechnology Australia, GPO Box 9839, Canberra, Act 2601, Australia

craig. cormick@ biotechnology. gov. au

澳大利亚生物技术政府机构（Biotechnology Australia）发现，有效的科学传播需要同时涉及科学家了解公众和公众了解科学两个方面。

自 1999 年以来，澳大利亚生物技术政府机构为探索公众背后的社会问题的种种原因，已经进行了大量公众对科技的态度的定性和定量的跟踪研究。

结果表明，公众除了分析风险效益之外，也进行道德判断，而且更加关注科技的发展过程，而不是科技结果。该结果还显示了制约新技术采用的 5 个关键因素：信息、管理、咨询、消费者选择和消费者利益。

科技信息上门服务的乡村地区科学传播

联系方式：FENG Fengju, Puyang science and Technology Service Centre, Henan Province, China

shuijingyur@ yahoo. com. cn

河南省濮阳市科技服务中心为满足农民需要，探索多种方法研发了信息数据库。该信息库运用生动的语言并结合了电话、电脑、报纸和互联网的通信手段。

科技信息上门服务是一项社会系统工程。该项目根据乡村住户的需要，将科学管理、实用技术、社会科学知识和市场信息结合起来。还提供了高质量的科学传播和技术服务于农业、农村和农民。其主要目标是使科学受众以低成本获得实用的科学知识和技术，同时提高农民通过互联网获取信息的能力。

社区图书馆：传播科学无障碍

联系方式：Li Jiao, College of Humanities, Graduate School of the Chinese Academy of Sciences, Beijing 100049, China

lijiaosun@ yahoo. com. cn

北京科学教育图书馆是一所私立图书馆。该图书馆一直努力尝试在没有政府财政资助的情况下，打破传播科学的障碍。所有市民在馆内享有同等机会获取科学信息。该馆以人为本的设施和规则，满足了人们的需求，允许读者自带材料进入，且不用通过复杂的程序就可以借阅读者需要的图书。图书馆终年开放，每天开放时间为：上午8：30至晚上10：30。此外，该图书馆还开展一些推广活动。北京科学教育图书馆因有许多成功的科学传播模式，受到了社会的高度赞赏。

诺贝尔奖的传播：物理和化学的诺贝尔奖海报

联系方式：Malin LINDGREN，The Royal Swedish Academic of Sciences，PO Box 50005，SE-10405 Stockholm，Sweden

malin@ kva. se

诺贝尔物理和化学奖夺主的海报可以向普通公众传播科学。这些海报由瑞典皇家学院科学院的一个团队制作，团队工作人员是诺贝尔委员和设计师。他们认为标题和插图是排版设计的最重要的部分。

海报被译成多种语言文字并分发到世界各国，所以需求量极大。世界各地的学校、实验室、大学和图书馆都可以见到诺贝尔奖海报。

通过文化活动传播科学：一个来自印度的成功故事

联系方式：Manoj PATAIRIYA，Doctor，Director（Scientist "F"），National Council for Science and Technology Communication，Technology Bhavan，New Mehrauli Road，New Delhi，India（110016）

manojpatairiya@ yahoo. com

偏远地区的人们仍然推行古老的传统和处事方式，奉承错误的信仰而限制了当地的发展。科学与社会文化结构相结合有利于科学传播解决这些问题：协调方案、开展文化活动传播科学以及激发乡村百姓对科学的兴趣和好奇心。

显然，科学传播者与慈善团体发展融洽的关系十分重要，这是因为慈善团体参与了许多展览会和节日文化活动。动员牧师、圣人、"神人"和宗教传教士推广科学思想，极大地推动了科学传播。

最初召开了项目推介会，向与会者介绍了科技传播的议题，并分发给开展各类科技主题展览的参与者。因此，科学的舞台造型和展品成为宗教游行队列和活动的一部分。

巴塞罗那世界大脑意识周：想一想！

联系方式：Gemma REVUELTA, Scientific Communication Observatory, Pompeu Fabra University, Barcelona, Spain

gemma. revuelta@ upf. edu

巴塞罗那世界大脑意识周涉及为公众举行的两类活动，包括研讨会、圆桌会议、参观活动、音乐会和学校活动（"实验室中的学校"和"学校中的实验室"）。在科学传播过程中成立传播小组，其中包括一名研究人员和两名科学传播者，小组成员发挥着不同的作用。四个选中的主题是：大脑和音乐、情感大脑、年轻人与毒品、胚胎学的发展。

这次活动得到了公众的广泛关注，一些活动由于提问而延长了时间。当地媒体称此次活动有很大的影响。这些活动实现了组织者的愿望，即为公众展现了大脑科学的许多不同的方面，并涉及让尽可能多的科学和非科学机构参与。

金星凌日：通过参与活动传播科学

联系方式：Michelle RIEDLINGER, Doctor, The University of Queensland, Queensland 4072, Australia

michelle@ econnect. com. au

本文通过金星凌日介绍了传播科学的思考模式，这种模式鼓励社区人员参与实际活动和形成自己的观点。

8个科学传播项目的研究生负责此项活动，他们研究主题，组织社区人员能够稳妥有效地参与观看金星凌日的一系列活动。

因此，120多人参与了此次金星凌日到来之前的演练活动。后来有16个人通告组织者，他们在金星凌日时组织了自己的团体观看活动。这项活动鼓励人们观察凌日现象，并成功地传递了人们可以组织参与性活动的实用信息。

一个面向当地社区、大学和政府的网络：韩国主妇开展科学文化项目的思考

联系方式：Jinwoong SONG, Department of Physics Education, Seoul National University, Seoul, 157 – 747, Korea

jwsong@ snu. ac. kr

http：//peer. suna. ac. kr

为了提高韩国主妇的科学文化素质，设计和实施了三个面向主妇的科学文化项目。本文概述了该项目和笔者在项目实施中所遇到的问题。

2002 年，来自首尔国立大学的一个团队实施了第一个项目。这项工作包括对家庭主妇态度的调查和家庭主妇资料样本的撰写。2004 年，同期领导人员参与的小组开展了另一个项目，其中包括家庭主妇科学课程使用材料的撰写。2005 年，该首尔国立大学研究小组，开始将其资料投入首尔冠岳区的地方社区，供家庭主妇群体使用。

项目的全过程都是由一个科学文化政府机构——韩国科学基金会发起和支持的。并对第一个和第二个项目进行了基本的定性评价，对第三个项目则进行了调查。

为少数民族开的流动科普宣传车

联系方式：SUN Rong，No. 2 - 4，Beijing South Road，ürümqi 830011，China
xjkx_ sr@ sina. com. cn

2001 年，面向新疆少数民族的科学普及团队在中国科学技术协会的支持下，配备了一辆科普大篷车，充分利用科普大篷车的流动特点，开展科学传播活动。该团队尤其重视在少数民族的传统节日和集会活动期间进行科技传播。科普大篷车的采用使科学传播活动丰富多彩，其目的是提高少数民族地区的科学意识和文化水平。

科普大篷车有助于弥补西部地区的少数民族缺少科技馆的不足，并为西部地区公众获得科学信息提供了更多的机会。

第四部分　科学家的参与

科学家与公众

托斯·加斯科因

概要

在理想的状态下，科学传播应当是科学进程中很自然的一部分。但是在我们所生活的现实世界里，科学家和研究机构很显然得在传播进程的某些方面特别下工夫才行。在传播过程中最困难的因素就是和公众打交道。科学家认为那是他们额外的工作，时常扰乱了正常的研究。

科学家们乐于交流，但只限于某些人群。他们会花大量的时间出版论文、组织研讨会、出席会议和专题研讨会以及和来自国内外的同事进行邮件往来和会面等。所有这些活动都是科技传播的形式，并且科学家很愿意参与这些活动，一部分原因是因为他们喜欢参与这些活动，再者，他们科学上的进步也依赖于这些活动。

科学家最不能自如相处的观众就是公众，公众是难以预测的。公众成员可能由于对这种情形缺乏认识而对此持有不同的见解、偏见和态度。他们对于科学家的研究能力和研究时间的期待不切实际。公众对于科学方法、科学家进行科学研究的方式和争论结果缺乏欣赏能力。科学家担心与公众直接接触会导致他们在同仁中的权威性降低，因为和公众接触就需要简化他们的成果，并且有可能会被认为是在为自己做宣传。

公众对于这些交流困难应当承担一定的责任。或许是因为他们不能够理解科学；或许是因为他们认为科学是很难懂的；还有可能是因为他们中学时就因科学学科成绩不佳而没有好印象，所以他们本能地想绕开科学；或者是因为他们远离科学，所以他们本能地想摆脱科学。人们总是认为科学家在某种程度上来讲是与众不同的，他们不是来自普通世界的人。例如，在小说中和电影里，科学家总是被塑造成奇怪的生物。在卡通动画里，科学家的形象就是留着奇怪的头发，在偏僻且简陋的实验室工作的老人。他们的实验常被刻板地描绘为与爆炸、失败和怪味相联系，并且他们使用的语言晦涩难懂。科学家常被消极地描述成被误导的或是疯狂的、坏的、危险的形象。偶尔他们也拯救这个世界，但是更多的时候是由于他们冲动的实验把世界带到了灾难的边缘。

在北京公众科技传播国际研讨会上，梅特卡夫和加斯科因在他们的论文中提到了媒体界和科学界双方都意识到对彼此的成见：

> 科学界和媒体界似乎都意识到对于各自的形象存在着各种各样的偏见。例如，科学家在参加专题研究组讨论时感到公众把他们看作是"一群穿着白大褂的无趣之人，生活在自己的想象世界里，行为可疑，动机不纯"。

由于这些对科学界的看法盛行，所以，人们可以很平和地接受自己对于科学缺乏了解的事实。尽管很多人甚至乐于笑称他们缺乏算术能力或科学技能（我在学校从来没学好数学或科学），不过要他们承认自己不会读书或写字，那就会令他们觉得很尴尬了。

在某些科学家看来，很不幸的是，科学资金和可接受的科学界限是由同一公众所控制的。科学研究通常是由政府管理的，而政府是由人民所选出的。政府决定预算和资金分配，他们决定项目研究的优先次序和限制科学的发展程度（例如，在干细胞研究或转基因作物方面的限制）。所以，假如科学家想要增加研究资金或是影响立法的话，他们需要向钦佩他们的、对他们持怀疑态度的公众展示他们研究的具体状况。

科学家和公众合作还有另一个原因。一些研究将对普通民众有着直接的影响，并且会影响到人们的生活方式。研究付诸实践之时，人们可能有必要改变他们自己的行为。科学家需要解释他们的发现并且让公众明白这些发现对公众的影响。科学家的研究可能表现为为公众提出一些警告或提供一些建议，如少吃高脂肪的食物，降低耗水量，不要酒后驾车，通过改变耕作方式提高作物产量，拯救一种濒危的植物或动物，不要向江或海里倾倒未经处理的污水，为全球气候变化做些准备工作等。另外的一些研究将会找出更新更好的办法来处理这些问题，而公众则需要适应这些新技术并充分利用这些科技进步。典型实例包括移动电话、对疾病的预防接种、电子银行和互联网等。

本文包括两方面的内容：第一部分直接介绍了这一部分的论文，介绍了这些论文中所涉及的问题以及详细描述了"科学家与议员会谈日"的具体情况。通过澳大利亚这个案例中科学家和议员进行的一对一的会议，引入对各国政府评估科学对社会的影响的能力和公众对科学的需要的质疑；第二部分讨论了科学家与议员会谈的问题。

论文

这一部分包括在北京公众科技传播国际研讨会上的 16 篇论文，其中涉及研究组织和个人在面临与公众探讨他们的研究工作的挑战时所采取的不同方法。这些论文分为三大类。第一类讨论科学家应对该挑战可能接受培训的方式：何种方式谈论或书面表达才能使公众能够理解科学家的工作；第二类不是以科学家为出发点，而是以公众为出发点，这个更具挑战的方法是以提出这个问题为开端的：我们的科学家如何才能帮助到我们这些公众？第三类描述了向公众展示论题的方式，诸如使用互联网、借助退休的科学家队伍或通过流行的电视节目传播。

其中有 5 篇论文探讨了培训科学家问题。这些论文是由尼古拉斯·希利尔（Nicholas Hillier）、珍妮·梅特卡夫、简·杜克（Jan Dook）、罗德·兰博兹（Rod Lamberts）和玛丽·克劳德·罗兰（Marie-Cland Roland）所写。由希利尔、梅特卡夫和加斯科因所写的论文是全文呈现的。

第二大类涉及科学服务部主题的论文，作者有亨克·穆尔德和卡斯帕·德博克。它们讨论怎样应对公众而不是科学家。宋雅·格鲁伯的论文也谈了这种方法。穆尔德和德博克的论文也收录在此。

有 9 篇论文描述了科学家过去和公众沟通的不同方式。它们是由蒂娜·菲利普斯等人、欧阳静、海德里撒·斯德查韦斯、吕·兰姆、米克·波姆、杨柳青、奥斯卡·阿尔瓦雷斯、肖云和劳伦斯·格里芬所写。由菲利普斯等人和欧阳静所写的论文转载于此。

这些论文来自世界各地，论文的观点和主张大有裨益，意义显著，他们毫无保留地与大家分享宝贵的经验。斯德查韦斯介绍了一部关于农业生物多样性的书，该书有 3 册，共 675 页。该书以不发达经济体为目标，"力求收集、提炼、包装和简化有关保护和可持续利用农作物多样性的技术信息"。这个任务分为两个部分：首先是收集有关多样性的信息，然后是把信息提供给未来的使用者。设计一套最佳方案，让人们，比如那些处于贫困中的农民也有可能是文盲，能够运用这样一本书的知识，其价值非同小可。

波姆的论文分析了在欧洲的科学活动，他提出有关筹措资金、组织、宣传和推广这些活动的最佳方式的建议。最佳的实践指南就是以多年来欧洲制定和执行的科学传播活动的经验为基础，并且该指南对将来开启对新的探索很有帮助。这种收集集体活动组织者的经验的想法和专题研讨会的目的相一致。波姆也承认评价问题和找出一种方法来建立科学活动对于公众对科学的态度是很难的。

兰伯茨介绍了一种在公共交流艺术方面培训科学家的途径。他的研讨会涵盖各种技能——写作、展示和媒体合作——旨在以与各界科学家的实践合作为目的。他所管理的这个项目对于科学家的益处显而易见，人们可以得出这样的结论：这些技能应当是每位科学家的正式课程的一部分，而不是留给少数选修研究生课堂上的研讨内容。

吕·兰姆展现了一个充满活力、自我奉献的人是如何有所作为的。他与各种不同的观众谈论科学，并给有兴趣追随他的人提出了6条建议供其他有兴趣的人跟随他的脚步。他的精神值得赞赏，并且他个人对于传播事业的贡献也值得称道。他的论文里提到的问题，"这个模式是如何转换的?"这种活动会要求具有特殊人格魅力的科学家，还是任何科学家都可以去追随吕·兰姆的脚步呢?

杜克致力于这个领域的两头工作。她培训了一批科学传播者，要求他们去采访著名科学家，并以不同的方式出版这些成果。她的项目唤起了那些受访科学家的兴趣和使得他们改变态度去和公众合作了吗? 即使有这样的效果，她的论文中摘要的第一行文字重述了令人沮丧的熟悉案例，并把我们带回到研究者的现实世界中：

> 许多从事研究的科学家对于与公众交流科研兴趣不大，这是因为他们要保留其他人对他们工作的兴趣，所以，他们很不情愿面对媒体或由于太忙而没有时间来做这些"额外"的事情。

杨的论文表明，不是所有的宣传都是好宣传。对熊猫的媒体报道进行检审和分析之后，不难看出其中的一些宣传资料与事实不符。杨因而得出结论：为了保证公众得知的信息不偏不倚，就需要更多的科学家和科研机构参与其中。

罗兰的论文介绍了提高科学语境的具体步骤，那就是研究项目必须充分考虑到社会问题和多学科参与的方法。

阿尔瓦雷斯指出，尽管科学具有普遍性，但是科学仍然需要以地方性这个"视角"来看待。古巴在星期天的晚上举办了科普节目。该节目为了实现高质量的视觉效果，使用了国外的精密脚本，不过却是由古巴科学家提供的当地素材。

格鲁伯描述了一项奥地利的研究，该项目寻求公众参与评论和发展一种新型民主观。欧洲政府组织在稳定地扩大，当更多的文化融入一个社区时，要认真审视这一进程中的压力和紧张问题。

肖云的著作展示了中国虚拟科学博物馆并论及了它在提供基本信息方面所起的作用。这篇论文提出这个命题，就是当普通民众有足够的知识和自信去挑战科学的假设的时候，科学将更好地为社会服务。

看完上述一系列的想法和方法后，我们就会提出一个问题，那就是可持续性的问题。是否只有在杰出人物或尽责的团队的奉献和想象下，这些方法才能发挥它们的作用呢？是否只有出于自主机构或外部机构（诸如政府机构）良好的愿望或他们为这些想法提供特殊的资金援助后，这些项目才能实施呢？这些规划出现在一个项目的开始，而不是在事后或项目结尾时作为附加条件，那么，这些规划能被视为科学进程中的一个基本组成部分吗？

论文中呈现的这些活动常有双重目标。一方面他们旨在告知或使得公众加入到一个单一的项目中来，如有关熊猫、蓝鸟或物理等，但是与此同时，他们希望加深大众对科学的了解。这好像是一个失败的正规教育系统，有待于科学传播者去修复：有待于科学传播者向公众解释他们是如何设计和进行实验以及他们是如何公布他们所得的结果和为什么他们争论这些结果。

很明显，公众从科学界了解到的一些自相矛盾的观点是造成公众困惑的原因之一。如果科学是精准无误的，那么，为什么它不能提出简单的答案和完美的解决办法呢？为什么在科学界会有那么多的争论呢？由本作者在北京公众科技传播国际研讨会上所示的另一论文中描述了澳大利亚议会成员对科学表示恼怒的态度。

澳大利亚的科学家与议员的会谈

澳大利亚议院每年专门安排一天和科学家会面，称为"科学家与议员会谈日"（SmP），这是参照美国有个类似的"国会访问日"而设立的（尽管没有美国国会那样包罗万象）。议院组织了多种单独的会议，每次由两名科学家和一名议员面对面地会谈。在1999年该类早期会谈中，双方都很惊奇地发现彼此很享受这样的会谈：科学家发现议员对自己的工作十分感兴趣，而议员则很高兴（并感欣慰）得知许多科学家对环境、能源、交通、健康和农业问题都有可推荐的解决办法。

从某种意义上来讲，这些每年一度的会议是科学传播者所面临的所有问题的一个缩影，他们尽力让公众对研究机构的工作产生兴趣或使他们参与其中。

在澳大利亚议会，227名议员中只有大约5%的议员在科学方面具有大学学历。当议会在探讨诸如水、能源、温室、基因工程、废物处理或环境这些大问题时，他们科学知识的缺乏就成了一个问题，因为所有这些问题都具有很强的科学性。它们的解决办法和带来的新工业或工作机会都需要科学技术这个基础。

由于专业知识的缺乏迫使议会——当然不仅仅是澳大利亚的议会，还有很多国家都依赖官僚机构所提供的建议或依赖一些经过挑选出来的外围专家所提供的建议，因此，议员或受困于利益团体（像工业的游说团体和宗教或是环境保护组织）的压力，或者面对那些看似有理但其实缺乏科学的有效性的建议时，感到无能为力。

这是问题的一个方面。正如议员们对于科学知之甚少一样，科学家们对于议员的工作也并不欣赏。科学家对于政治进程缺乏一个清楚的认识。他们没有意识到一个议员所承受的压力（来自很多方面的压力）。他们也不在意时间限度，因为新法案将于今天表决，此时此刻就需要这类信息。无论科学家是否有时间完成实验、收集结果并通过在国际上的刊物出版来检验那些结果，政治进程势必发生，政治决策也要相应推出。

议员和科学之间的鸿沟适用于所有的研究领域并且这两者之间的不协调关系是普遍的。议员们常常感到恼火，他们认为那些受保护和拥有特权的大学和其他研究机构往往无力提供他们所急需的信息。在表面的承诺和实际交付能力之间也存在一条鸿沟：周刊的媒体以"癌症的突破"为题的报道并不都是由于科学家在夸大自己的工作，而是由于议员和公众都对科学作为这些突破报道的结果颇有微词。

在北京公众科技传播国际研讨会上的大量论文都描述了那些致力于提高公众理解科学进程的方案。让公众更好地理解科学的可能性和局限性以及科学所采取的方法将会使全世界的公众对科学有一个更为理性的观念。菲利普斯等人对此列举了诸多理由：

> 在过去的50多年中，科学素养的定义一直在发展变化，它反映出在社会里科学的主要形象和所发生的革命性变化（Hurd，1998）。就这篇论文而言，我们所指的是由莱德曼（1998）所定义的科学素养（有时候也指公民科学素养），即"运用科学知识作明智的个人和社会的决定的能力"。根据这个定义，社会投资到具有科学素养的人群就可以产生出批判性的思想家和具有创造性思维的人才，这将使整个社会受益。要强调的是，科学素养与科学知识是截然不同的，科学知识重在技术

和科学上的事实。

澳大利亚尽力在缩小科学家和议员之间的隔阂，他们通过创造一种新的对话渠道——科学家与议员通过会谈来增进彼此间的了解。大约有 200 名科学家飞往澳大利亚的首都堪培拉参与这些会谈，而与会的这些科学家要么是由他们所在的大学和研究机构提名的，要么是毛遂自荐的。

科学家与议员会谈日活动靠自筹资金（由参与者的登记费和赞助费支付），活动进行一天半。第一天是发布日，专门介绍策略、战略和议题。发言人包括资深议员和官员、记者以及能参与团体的游说者。这一天要实现的目标就是讨论观点，并为与会科学家们提出建议，让他们用最佳途径面见议员们。提醒他们：当人们在面对议员时通常会犯哪些错误？科学家应当怎样为会见做准备？

小组讨论是发布日的部分工作。来自主要政党的共有三名议员分在一个小组里，一名记者主持这个会议。记者会向他们提问，问题是关于各自政党对待所提科学技术议题的不同解决途径以及各政党的同仁们最关注的问题。发布日的目的是要鼓励科学家换位思考：议员们想知道什么？他们理解多少科学？他们对此问题解决所给的时间还有多少？为使他们更有效地解决问题，他们需要从科学家这里得到什么？

另一个小组由议会办公室的工作人员组成。这些工作人员通常会在会议上为各自服务的议员做相关笔录。在科学家与议员会谈日期间，他们给与会者建议如何做好准备工作。他们应该带上什么东西？会议将持续多长时间？怎样才是开启对话的最佳方式？议员想从会上获取哪些信息？

高层官员也出席发布日的会议，解释各自给政府的建议以及贯彻政府决策的作用。科学界怎样做才能对这个咨询过程起作用？

组织者培训参与者要用一个普通的听众（议员）能够听得懂的语言来简明扼要地介绍他们的工作。志愿者们站在房间的前面，在 60 秒钟之内，解释他们的职责，并说明此项工作重要的原因。时间一到，无论他们是否解释完毕，他们都得坐下听别人的讲解。然后由议员的办公室成员、记者和职业说客组成的专家组对每位发言者作出评价并给出如何处理与议员的会议的一般建议。

培训被认为是这个进程中的重要部分，不同的作者在北京公众科技传播国际研讨会上的论文都把培训放在重要的位置。他们主张科学家需要在与公众交流、处理媒体、写作、海报设计甚至划定研究问题的范围等方面进行培训。这就引发一个问题，在本科生和研究生学位所给定的科学内容。这些学位应当包括训练传播技巧和途径吗？他们应当从一开始就纳入这个范畴——那就是传播是一种职责并且也是每一位科学家工作的一部分吗？

这种职责应当由出资方通过强制所有资金获得者都纳入传播计划和在他们的研究提案中的传播预算来加强吗？它应当由研究机构通过适当的表彰和奖励那些让公众了解自己工作的科学家来加强吗？

欧阳静在文章中提出了正规教育的质量问题。她描述了中国科学院老科学家科普宣讲团（CAS—ASPIRE）在中国学校教育体系欠发达的西部作巡回报告的案例。在 8 年中，25 名退休的科学家作了 2200 场讲座。欧阳静解释了他们的做法：

> 在中国，学校的科学教育常常把记忆信息放在重要的位置，而没能够让学生体味到科学所带来的乐趣。因此，中国科学院老科学家科普宣讲团就是要让孩子们有科学精神并让他们对这个领域充满热情……

与传统的重视科学事实的科学传播不同的是，中国科学院老科学家科普宣讲团重在传播科学精神和科学方法，并且他们也向学生介绍自己的研究工作，举例说明他们追求科学创新的工作的艰苦以及他们在科研工作中所具有的不屈不挠的精神。这是为了引导学生能够建立起健康、积极的人生观。他们并不过分强调科学的系统性和理论性，或者以填鸭式把这种观念灌输给孩子们，而是尽量吸引孩子们的兴趣。许多学生第一次发现他们在科学方面的兴趣。

科学家与议员会谈日的第二天是专门为多组两名科学家对单个议员的会议时间。这些会议通常持续 20～40 分钟，尽管有些会议超出了两个小时。这些会议是在议员的办公室召开的，通常有 4 个人出席：议员本人、他们部门的一名职员和两名科学家。

他们讨论什么样的问题？这个会谈包括三大部分：第一部分是由议员所提出的。当会见科学家的邀请送给议员后，组织者会列出一个包括大约 15 个可能问题的表——像一个菜单，向议员询问他们想要讨论的问题。下面是一个典型的自然科学问题的清单并附有议员对每个议题提名的数量：

37	水质和盐度
26	未来能源
26	教育和培训——学校、大学和产业

24	商品化、创新和产业研究
23	气候、气候变化和温室
19	宽带接入农村地区
19	农业和农业综合企业
18	健康和医疗问题
18	环境和生物多样性
17	可持续性和三重底线
16	国防科学与生物安全
15	干细胞和组织工程
14	新兴技术：纳米技术、光子学和生物信息学
14	医疗和农业生物技术：利益与风险
10	核能以及储存和放射性废物处置
10	采矿和资源产业及勘探
10	人才外流、招聘
10	海洋
9	野生动物、有害杂草和检疫

当科学家登记参与科学家与议员会谈日这项活动时，他们也要从这个列表中提出他们所擅长的议题并愿意与议员探讨。一个早些时候的列表还包括科研的资金问题。这个议题在科学家中很受欢迎，但是几乎没有议员提到这个议题。这个议题就在后来的会议中被搁置。如果科学家是成功的传播者，他们就有必要使另一方对这些问题感兴趣（在这个事件中，就是议员）而不是问题使他们感兴趣。

对话的第二个议题就是科学家出席会议的研究兴趣和第三个有主办者准备的会议议程。这个议程注重一个大的问题，例如国家对科研的投资水平。

出人意料的是，科学家与议员会谈日这项活动在议员中很受欢迎。他们可以不参加——仅是他们繁忙日程中的一项可选活动——但是全体议员的60%，包括一些内阁成员通常会同意出席这种会谈。

这个事件取得成功的一个原因就是：参与的科学家不得不从他们熟悉的领域转移到议员这个领域做准备。这是关键的一步：很多科学传播活动是在科学家很自如的领域进行的，这些讨论使用科学术语，并且观众得自己去理解所有进步。于是他们当中有很多对这种讨论转换——他们吸引那些已经对科学感兴趣并已经适应他的观众。这就降低了科学传播活动的价值。

拓展新的受众

如果科学家要实现目标，他们就需要接触到不同的受众，一个目前对科学不是很感兴趣的受众。菲利普斯等人在他们的论文中阐释了这个问题。他们描述了一个跟踪和记录鸟类活动项目中的来自全美的 5000 名个人的所作所为：

> 来自不同年龄和背景的人都欢迎参与到这个鸟巢网络项目，但是大多数的参与者显示出还是一个单一的团体——即白种族裔、受过良好教育的中年人群。这个人群分布情形与那些经常参观科学博物馆和参与到其他非正式科学教育活动中的人群一致。

几乎所有科学传播活动都是由科学界发起的，是由科学家或由他们中负责传播的同事所发起的。唯一例外的是在穆尔德和德博克的论文中所描述的科学服务部。在这个服务部里，是由公众而非专家来设置议程——公众提出问题，设定他们所关心的范围，并且请科学家把他们的关注内容转换成科研任务，用科学术语进行探讨。

正如穆尔德和德博克所指出的那样：

> 在荷兰形成的科学服务部的最初动机是存在于科学与社会间的巨大鸿沟。大学曾是个象牙塔，是理论、单一学科知识盛行的地方。它与社会中的日常问题没有直接联系，而社会则是技术发展的一些副作用逐渐显现的地方。

科学家好像已经忘记他们的专业已经超出普通民众所能触及的范围。这个鸿沟是科学界与公众间的另一个障碍，一个排除普通民众有任何话语权去帮助设置研究议程的障碍。当然这在一定程度上解释了为什么当公众对限制科学实验有话语权时（例如，限制转基因作物），他们对此出现负面反应，这似乎是公众想要惩罚那些超前于所有人的科学界。

有些科学家致力于向公众传播科学，他们对这样的结果感到惊喜。第一个惊喜是这些科学家欣赏向公众传播科学。他们享受和公众谈论自己的工作，并且他们也享受媒体报道所带来的公众形象。一些科学家愿意并且能够在媒体上评论任何问题，即使这个问题与他的研究领域相去甚远。他们很擅长于此道并为科学提供有价值的服务（即使有些同事将会抱怨他们贬低了科学）。

其他人很惊喜地发现，这种相互作用是很有益的。希利尔的论文描述了科学家回应英国协会展望规划的方式，这有助于科学家设计出更好的海报，训练科学家能乐于和路人讨论海报中所涉及的想法和规划。他引用了两位参与者的话：

> 和公众对话是很好的体验，并使你用完全不同的角度来看待自己的研究工作。他们所询问的是你以前通常不会考虑到的问题，诸如，你为什么开展这项研究？开展它有何目的？

> 我从公众那里学到了很多东西，主要是关于他们如何从媒体那里获取了什么以及科学家出现在报纸上的状况。我也发现它帮助我从完全不同的角度来审视我的研究题目……我理解公众。

（这些谦和坦率的话语凸显了科学家需要的培训。也许这个引用有点断章取义，难道科学家从来没有考虑过他或她为什么开展那项研究？或者真的没考虑开展这项研究的目的吗？）

在罗兰的论文中，她描述了一个讨论研究目的和研究项目的培训过程。她的论文提出让研究者考虑公众的需要来规范他们所提出的研究项目：

> 科学家为了把公众理解科学的线性模式转移到平等模式来就需要新的技能，并必须提升自我反思的能力。在平等模式中他们可以分享非专家型的社会与科学方面的问题。探讨研究工作的制定是提高科学家传播技能、鼓励他们反思实践和使科学家成为科学传播进程中的中间人的一种方式。

罗兰所提议的项目运用语言学和认知理论来提升科学家对大众阐释他们所研究问题的能力。

在澳大利亚，梅特卡夫为科学家们进行的长达12年的媒体技能研讨会也表明科学家在误读公众。她发现，科学家对于媒体所强调的问题感到吃惊。那3名作客座讲座的媒体记者在她为期一天的研讨会上老是问科学家这样的问题：你为什么开展这项研究？它将对普通民众的生活有何影响？科学家们常对没人详细询问他们是如何取得这项发现而感到失望，也没人关注他们用了哪些聪明的科学；相反，他们得反复解释这项工作会怎样改变普通人的生活。

当科学家走出他们的学术圈，与公众探讨自己的工作时，他们该怎样才能获得经验呢？他们从参与传播中获得价值了吗？或者这正好证实了他们此前的疑虑：传播科学耽误了宝贵的研究时间，这项工作应当停止，改由其他人去做。

澳大利亚的科学家与议员会谈日（"国会山上的人性、艺术和社会科学"等类似）活动，那些与跟议会里的议员会面的科学家很高兴自己能够出席该会议。到目前为止，8 年多来的参与者对此项活动的反馈都是积极的。组织者请他们完成一个评价表，他们对此项活动的打分如以 18 为满分的话，他们常打到 8.2 分。下面是一个他们做的评价样表：

- 组织得很好，效果明显。
- 我毫不怀疑过去的会议已帮助科学提上政治的议事日程。
- 作为年轻的科学家是一次很有价值的体验。

科学家角色的转换

希利尔在文章中称 2/3 的科学家认为，英国的"视角项目"将更有可能使得他们参与到将来的公众活动中去。希利尔强调培训所起到的重要作用就是使科学家克服他们心中的不情愿而参与到这些活动中来：

> "视角"活动证明：鼓励科学家走出他们的实验室，与公众成员进行有意义的探讨是可行的。参与该活动使得年轻的科学家能在多学科的环境中，甚或在更为广阔的社会整体范围内来探索和探讨他们的研究。我们给予科学家这样的机会越多，那么，他们从中得到的回报就会越多，而且他们就更有可能自己选择参与这样的活动。如若作为科学传播者的我们打算讨论未来高端科学的应用和发展方向，并使公众更早地参与到讨论中来，现在就很有必要使年轻的科学家拥有参与公众讨论的技能并能主动去发起相应的研讨。

欧阳静认为，这 25 名退休科学家在中国作讲座的努力为其他科学家提供了一个参考模式：

> 很长时间以来，一些科学家并没有承担起科学普及的责任，几乎没有注意到这个问题。现在老一辈科学家正变得为人们所知，并为其他科学家树立了一个好榜样。不久的将来，将会有越来越多的科学家会让科学普及成为他们自己的责任并会为这项伟大的事业付出更多的努力。

菲利普斯等人说鸟巢网络项目使经营该项目的研究者和参与其中的"平民科学家"双方都受益：

……科学传播的网络模型的一个重要要求就是公众可以直接推动科学发现——大众传播不是简单地从科学家到公众的普及。鸟巢网络项目，正和其他大众科学工程一起展示这个模式在某些情况下直接运行，在其他情形下间接运行。迄今为止，鸟巢网络项目的志愿者已经收集了来自整个北美的40个筑巢鸟的5万多个筑巢记录。这些数据已经产生了8篇科学论文并发表在相关期刊上。根据这些大众科学收集的数据所产生的发现正帮助科学家推动了鸟类生活史理论并增加了一般人对鸟类知识的了解。在将来，公民所收集的数据将会使科学家（康奈尔鸟类实验室）发展管理守则，以吸引那些鸟和保持它们的筑巢习性的理论。

这些受益对于增加普通公众的科学知识和环境意识有着重要的意义，同时，它也为科学家提供了极有价值的数据。此外，大众科学模型也可运用到其他生物上并被研究者用于大范围监测环境变化，在某种程度上来说，其他方法是不可行的。

穆尔德和德博克指出作为一个整体的受益情况：

科学服务部结合了大学的三大任务：教育、研究和传播。他们对于科学研究（发现有意义的研究题目，提升公众的科学意识）、教育（在传播和实践方面提供有价值的技能、提升学生的社会意识、课程改革）和对民间（媒体关注、政策影响、授权民间团体更好地塑造他们自己的生活环境）都有影响。

然而，尽管优势众多，但并非所有的大学都承认这一观点。科学服务部需要资源和社区扩展的承诺。"如果研究所专注于大型基础项目研究，就有个问题只能为科学服务部项目分配单独的外来资金资源来解决"。尽管科学服务部收罗了很多的概念，但是国家和这个模型运转良好并提供了很有用的服务。很明显，这可以被看作是研究机构的一个低优先级的活动。但它也威胁到科学家生活的优先选项：科学家需要写出相应的论文发表。

所以，科学家发现传播活动中的价值。为什么他们参与这些活动率相对如此低下呢？

对科学家有很多要求。人们期待科学家去开展研究，去管理，去寻求资助者伙伴，并协助开发科学工作中潜在的商业价值。在研究过程中，一直会用各种阶段性的目标（里程碑）来衡量和评估研究工作。科学家不仅要从事竞争激烈的工作，而且还要承受无情的压力：取得科研成果。

传播活动使研究者们获得一些支持，但是在面对竞争压力的很多科学家面前没有多大作用。科学家是富有逻辑的人：他们从事的是能够带来高回报的活动（无论这些回报是资金、升迁、承认还是自我满足）。领导一个和公众探讨科学的讨论活动并不能产生这些回报，所以，对于他们而言这是低级选择。

基于科学家参与公众讨论的程度来提高研究者职位，为什么大学和研究机构不表彰这种传播活动呢？是因为这些受益是无形的、太过于分散还是仅仅因为难以证实呢？假如所有的传播活动都有着严格的评价过程，这个过程制定出具体的活动目标，并记录它所带来的变化，那么，这种观念是否会改变呢？

接近评价任务

评价是一个经常提到的问题。在北京公众科技传播国际研讨会上的许多论文都附有一些评价表，但是这些评价表给人的印象并不公正、系统或缜密，通常依赖于参与者所做的反馈表或以传闻证据为依据而作出的评价。对于一个致力于改变公众科学观念的项目来说，排除其他影响观点的因素对项目的作用并且测量这些变化是有难度的。

鸟巢网络项目做了一个更为系统化的评价路径：

> 鸟巢网络项目的评价是一个定性和定量方法的混合体。1997 年，参与者收到一份前测调查……研究者用一个现有的工具修改后的版本——对有组织的科学量表的态度（ATOSS）——为了把收集到的数据与国家标准相比较。（那些对）有组织的科学量表的态度调查运用迪尔曼方法来设计和运算前测和后测调查表。

但是，菲利普斯等人看到了在鸟巢网络项目进程中的一个弱点：

> 然而，鉴于这些项目的复杂性和测量的固定误差，为了量化的有效性，为了取得更为全面的解释，一种运用新的测量工具的混合方法的采用和在科学家与参与者之间的深度访谈就很有必要。

评价问题在科学传播中将会继续存在。要表明传播活动的效果又缺乏强有力的证据。他们达到自己的目的了吗？他们所做的有益吗？也许倡导科学传播活动的最好办法就是制定和执行一个严格的评价过程。

参 考 文 献

Dillman DA(1978). *Mail and Telephone surveys*:*The Total Design Method.* Wiley & Sons,New York.

作者简介

托斯·加斯科因 (Toss GASCOIGNE), Council for the Humanities, Arts and Social Sciences (CHASS), PO Box 8157, Australia National University, ACT2601, Australia

director@ chass. org. au

www. chass. org. au

托斯·加斯科因，澳大利亚人文、艺术和社会科学会执行董事，这个团体是在人文、艺术和社会科学学术方面的国家级宣传团队。

早些时候，托斯·加斯科因在一个叫做FASTS的科学机构里谋得过类似的职位。在这两个角色里，他都从事国家和地方政府有关科学政策方面的问题研究。这包括创造和组织科学家与议员会谈日这项活动，这项活动促使200名科学家与澳大利亚的议员面对面地一起探讨科学在议员中的传播问题。

12年来，他为澳大利亚、新西兰、南非和菲律宾的科学家主持了有关媒体和沟通技能的研讨会。

他是公众科技传播科学委员会的成员之一，在国际上发表过有关科学传播问题的文章并作了许多演讲。

"视角"：鼓励科学家在社会语境中传播科学

尼古拉斯·希利尔

概要

英国几乎没有任何计划来积极鼓励科学家同公众一起探究他们研究工作中的社会和伦理问题，即使他们做了这方面的工作，也鲜有什么回报。自然而然的，很多年轻的科学家在同公众讨论这方面的工作时常感束手无策，缺少准备，而且也羞于谈论这类问题的前景如何。

英国科学促进会（British Association for the Advancement of Science，BA）对此困境作出回应，制定了一个名为"视角"的活动方案，这项计划将使科学家有机会去告知大众他们在从事什么工作，他们为什么要为此工作以及他们是如何设想这项工作将去影响社会的。"视角"采用了传统的海报广告会话格式，这样的形式对于大多数科学家来说是熟悉和可行的。邀请年轻的科学家去探索表述他们研究工作的社会层面而不是技术细节，并举办活动鼓励他们这样去做。

这样，"视角"活动的目的是对未来科学家的思考方式和传播科学的方式产生影响。科学家珍惜和公众更为广泛地探讨他们所开展研究的机会。在受训之后，他们更有信心去做这些事情。更为重要的是，参与这项活动提高了科学家参与到未来公众活动中的可能性。

支持科学家去交流

英国的科学传播者鼓励以更为"溯源"（upstream）的方式进行科学传播（Wilsdon and Willis，2004，Wilsdon et al.，2005）。当研究已到了成果可初步应用阶段或它的研究结果模棱两可时，科学家们很难就此去同公众进行讨论。然而，关于转基因食品和核燃料的对话使我们明白：在启动研究工作的早期阶段，公众应该有知情权以此对决策产生应有的影响（Jackson et al.，2005）。

为什么要开展"视角"项目?

- 要求科学家同大众探讨他们研究工作中的社会影响的呼声日益高涨。
- 科学家和公众交流时常感到不自在,准备不充分,说明材料不好。
- 科学家常把传播看作是"严肃研究"的额外负担,并且科学家少有因传播科学得到过应有的回报。

很少给科学家机会去和公众交流和探讨因他们的研究而涉及的伦理和社会问题。开展"视角"活动,就是鼓励年轻的科学家在他们职业生涯的早期就能够用他们所熟悉的方式(传统的海报广告会话格式),去向大众表达他们的远见、一些假定和他们目前还不确知的科学概念,借此希望他们的沟通技艺更加娴熟,以便能够在将来与公众进行更有意义的讨论。

通过鼓励年轻的科学家去探究他们研究工作的社会层面的问题,并因此而得到相应的回报,"视角"活动致力于影响未来的科学家将如何考虑他们的研究工作并完成好与公众的沟通任务。

科学家使用视觉手段和口头方式进行交流

2004 年,英国科学促进会收到医学研究协会及工程和物理科学研究委员会赞助的资金,用来支持在英国科学联合会主办的科学节上开展好"视角"活动。科学节在埃克塞特大学举办,来自全英国的 21 名科学家被选出来设计和展出他们的科学海报。选择标准主要看能力以及他们在多大程度上公开讨论自己研究工作中所涉及的社会内容。

在海报展出之前,英国科学促进会为这些获胜参展的科学家举办研讨会,帮助他们设计海报的内容和整体布局。在研讨会上,向科学家们介绍了以"社会中的科学"为主题的一些情况,包括公众以不同方式参与科学技术活动的历史。

海报设计和营销人员的专业机构鼓励这些即将参加展出的海报设计者们多多探索视觉效果,也在设计和布局方面给予了专业的建议。这就给科学家们一个向科学领域以外的专业人士学习的机会,并让他们多从公众的角度去看待他们设计的海报。

研讨会上也通过各种各样的角色扮演练习,举办方为这些科学家们介绍了与公众交流方面的实践经验和方法指导。对于许多科学家而言,这是他们首次有这样的机会可以在自身领域以外谈论起自己的研究工作。正如其中的一个参与者所说的那样，他们发现这是很有价值的体验。

> 向公众谈论自己的工作是很好的体验，并让你从一个完全不同的
> "视角"来审视自己的研究工作。公众所提出的问题是一些你以前通常
> 不加以考虑的。例如，你为什么开展这项研究？开展这项研究的目的
> 是什么？

制作出的海报在科学节上展出4天，其间还有两项交流活动，包括科学家们站在各自的海报旁和来访者讨论他们的研究工作。一个由杰出的科学家和科学传播者组成的小组来评判这两个交流活动，选出一名整体表现良好的冠军和5名亚军，并颁发现金奖励。一等奖的获得者将有机会在科学节上开一个新闻发布会，其他的参展者应邀出席一次发布会，并发给免费通行证，可以参加科学节上的所有活动。

在为期一周的科学节上，参观者通过填写提名表格来参与"公众的选择奖"（或最佳人气奖）的投票活动。这会鼓励参展科学家与公众做好交流活动。

给到访的青少年专门安排了两个时间段。在此期间，学生们有机会去询问参加"视角"活动的科学家关于研究工作的社会因素问题。那些有志于将来从事科学职业的青少年把年轻的科学家看成是他们学习的模范。

活动主办单位会专门写好信件送给所有参展者的管理层，尤其是写给他们单位的新闻官，讲述他们在"视角"活动中的表现，鼓励他们和其他同事分享自己的经验，并有助于当地媒体报道他们的事迹。

培养科学家参与交流的自信

对于很多科学家而言，在"视角"活动中展出海报使他们首次有机会和公众探讨自己的研究工作。采用传统的海报广告会话格式（对于大多数科学家而言是既舒服又熟悉的一种形式），这个方案为年轻的科学家提供了工具和机会与公众进行有意义的互动。在参与活动之后，科学家也赢得了自信去谈论他们的研究工作，并热衷于继续参加此类活动：

> 我从公众那里学到了很多东西，主要是得知了他们从媒体那里获
> 取了什么以及科学家们又从中了解了什么。我发现它帮助我从完全不
> 同的角度来审视我的研究题目……我有时低估了公众。

这项活动也向科学家介绍了"社会中的科学"这方面的主题，并让他们尝

试在不同的背景下来看待自己的研究工作。很多科学家与公众成员进行了真诚的对话，并能够把人们的评价带回到实验室里去。参加活动的科学家了解到该如何规划他们的研究，才能使公众更易于理解他们的研究，才能保证他们的研究与公众密切相关。

"视角"活动同时也给参会科学家以机会与来自其他领域的科学家互动。对于很多科学家来说，这个活动使他们带着兴趣和兴奋重新审视他们所研究的领域，由此对其他的一般科学也产生了兴趣。通过参与"视角"活动，科学家会去反思自己为什么开展这项研究、是什么促使自己去做这些以及自己想从这份职业中获得什么成就等诸多问题。以那样一种方式和公众交流意味着他们很多的想法会受到公众的挑战，这也促使科学界去思索他们的研究工作，究竟会给公众带来怎样的影响以及他们该如何回应和把来自社会的那些想法融入他们的研究中去。

尽管这个活动以海报的一次性展示为基础，但从对 2004 年参与者们的评价来看，还是想知道他们是否会参与到将来的公众活动中去。60% 以上的人说他们很有可能会去参与。当被进一步问及此项活动的影响时，那些说这次体验对他们没有任何影响的人都表示，他们在此方案之前已经对参与公众交流感兴趣了。一年以后的后续评价表明自从参与该活动之后，许多科学家去当地学校组织开展了多项以科学为主题的活动，去作讲座，参与辩论并继续在其他海报会谈上探讨相关主题。"视角"活动的参与者有没有参与未来活动的可能性在图4.1 中呈现。

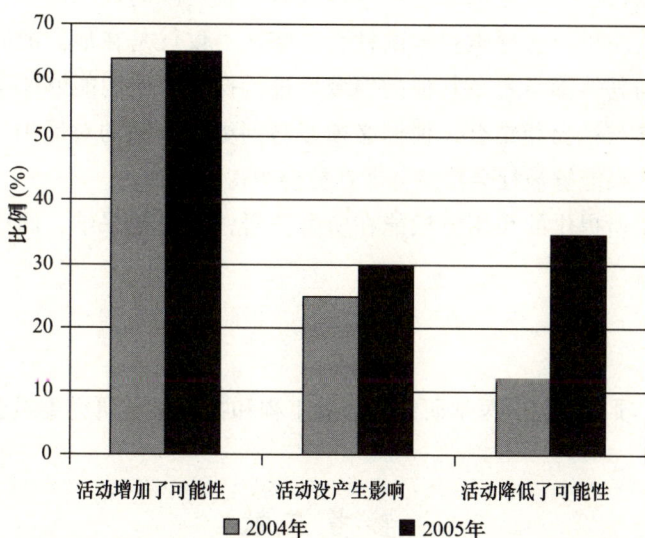

图 4.1 "视角"活动参与者参与未来活动的可能性

　　在"视角"活动的促进下，我会按照以前从未有过的方式去思考，而这种方式不是纯科学的，而是与社会联系更加密切了。"视角"活动激励我去思考更多。

"视角"参与者

　　"视角"活动证明：鼓励科学家走出他们的实验室，与公众进行有意义的探讨是可行的。参与该计划使得年轻的科学家能在多学科的环境中，甚或在更为广阔的社会整体范围内来探索和探讨他们的研究。我们给予科学家这样的机会越多，他们从中得到的回报就会越多，而且他们就更有可能选择参与这样的活动。如若作为科学传播者的我们打算讨论未来高端科学的应用和发展方向，并使公众更早地参与到讨论中来，现在就很有必要培养年轻的科学家拥有参与公众讨论的技能，并能主动去开展相应的研讨。

"视角"活动的效果

- 鼓励科学家在更广阔的社会背景下去思考他们的研究工作。
- 促进科研交流并对从事此事的科学家进行奖励。
- 促进科学家与公众的互动，促进科学家与自身领域以外的科学家之间的互动。

　　成功举办"视角"活动的关键因素包括以下两个方面：一是给科学家提供与公众互动的机会，二是训练他们这样去做。就实际的训练而言，这个方案给了科学家重要的机会去探索科学的社会影响，不仅仅是在他们的研究领域里探讨，还通过与其他参与者在其他的领域里进行探讨。他们能够体会到为了使他们的研究工作与社会相结合，他们必须参与到更大范围的对话中，以确保他们研究工作的成果能够被社会接纳并能在社会中得到应用。

　　这个方案所提供的实用方法能在所有科研领域里被采纳，同样也适用于其他文化和语言。

致谢

　　"视角"项目在英国医学研究学会及工程和物理科学研究委员会的大力支持下得以实施。

参 考 文 献

Jackson R, Barbagallo F and Haste H(2005). Strengths of Public dialogue on science-related issues.

Critical Review of International Social and Political Philosophy 8(3):P349－358.

Wilsdon J and Willis R(2004). *See-through Science:Why Public Engagement Needs to Move Upstream.*
DEMOS,London.

Wilsdon J,Wynne B and Stilgoe J(2005). *The Public Value of Science.* DEMOS,London.

作者简介

尼古拉斯·希利尔（Nicholas HILLIER），British Association for the Advancement of Science，Wellcome Wolfson Building，165 Queen's Gate，London，SW7 5HE

nick. hillier@ the-ba. net

www. the-ba. net

尼古拉斯·希利尔，英国科学促进会"社会中的科学"项目管理人。他领导了团队负责提供并设置英国科学促进会该项目的战略制定，并成功地组织了一系列针对科学家、科学传播者和公众的活动。这些活动包括培训科学家对大众的交流技能和为科学传播者而开设的研讨会等。同时，他也从事一些策略的开发项目，包括监测目前事态的发展、审视未来的议题、策划与其他组织的合作等。

尼古拉斯·希利尔代表英国科学促进会与英国多个策略委员会进行业务联系。

他在过去的一年中致力于把黑人和少数民族列入科学传播的受众范围内。

媒体技能研讨会：打破科学家和记者之间的壁垒

珍妮·梅特卡夫　托斯·加斯科因

概要

科学家与记者之间存在着文化和行业方面的壁垒。这些壁垒阻碍了科学通过媒体得到有效的传播。

克服这一困难的一个方法是对科学家进行媒体技能的培训。本文介绍了一种在澳大利亚进行了 12 年之久的行之有效的培训方法，并且该方法在包括南非、新西兰和菲律宾等其他国家都得到成功的应用。

我们要论证的是这些研讨会是如何打破在科学家和记者之间的壁垒，并能确保科学通过媒体传播到普通大众产生好的效果。

科学家与记者之间存有藩篱

大多数从事科学传播的工作者都意识到在科学界和媒体业之间存有文化上的隔阂。科学家对记者持有固有的成见，反之，记者眼中的科学家也有固定的模型。这些相互的看法也反映在普通大众中。

科学界和传媒界似乎都意识到对于各自的形象存在着各种各样的偏见。例如，科学家在参加专题研究组讨论时感到公众把他们看作是"一群穿着白大褂的无趣之人，生活在自己的想象世界里，行为可疑，动机不纯"（Gascoigne and Metcalfe, 1997）。

在澳大利亚一份对记者的调查表（2005 年 5 月）中，他们（参与调查的记者绝大部分是科学记者）也承认在科学家与记者之间的确存在壁垒。这次网上调查由总部位于布里斯班的科学与环境传播服务社所做，它给澳大利亚大约 1200 个媒体分支机构发去调查表，我们中的一人还是这家公司的董事。对此调查表有反馈的 114 位记者中的大部分是科学记者（91 位，差不多占 80%）。

绝大部分（81%）记者表示，他们经常或偶尔和科学家联系。在这些人当中，90% 的记者说他们得到高品质的信息（经常或偶尔）。

调查中的很多问题都是询问记者对于科学家的印象，大部分记者回答说，科学家（一贯或偶尔）对他们的工作非常热心（113）、值得信赖（111）、对媒体很有帮助（102）。

然而，也有相当数量的记者说，至少有时候科学家是这样表现的：

- 如果不使用行话，科学家是不太能够清楚地解释他们的研究工作的（99）；
- 科学家更多地关注同行对他们的看法而不是公众对他们的看法（90）；
- 远离普通大众所关注的问题（77）；
- 不理解媒体是如何运作的（71）；
- 他们更多地关注资金的投入而不是有所作为（67）；
- 很可能会炒作或夸大他们的研究工作（50）。

科学家普遍对媒体都怀有一种恐惧或怀疑的心理，尤其是那些几乎没有和媒体打过交道的科学家更是如此。那些缺乏和媒体打交道的科学家"基本上不信任媒体，而且对媒体帮助他们传播科学的能力也表示怀疑。他们特别害怕失实、不准确和失去控制的报道，他们认为媒体是具有功利的和被人操纵的"（Gascoigne and Metcalfe，1997）。

媒体技能培训有助于克服存在于科学家与记者之间的壁垒。在过去的12年多的时间里，我们已经举办过多场为期两天的媒体技能研讨会，这些研讨会特别为澳大利亚的科学家而举办。这种研讨会也在南非、新西兰和菲律宾等国举办过。对这些研讨会的初步评估发现，大多数经过媒体技能培训的人认为，科学家在媒体上露面的话可以更好地控制自己，这对彼此间的交流很有益，而且他们现在感觉和媒体打交道要自在多了（Gascoigne and Metcalfe，1997）。

这种有3~5名从业记者参与的研讨会是我们研讨会的基本特点。我们在下面会讲述10次研讨会的参与者是如何评估研讨会的价值以及他们通过参加研讨会后对记者态度的转变。

我们也对参与研讨会有助于改变记者对科学家的看法提出了一些初步意见。

媒体技能研讨会

这些研讨会的形式在过去的12年中一直在改进，每次研讨会都根据参与者和记者的特点而有所不同。这些研讨会的主要特点如下：

- 为期一两天（在过去的5年中，对于为期一天的研讨会的需求在增加，这意味着科学家对时间的看重）；
- 一次最多接受10位参训者；

- 非常实用；
- 提供两名演示主持人确保个别辅导需要；
- 有3位（为期一天的研讨会）到5位（为期两天的研讨会）来自电视台、电台和出版界的记者参加；
- 每位记者都会对所有参与者进行采访。

这些研讨会不是为社会的其他组织而举办的，而只专门针对科学家和技术人员特别设计。给研讨会参与者提供了一套材料，不过仅作为参考文件而不是固定的培训素材（Gascoigne and Metcalfe, 2005）。

在每次研讨会开始的时候，要求参与者从所提供的一个列表中列出他们最希望从研讨会中获得的三项成果是什么。在每次研讨会上最受欢迎的回答是"在不降低科学信息质量的情况下，使信息能够符合媒体的需要"。最不受欢迎的应答通常是"理解记者工作所承受的压力和种种限制"。

每位参与研讨会的记者都提供一份非正式的报告，讲解他们自己的媒体是如何运作的，并说明他们的媒体需要什么样的科学故事。在整个小组面前，由记者来采访，然后由每位参与者和记者做单独的采访。由记者和研讨会的出席者作出关于采访和报道价值的反馈。

1. 评价

在每次研讨会结束的时候，参与者都要完成一个评价单。主持人使用这些评价将继续修改研讨会以便它们能更好地符合与会者的需要。尽管有一些参与者不情愿花上一两天时间离开他们的研究工作来参加研讨会，但评价结果还是很值得肯定的，通常平均分在6~7分。

大多数研讨会的参与者都提到与记者之间的互动是研讨会的亮点：

- "我喜欢与在职的记者接触。"
- "它消除了我们对于记者的偏见并展示了我们所处的领域，我们也可能出错也能够得到提高。"
- "我对组织者把在职记者弄到研讨会上的能力印象深刻，那些记者为我提供他们的观念和专业知识做了很好的展示。"
- "我喜欢和记者公开讨论、采访以及反馈等活动。"
- "我喜欢有这样的机会能够深入了解媒体是如何考虑和运作的。"
- "经历不同媒体的采访机会真的很棒——记者团是个优秀的团队。"
- "重点是能和在职记者交谈并把他们看作是普通人而不必担心害怕。"
- "我喜欢这种现实的面对面的经历和具有相关经验的业内人士来进行真实

的访谈。"

- "来自在职记者的现实经验、信息和反馈真的很值。它将使我们能够在未来满足媒体的需要。"
- "深入了解记者、了解他们的工作、了解他们所承受的压力、了解什么会成为他们的报道以及怎样才能做得更好等的确很有趣。"

2. 科学家眼中的记者

1998 年的前 8 个月里，参加澳大利亚和新西兰媒体技能研讨会的人都被要求在会前和会后评价他们对记者的看法。后来的研讨会也使用了同样的方式，结果都极为相似。

这个评价是以一套所提供的积极评价和消极评价为基础的，是由"完全同意和完全反对"构成的一个 7 分制的评价表。

通过为期两天的研讨会的 10 次评估可以发现参与者是如何通过研讨会改变了对记者的看法。在研讨会之后，参与者更可能认为记者对他们工作是有益的、深入了解的、关注的、可以信赖的、准确的、可靠的、感兴趣的和勤劳的。

与会者仍然认为记者对科学研究的报道是肤浅的（superficial，7 分中平均得 4.2 分），带有轻视倾向的（trivialize，平均 4.1 分）或以耸人听闻方式的炒作（sensationalize，平均 4.7 分）。然而，参会完后，他们对这 3 个词语都作出了积极的转变，并不再像以前那样认为记者对科学的报道是无原则的或歪曲了的。

3. 记者眼中的科学家

媒体技能研讨会也可以叫做记者的科学技能研讨会，对于很多与会的记者而言，这是他们第一次与科学家接触。其中很多记者对于在研讨会上展现在他们面前的故事兴奋不已，并且很少有研讨会不去占据媒体版面的。

一份调查表发放给了参加 1998 年研讨会的 45 名记者。有 10 名给了反馈，这些记者都对媒体技能培训的益处给出了热情的肯定：

- "我认为研讨会在培训科学家更好地与媒体打交道方面很有益处，主要是教会科学家们如何像'普通人'一样讲话。"
- "我在研讨会上见到的大多数科学家从来没有和媒体打交道的经验，并且他们也急于想与媒体打交道。我敢肯定我们真实地表现了该怎样做，我们记者是友好的，采访中我们想达成的是能够就最新的科学成就进行清晰而简练的对话。就这么简单！"
- "媒体技能研讨会不但使科学家认识到媒体具有的不同功能，而且也向科学家表明把信息以一种更易理解的方式传达给大众是很有必要的。"

- "让媒体界人与科学家面对面并解释其工作程序是很有价值的事情。"
- "他们表明媒体界也是在做一项工作（打破恐惧壁垒），他们也鼓励科学家同大众一样理解他们工作的重要性。"
- "我认为这些研讨会对科学家能够讲述他们的故事，使科学与大众的联系更为紧密，这是极有价值的的一部分。"

在这 10 名递回调查表的记者中，有 4 名在参会之前就与科学家有过一些接触。这些人包括 3 名在出版界和电视台从业的科学记者。这些记者不太可能因为研讨会而改变他们对于科学家的看法。然而，一些很少有科学故事经历的记者指出他们对于科学家认识上的变化：

- "我对科学家成为媒体精英的热情感到惊讶。他们全都有很不错的故事要讲并且大多数的人能够清楚地用很容易理解的术语表达自己的想法。"
- "他给了我一个很好的机会比以前在更深层次上去探讨各种问题。"
- "我发现媒体研讨会拓宽了我报道科学与技术的视野，这主要是因为可以与科学家直接互动的关系。"
- "一些参与者强调这样一个认识，那就是，科学家总是待在他们自己的领域，除非他们有研究证据，否则他们不会发表声明。不过，相当一部分人乐于接受要使科学变得性感的观点。"

所有记者都从他们所参与的研讨会中发现很有媒体价值的报道，不过由于有些记者工作上的变动，未能继续给予跟踪报道。一名电台的记者也说从研讨会上找到了一些长期的接触对象。一名电视台的记者说她特别跟踪了在七夜新闻网上的一个天气报道。她发现那是"一个很好安排的报道而且参与其中的人都很配合"。

7 名非科学方面的记者发现，当问题很复杂或人们解释不清楚时，科学就很难报道——"困难就是把复杂的问题简单化，让人们易于接受"。

10 名记者中有 8 名认为科学在他们的报道或电台上得到了合理的陈述。不过，大多数的记者还是认为科学家应该在以下几个方面有所提高：

- "科学家需要更多地参与到像你们这样的研讨会（并且应该不止一次）中，要保证他们从科学到行政的上级完全的支持。"
- "科学家有必要和我们进行沟通并让我们了解他们的工作进展情况。"
- "科学家应当更主动地推广或推销他们的报道。"
- "对科学家的挑战就是要找到一种方式让大多数人都觉得他们的工作有

趣，并让他们感到直言不讳地说出他们的成就时，心里特别舒畅。"

- "科学家确实需要大大地提高他们对媒体的理解，同样的，这不仅仅有助于改进他们和记者的关系而且有助于提高他们的自身形象。"

良性的互动带来高质量的科学报道

科学家与记者来自完全不同的领域：一方是在很长时间里通过对数据精确的评估和有条理分析为特征的，另一方是要求以简洁、直接和快速的回答为特征的。但这两者对彼此都持有怀疑态度。

然而，很明显的是，经过与媒体记者的一两天的媒体技能研讨会的互动活动后，科学家对于记者的态度有了很大变化。科学家在离开研讨会后把记者看作是潜在的盟友而不像以前那样看作是对自己的威胁而避免接触。这也印证了以前的看法，我们以前发现那些曾和媒体打过交道的科学家就"不太可能认为会是媒体的受害者而是试图运用媒体来为他们个人和组织宣传服务"（Gascoigne and Metcalfe，1997）。

媒体技能研讨会在紧张的一两天时间里通过非正式的讨论和个别采访让科学家展现在在职记者面前。通过研讨会这种方式，科学家改变了对媒体的看法，他们似乎是在老练的媒体面前模拟真实的体验。最起码，媒体培训让科学家懂得欣赏新闻界以及了解记者承受的压力和受到的种种限制。

研讨会同样也让与会记者更加清楚地了解科学家所受的种种限制以及他们特别关注的东西。极有可能的是，尤其是那些非专业的科学记者现在更明白科学文化及其运作方法。不过，充分评价研讨会对记者的影响还需要进一步的研究。

媒体技能培训是一种很重要的方式，它能够帮助科学家更为自如地与记者打交道。它消除了科学家与记者之间的壁垒，使双方能够清楚地认识到对方所承受的压力和限制。消除这些障碍有助于提高未来科学报道的质量和数量。

致谢

感谢所有参与媒体研讨会的成员——科学家和记者，他们是本篇文章不可或缺的支撑。

参 考 文 献

Gascoigne T and Metcalfe J (1997). Incentives and impediments to scientists communicating through the media. *Science Communication* (10) :3.

Gascoigne T and Metcalfe J (2005). *Media Skills Workshop notes for scientists and others involved in science.* Workshop notes, Econnect Communication Pty LTD, Brishbane.

作者简介

珍妮·梅特卡夫（Jenni METCALFE），Econnect Communication Pty LTD，PO Box 734，South Brisbane，Queensland 4101，Australia

jenni@econnect.com.au

www.econnect.com.cn

珍妮·梅特卡夫，澳大利亚科学与环境传播服务社主任，该公司是澳大利亚一家专门从事科学和环境传播的私人企业。她为政府机构、研究组织和私营公司进行媒体宣传和联络、传播策略以及社区咨询。

12年来，珍妮·梅特卡夫为澳大利亚、新西兰、南非和菲律宾的科学家主持和介绍技能培训课程。她拥有科学和新闻双重资质。她在国际上介绍过和出版过自己的论文。2004年，澳大利亚国际农业研究中心出版了她撰写的《土地关爱在菲律宾——人和土地的故事》一书。她是澳大利亚科学传播者的董事长，是国际公众科技传播网的委员。

托斯·加斯科因（Toss GASCOIGNE），Council for the Humanities, Arts and Social Sciences（CHASS），PO Box 8157，Australian National University，ACT2601，Australia

director@chass.org.au

www.chass.org.au

托斯·加斯科因，澳大利亚人文、艺术和社会科学会执行董事，这个团体是在人文、艺术和社会科学学术方面的国家级宣传团队。

早些时候，他在一个叫做FASTS的科学机构谋得过类似的职位。在这两个角色里，他都从事国家的和地区政府科学政策方面的问题研究。这包括创造和组织科学家与议员会谈日这项活动，这项活动促使200名科学家与澳大利亚的议会成员面对面地一起探讨科学在议员中的传播问题。

12年来，托斯·加斯科因为澳大利亚、新西兰、南非和菲律宾的科学家主持了有关媒体和沟通技能的研讨会。

他是公众科技传播科学委员会的成员之一，在国际上发表过多篇有关科学传播的论文并作过许多演讲。

大学和社区间的科学服务部：
科学传播中的互动方式

亨克·A. J. 穆尔德　卡斯帕·F. M. 德博克

概要

　　科学服务部自主与民间团体合作进行研究活动，利用传统科学传播技术得出有用的结果。科学服务部也是互动式科学传播系统的组成部分。他们为大众科学技术传播服务，解决民间组织中存在的问题，将公民的诉求提上研究日程，让公众享用研究成果。而这不只是两个单向的"提问"与"回答"的过程。科学服务部可单独提供可靠信息来源，是风险沟通中特殊的调节人。研究、高等教育和民间组织三者都可同时从科学服务部中受益。

　　欧盟赞成利用科学服务部来缩小科学与社会之间的鸿沟。这种方式在多个国家证明是可行的，只要有对知识的需求，它就可提供研究人员（如要获得课程学分的在校学生），愿意参与的主办方（如大学），又有不少在职人员。科学服务部采用的方法灵活多变，可根据当地情况随机行事。我们相信科学服务部的从业人员、科学传播行业的研究人员、专业人士之间互动越多，就会使各自受益不少，分享彼此的经验，反思我们的科学传播事业。

科学与社会同步

　　2001 年"科学与社会"活动启动之初，欧盟委员会就开始寻找一种促进科学与社会之间更佳的互动方式。欧盟委员会聚焦于科学服务部，这是荷兰人在 20 世纪 70 年代的一个创举，该形式现在已经被很多其他国家采用。科学服务部是一个"自主与民间团体合作进行互动活动的机构，针对民间社会所关注的问题进行研究"。这种机构通常是大学的一部分，但有时也由独立的非政府组织主办。"科学"是从广义上讲的，它包括社会科学、人文科学和工程科学。即使有的机构没有准确使用这些词，但"科学服务部"已被当作品牌名了，只要符合其活动宗旨，有类似活动体系的都可以这样称呼。

　　荷兰成立科学服务部的最初动机是因为科学与社会之间的巨大鸿沟。大学曾是个象牙塔，以理论知识和单一学科知识为主。技术发展与社会中的日常生活没有直接联系，但是它的负效应却在社会中日益显现。

20世纪70年代，一些评论人员和学生合力用他们的知识帮助民间社会组织（例如，利用化学知识解决环境问题）。除了定期举办讲座外，还进行项目讲授。他们的努力正好与日益增长的环境意识以及民间社会组织的发展相吻合。由于供需相符，他们的努力（起初是自愿的）卓有成效。20世纪70年代末，几乎所有的荷兰大学都有科学服务部。他们现在的工作人员是由大学付报酬，从事来自民间社会团体要求方面的研究。科学服务部用开放互动的方式运作，已被公认为是科学（大学）与社会的中介（Felt, 2003）。

1974年以前，就已开始筹划建立科学与社会制度"方案二"（Nowotny et al. , 2001），在应用科学知识解决社会问题时，问题的背景、民间组织的观点和信息以及来自其他领域的信息都被纳入考虑范畴之中。再者，在研究工作中，双方都会制约信息的进展情况。

如今，科学服务部的工作人员仍然致力于消除科学与社会之间的壁垒，支持那些试图获得科研能力的人。同时，他们也希望能够给学生一些有价值的社会经验（Jφrgensen et al. , 2004）。

欧盟当前关注的是科学服务部的国际化趋势（在过去的10多年中，通过分享成功经验，甚至共同合作项目创造出了组织意识）。欧盟的支持使得科学服务部有时间远离日常事务去反馈和报道他们的工作，也让科学技术研究和科学技术传播研究的学术领域有更多互动。

我们将从这篇论文了解到科学服务部是如何提供更多互动的科学技术传播活动的。作为范例，我们将重点阐述科学服务部在风险传播中所起到的特殊作用。同时，我们也将讨论科学服务部的概念、目前的优点和存在的不足。

科学服务部：自主提供咨询服务

这一部分将叙述科学服务部的运作方式，并详细介绍两个案例，最后介绍国际上的发展情况。

1. 科学服务部的运作

科学服务部将民间社会组织提出的问题整理成科研项目。学生在教授的指导下进行研究或由研究者自己进行。学生通常通过研究获得学位学分。研究得出对客户有用的报告或其他形式的结果（见下页图框）。学生将从中获得宝贵的技能（定义问题、项目工作经验、沟通、规划方面的能力）。教授或研究者将得

以大学为基础的科学服务部的调解过程

（1）收到或征求客户及新问题。客户通过网站、指南或其他中介，甚至通过大学咨询电话找到科学服务部。在适当的时机通过定向询问，搜集特定论题中的需求（如是否满足研究能力）。也可积极接洽在此领域尚无意识的群体。

（2）联系实际问题。科学服务部与客户一起弄清问题的背景、因果联系和利益相关者。有必要分析在整个问题处理中，研究可能起到的作用。科学服务部也要和客户商谈用何种方式进行研究，对不同策略有什么建议。

（3）初步研究或快速浏览问题。研究框架在简单的文献检索，并与专家联系后形成，再选择最可行的办法进行。客户参与规划研究项目。在这个过程中可能会弄明白，研究不能最好地达到客户要求。这一阶段可以否决或参考最初的问题，最后提出简短的意见，或者制订一个科研问题研究草案。如果有必要，也可提出资金方面的建议。

（4）寻找监督人或共同监督人。为最大程度保证质量，科学服务部负责的项目总会受到相关领域的教学人员的监督或共同监督。这也算入教学人员的工作量中。

（5）寻找学生或研究人员。研究人员（正在修学分的学生更好）与客户和监督者以及科学服务部的工作成员共同拟订详细的研究计划。学生通常可以通过这个项目获得选修课学分，或把这个项目作为学士、硕士或博士学位论文来研究。

（6）保持沟通。科学服务部人员通常管理研究过程，保证与所有相关者保持沟通，保证客户的利益。这对项目承诺和结果验收是必要的。

（7）得出实用的报告，公布结果。一般是外行人在使用科研结果，所以，科学服务部要得出容易理解且实用的报告。除了报告，还可以采用新闻发布、网站、宣传册、唱片、咨询信等方式让人们了解。

（8）支持结果的执行以及后续行动。如果客户愿意，科学服务部可以支持能提高研究结果影响力的活动。科学服务部人员、学生或监督者都可积极参与研讨会，和利益相关者举办会议、公证会或新闻发布会，甚至可以成为法律案件的专家证人。

（9）制定后续研究详细目录。客户不能总认识到研究问题的宽泛性或科学结论。所以，要和所有利益相关者商讨后续研究的取舍。这些科学服务部或研究团队将会继续研究，有时是因为这个问题的社会或科学意义，或者由于许多小问题集中在一起，需要进行更深入的研究（主题）。

（10）评估。项目评估（从研究者或学生、监督者以及客户的角度作出评估）。这时可判断客户满意度，例如执行力。判断研究对目标的贡献就不会那么直接。尽管以后可对其影响作出评估，但很多社会因素在"现实生活"也起着重要作用。

到案例材料，以备将来科学成果发表和作进一步的理论分析之用。另外，教授的指导是教学工作的一部分，所以，所有的参与者要做他们应该做的事：教、学以及研究。这也是科学服务部能够在大学里得以实施的原因，而且额外成本较低。因此，大学也可以为非营利部门服务。研究机构的工作人员征求或收到新的要求，设计操作过程，积极支持客户利用研究结果，并制定后续研究方案。

大多数科学服务部的研究准则是，客户不能将研究用作商业用途，并且必须公开研究结果（其他接口和补贴可应用于工业或中小企业中）。客户还必须能够利用研究成果去实现目标，也就是说，客户要是某种组织，而科学服务部必须得出明确而切实可行的结论。薪酬由客户和研究组织的具体情况决定，可以完全免费，也可以是全额付费。客户群很符合欧洲委员会对民间社会组织的定义（EC，2001）：

> 组织成员的目标和责任符合大众利益，他们充当当局和公民之间的桥梁作用。组织成员有：工会和雇主组织（"社会伙伴"）、非政府组织、专业协会、慈善机构、草根组织、公民可参与市政的组织、教堂以及社区宗教。

科学服务部不仅利用传统的科学技术传播技术（产出可接受和实用的产品），也是互动式科学技术传播系统的组成部分，这在调解开始和调节结束中表现得尤为明显。

在处理客户关系时，科学服务部可能会遇到一些公民对科学期望过高的情况。换句话说，公众有时候希望会有灵丹妙药，一劳永逸地解决所有问题。一旦这种期望落空，有些公众可能就转身离开了。

另一个极端就是公众对科技意识的淡薄。法卡斯（Farkas，2002）表明，一些残疾人组织知道如何询问医疗保健问题，但却从没想过要求科技大学改良他们可用的工具。这种情况可以说公众没有意识到科技能够帮他们做一些事，科学服务部这时可以发挥自己的积极作用。

研究项目完成之后，科学服务部规定了重要的后续研究。"天线"功能的一个典型案例是孕妇吃了处方药的副作用，一个为期 4 年的研究项目成为荷兰格罗宁根大学（Groningen University）药剂系的定期研究领域。在丹麦技术大学（Danish Technical University），科学服务部扮演着研究生态粮食生产孵化器的角色（Hende and Jørgensen，2001）。

2. 案例说明

下面的两个案例有助于我们进一步了解科学服务部在沟通方面的作用，重点在风险沟通。

（1）斯滕维克（Steenwijk）：地毯厂的健康危害评估

1998 年，斯滕维克城的居民来到格罗宁根科学服务部。他们寻找专家帮助他们评估当地两个地毯厂对他们健康的危害性。是由一个叫做"网络环境和健康监测"的全国性非政府组织推荐的这些科学服务部。

在陈述情况时，居民把这个问题说成是"有毒废气导致癌症，空气味道极其难闻，水污染随处可见"。癌症危险被认为是可怕并不知不觉的，来源于工业，很容易找到受害者（邻居、亲人等）。地方当局对人们的这些恐惧反应冷漠，因此居民很愤怒，这与斯洛维奇产生的效果是一致的（Slovic, 2000）。这三个问题放在一起考虑就成了一个大问题，已不可能单独和其他相关者（当地政府和公司）进行讨论了。唯一的沟通方式就是通过问卷调查（尤其是标题）的形式进行。事实上，这个问题部分是由沟通方面的问题引起的。

我们决定采取三个独立的研究路径来解决这个问题：癌症（过去的排放量、当前的排放量）、臭味和水污染（后来证实问题不大，整修完排水系统就轻松解决了）。我们赞成居民和其他相关者进行讨论。科学服务部是独立、由大学单独付费的机构，因此是可信的。我们的解释涉及私人问题，包括自己家人和朋友的事情，这样向居民表明我们理解他们。因此，当我们向他们说明他们所在意的癌症发生率与一般水平没什么两样时，他们相信了。他们也接受我们的说明，目前的排放量低于最严格限制的千分之一水平。由于没有过去排放量的数据，区域医疗当局建立了一个癌症监测项目。以前，当局仅仅只给出排放量数字，而没有给出清楚的解释。菲斯霍夫（Fischof, 1995）说，应该考虑风险沟通中9 个步骤的前几个步骤。我们把问题分成三个部分开始研究，讨论了臭味问题，我们估计本案例会超出法律限制（Van der Werf and Mulder, 1999）。

我们先从方法上找到有效的方式评估臭味，因为有两个公司都排放气体。我们仔细听取居民的意见，他们提到"最人排放量"（出现在产品变更时，这在以前从没有调查过）。地方当局同意建立一个指导委员会，监督臭味减少研究。委员会包括所有相关者代表：包括区域卫生督察和环境督察在内的地方当局；两个公司和他们的技术顾问（起初还有律师）；受两个科学服务部（化学和医学）援助的居民。这样，居民就成为"参与者"而不仅仅只是接受专家研究成果，与伙伴关系中当前风险沟通的建议也一致（Fischhof, 1995）。

最后，最大公司的生产变化和废水处理上的变化就是把排放量降低到控制线以下。不过，在气味分析方面允许一点小误差。这就意味着公司不会被罚款（证明他们没有超过控制底线），但是这也不能说明就没有问题。我们设法向相关人员解释了科学的不确定性和它的结果，这就避免了居民更大的愤怒。在我们看来，如果地方当局再次申明"没有问题"的话，就有可能发生这样的事。但是这也表明，不可以实施技术解决方案，因为不能强迫公司这样做。

因此，我们建议建立一条24小时的投诉热线，一周7天（城市的普通服务电话仅在上午9点到下午5点工作）。以前公民抱怨排放量太大，觉得地方没有把他们的要求当回事。现在我们看到了消除他们担忧的方法，7天24小时全天候的电话热线——主要出现在人们逃避不了又无法影响压力源时。电话热线和随后的行动以及监管的反馈意见，将让公众对此局势有所控制。省政府也协助完成这项解决方案。

在一项由纽鲍尔（Neubauer，2002）作的外部评估中，所有相关人说科学服务部开启了沟通进程，这消除了附近居民的许多烦恼和恐惧。事实上，这可被看作是科学起调节作用的一个例子（在解决冲突上）。对居民而言，这意味着他们能够平等地和其他利益相关人进行探讨。

我们也向气味研究平台汇报了我们的发现。气味研究平台是荷兰环境专家协会成立的研究和政策咨询工作小组。他们半年举行一次全国会议，将市民经验放在重要位置。我们在技术上的一些关注也被纳入这个平台的长期计划之中，这也是向市民传播科学研究的一个案例（科学服务部的标杆作用）。

（2）宰珀（Zijpe）：球茎贸易产生的农药

在球茎种植业中，大量使用农药来保护农作物，给球茎消毒。在过去的10年中，球茎栽培业在荷兰的某些地方增长相当快。在宰珀，这个生产球茎的荷兰人社区，居民极其担忧接触农药会引起的健康问题。当地一个居民组织要求各区域的卫生督察证实支气管疾病与杀虫剂的关系，但没有成功。居民找到乌得勒支大学（Utrecht University）的生物科学服务部，该机构与该大学的风险评估科研所一起开展研究项目。最后，所有的相关人员（当地社区组织、地区卫生督察、球茎生产者和大学）都参与到此项研究中来。

首先，社区组织、科学服务部和研究所讨论研究方向，并达成协议（在这个阶段，研究所并没有选择居民要求证实疾病与杀虫剂之间的因果关系）。科学服务部调和了科研重点和科研选择的争论。一般的研究过程和特殊的流行病研究都会讨论，同时也要考虑居民所关注问题的背景。所有的相关人员都认为居民所关注的问题很现实，但那个时候最基本的研究问题却不在此。相反，他们是要评估居民接触杀虫剂的可能性。此项研究由一名研究生操作，作为这位硕士研究生课程的一部分。

2002 年 3 月和 4 月，在宰珀收集了 27 家住宅的室内尘土样本（12 户球茎种植户和 15 个非农户）。共分析了 7 种常用杀虫剂的活性成分。除一种成分之外，其他成分都可以在室内尘土中找到。杀虫剂在非农户的家中比在农户家中要少（3:6）。该结果基于单一的观测和很小的量，这就限制了测试数据的说服力。潜在的混杂因素不能清楚解释农户与非农户之间的差异，例如动物、地板覆盖物类型等。因此，最合理的解释似乎就是，农民（可能是他们的家人）经常把杀虫剂带回家，而且量比非农户多，所以农户家里会出现杀虫剂。住宅与经过农药处理的农田的距离远近似乎也很重要（Hogenkamp，2002）。

尽管这项研究并没有回答居民最初想要研究的问题，不过他们对结果还是很满意的。在研究之初就划定研究范围，明确说明问题，对他们接受研究结果是必要的。

该项研究让他们对科学研究在解决问题中的作用有了进一步认识。当地相关人员也积极讨论了将来要解决的问题以及他们在这些活动中应该起到什么样的作用。

此项研究的结果在与荷兰议会成员正式讨论中被用到。也已做好准备同居民、球茎生产农户以及当地卫生督察合作，进行大规模研究。对大规模流行病的研究，有可能揭示出家庭农药残留和支气管健康问题间的关系。在这项研究中，应长时间采取措施，获得接触农药变化的信息，包括除地面灰尘以外的环境因素，以便能够估算剂量。健康风险是否来自接触杀虫剂，研究血样和尿样是很有用的。

作为研究手段，是否采用一种新方法来收集样本，与研究小组有关，也与此项研究的居民有关。

3. 国际进展

科学服务部在 20 世纪 70 年代率先出现在荷兰。现在荷兰有超过 2/3 的大学都有科学服务部，这些大学充分为其机构注入资金。1979 年，阿德斯（Ades）在《自然》（*Nature*）、1984 年，迪克森（Dickson）在《科学》（*Science*）中，都分别发表了有关科学服务部的文章，这些和其他关于科学服务部的文章一起，引起了国外的关注，这种方法也被许多其他国家引入使用。斯高芬（Sclove，1995）在《高等教育年谱》（*Chronicle of Higher Education*）上发表了一篇文章，将欧洲的发展情况与美国的社区研究中心基地联系了起来。1998 年，荷兰外交部资助在罗马尼亚的大学建立科学服务部，从那时起荷兰就开始积极向外输出自己的研究方法。自 2000 年以来，超过 30 个社区的大学研究联合会在加拿大启动，他们以荷兰为参照，根据加拿大实际情况而成立，这些联合会由加拿大研究会资助。最近的欧盟报告已经发表了有关科学服务部的文件（the *SCIPAS* reports and the *InterActs* reports；www. scienceshops. org）。

整个欧洲的科学服务部逐渐了解彼此以及他们建立的网络。"实用知识"在不断增长。现在，他们制作自己的时事通讯和杂志，有一个有效的电子邮件讨论表，并已试行国际合作项目。前两次国际实用知识会议分别于 2001 年在鲁汶，2005 年在塞维利亚召开，会上人们交换彼此的意见和经验。第三次会议于 2007 年在巴黎召开。由欧盟出资进行的完善科学服务部网络（ISSNET）项目，将科学服务部的经验汇集到一起，创建了一个科研网络机构。

2005 年，科学服务部在荷兰、丹麦、挪威、德国、奥地利、英国、比利时、法国、西班牙、罗马尼亚、加拿大、美国、澳大利亚、马来西亚和韩国都非常活跃。目前，冰岛、爱尔兰、拉脱维亚、爱沙尼亚、芬兰、希腊、土耳其和日本等国倡议启动科学服务部。尽管许多国家和地区都成立了科学服务部，但它们仍面临着许多难题和挑战。

为支持建立新的科学服务部的倡议，欧盟已经资助科学服务部培训指导项目（TRAMS）。这一项目将为新的科学服务部和同样的机构提供工具箱，里面有培训材料、有关科学服务部概念的暑期学校和切实可行的个别指导方案。

培训和指导是国际网络的重要服务内容。大多数科学服务部在地方处理研究问题，但是在其他地方可能发生这一类的问题，但和最初看到的不一样。通过研究合作，科学服务部可以让公民摆脱地域观念。通过发起和促成这样的合作，网络让居民更好地获得科学知识和专业知识，这样就可以提高公众参与研究的积极性。

教育、科研和科学无缝链接

科学服务部在欧盟的支持下得以网络化并可以交换彼此信息。已经证实，荷兰的科学服务部是可行的，并且在不同背景下都可进行。然而，还没有最佳的单一途径来运行科学服务部。当地的实际情况很重要。穆尔德等人（2001）指出，以下四个方面的支持是必要的：

- 客户（对研究的社会需求）。
- 科学家（支持研究的来源，如需要修学分的学生或有时间开展研究的人员）。
- 机构（主办方或支持方，例如大学）。

- 科学服务部人员（做调解工作的受薪个体）。

很明显，这四个方面在特定的历史、社会政治、科技和文化环境或背景下是存在的，这意味着这些因素在不同时间和不同地点下会有所不同。如果一个国家没有科学服务部，通过对这四个方面的评估，就可以在那里建立一个最佳模式的科学服务部。

如果这四个方面任何一方都不能参与其中，那么倡议就得不到响应。20 世纪 80 年代中期，法国有 16 个科学服务部，但是他们不能用有研究潜能的学生。法国民间社会对科学的期望值太高，又不愿等太久，所以，研究人员不得不在开展研究和寻求赞助上分配时间。结果这些科学服务部都以失败而告终。

在罗马尼亚，尽管民间社会的组织不像荷兰那样强有力，但是客户仍然来自非政府组织、非营利机构、小型企业和地方当局。科学家是现成的，学生也得到允许将研究作为课程的一部分，非政府组织也得到了资金支持。因此，在这里引入科学服务部很成功，目前已成立了一个由 10 个机构组成的网络体系。

法国的情形有可能会有所改变。2003 年，卡桑高等师范学院启动了一个新的科学方法，学生和研究人员都参与此项活动。研究项目正在进行中，所以在法国有可能重新引入科学机构。

在目前的情况下，科学服务部的不足之处也可从上述四个方面反映出来。如果不能很好地进行组织，社会或公众的科研意识不高，那就不得不把大量精力放在征求新的研究需求上。在这种情况下，尽管科学家让公众参与进来，并努力建立伙伴关系，但在这种研究题目方面，科学就不能起到一种恰当的主导作用。

如果科学家不能从事科学服务部项目，就没有知识可供给。目前，学术标准注重同行评审，这就使得对教学的关注度很少，无人重视推广工作。只有当研究项目成为课程的一部分（实习阶段、课程或论文的一部分）时，学生和研究人员才会为此工作，也不需支付额外费用。一些国家由于研究程序严格，和学生一起合作就意味着研究将被推迟。还有，尽管学生将任务有些完成得相当好有些不够好，但是如果没有时间编辑，他们的研究结果也不能发表。由于规模小，对公众和研究者都缺乏能见度，这是很多科学服务部面临的另一个障碍，对大学里和国家研究中的学生和决策者尤其如此（Jφrgensen et al. ,2004）。

并非所有的科研院所都支持科学服务部。如果一个科学服务部幸运，大学会将大量精力用在"第三责任"（研究和教育之后），并把科学服务部看作是一种能提升积极的区域形象、提高学生社会意识和探讨令人关注的研究主题的方式。假如研究所重在研究大型基础项目，这些研究要为科学服务部项目单独分配外来资金，这也是个严重的问题。

最后，除了对科学有大致认识外，科学服务部的工作人员还需具备许多其他技能，如沟通和管理技能。这不仅来自已有科学服务部的成功经验，也来自失败的教训，这就需要对项目协调方面的责任分明，指定科学服务部成员对协调过程负责。这个任务不是多余的，而是清楚明了的组织活动。科学服务部成员是科研项目得以继续的操作者，而研究人员、科学监管和社区组织根据项目的变化而有所不同。

欧盟前任科学与社会执行董事赖·格罗尔德（Rainer Gerold）提到，之所以要支持科学服务部，是要恢复公众对科学的信心，提高公众需要科学、科学也需要公众的意识，还需要促进许多研究主题与欧洲社会理想间的紧密配合。我们已经看到，区域规模上已显成效。欧盟也希望在民间社会与欧洲研究日程之间建立快速通道（Gerold，2001）。

在局部范围内，公民和研究之间有许多很好的沟通例子（上面已提到），让公民参与到研究规划中来。尽管要影响欧洲研究政策，还有很长的路要走，但在小范围内，欧盟委员会的科学与社会项目正为此铺平道路。该委员会第六框架计划中的所有研究合同都有一个条框，要求研究者向公众宣传他们社区资助的研究成果。这样做是希望公众能更接近科学，让公众对科学中的文化、伦理、治理和妇女等问题给予更多关注。欧盟向当地民间组织征集研究问题，公布了科学服务部类型的研究预算。最近，欧盟委员会的高层专家小组对以大学为基础的研究问题提出"促进建立和发展科学服务部"的建议（大学研究论坛，2005）。

科学服务部在科学与社会传播中起到了一个独特的作用。他们与公众一起阐明问题，提供潜在的研究，并确保研究结果符合现实需求。这显然是个双向互动的方式，提高公众科学意识的同时也提高了科学家的公众意识。科学服务部在风险沟通过程中受到信任，占据着一个特殊位置，他们可让公众成为研究的合作者。他们明白，专家和公众都是独立的，而自己可以成为这两者的中间人（如上例所示）。

大多数科研项目在地区或当地范围内进行。尽管参与其中的科学家会反思自己的工作，但他们并没有被要求（并且也没有时间）在科研论文中描述自己的科学服务部活动。在进行项目研究期间，科学与社会研究方面的学者、传播科学家，需要描述这一令人关注的沟通过程。

　　科学服务部、专业人士以及科学与社会传播研究者之间也开始了互动。欧盟委员会的项目包括科学中心网络和科学服务部网络（以波恩 Wissenschaftsladen 为代表的生活知识栏目）。在格罗宁根大学和乌德勒支大学，科学服务部开设社区研究课和风险沟通课。我们认为，科学服务部与其他科学社会传播形式的互动卓有成效。与科学传播的研究者的互动越多，科学服务部也将受益更多。这不仅会提高可信度，也使得双方在分析和思考中学到更多，将增强这种互动的科学传播模式。

　　科学服务部结合了大学的教育、研究、推广这三个任务。他们的影响体现在科研（找出令人关注的研究主题，提高公众科学意识）、教育（在传播和项目研究方面提供重要的技能、提高社会对学生和课程改革的意识）和对民间社会的影响（媒体兴趣、政策影响、为更好改变生活环境而授权于民间组织）。科学服务部模式只要有办法解决供给与需求矛盾，有主办方和工作人员，可以足够灵活。在不同的背景下，科学服务部模式都能适用。在没有科学服务部的国家，对这种情形有所认识和研究也会受益。

　　科学服务部在科学与社会传播中也有作用，尤其是在促进民主方面。他们把大学的传播功能从传统的 PR 办公室（文化和问责方面的沟通）转到一个更为互动的方式，而不是成为一个商业知识转化的工具（以经济动机为目的的传播），因为很多设施和补贴已经存在。

　　科学服务部也显示了科学与社会的伙伴关系。从本文所举的例子可以明显看出，互动活动不是两个单项活动的总和，也不是对一个事情的"提问"与"回答"能解决的问题。科学服务部从事着互动衔接、研究和传播阶段的工作。在地区项目里所做的许多一小步就能构成科学传播中的一大步，那就是公众在科学传播中有机会参与高层活动。

　　这样，科学服务部给《联合国人权宣言》的第 27 条中的第一部分赋予了新的含义："每一个人都有权利……分享科学进步带来的实惠。"

致谢

　　科学服务部网络曾在欧盟委员会的完善科学服务部网络（ISSNET）项目第五项框架计划（合同号 HPRP-CT-2002-00011）的支持下成立，目前由科学服务部培训指导（TRAMS）项目第六项框架计划（合同号 SAS-CT-2005-013654）支持。感谢所有参与这些项目的人员、生活知识栏目的其他成员以及国际科学服务部网络（www.scienceshops.org）的支持。

参 考 文 献

Ades T(1979). Holland science shops for"made to measure" research. *Nature* 281(5729):519,520.

Dickson D(1984). Science shops flourish in Europe. *Science* 223:1,158–1,160.

EC(European Commission)(2001). *Science and Society Action Plan.* EC,Brussels.

Farkas N(2002). Bread,cheese and expertise:Dutch Science Shops and democratic institutions. PhD thesis,Rensselaer Polytechnic Institute,Troy NY.

Felt U (ed) (2003). *OPUS: Optimising Public Understanding of Science and Technology. Final report.* University of Vienna.

Fischhof B (1995). Risk perception and communication unplugged: twenty years of process. *Risk Analysis* 15(2):137–145.

Forum on University-based Research (2005). *European Universities: Enhancing European's Research Base.* European Commission,Luxembourg.

Gerold R(2001). European Union support for science shops. *Wetenschapswinkel Courant* 3(6):1.

Hende M and Jørgensen MS (2001). *The Impact of Science Shops on University Curricula and Research.* SCIPAS Report No. 6,Utrecht University.

Hogenkamp A (2002). *Bloembollen, bestrijdingsmiddelen en bewoners.* Wetenschapswinkel Biologie, Unversiteit Utrecht.

Jørgensen MS,Hall I,Hall D,Gnaiger A,Schroffenegger G,Braodersen S,von der HeidenK,Reimer R, Strähle M,Urban C,Endler W,Teidosiu C,Rojo T and Leydesdorff L(2004). *Democratic Governance through Interaction between NGOs, Universities and Science Shops: Experiences, Expectations, Recommendations. Final report of INTERACTS.* Science Shop,Danish Technical University,Lyngby.

Mulder HAJ, Auf Der Heyde T, Goffer R and Teidisiu C (2001). *Success and Failure in Starting Science Shops.* SCIPAS Report No. 2,Utrecht University.

Neubauer C (2002). *Quelques réflexions autour de la notion de 《 science citoyenne—l'exemple des boutiques de sciences aux Pays-Bas.* Univerite Paris 7-Jussieu,Paris》.

Nowotny H,Scott P and Gribbons M(2001). *Re-thinking Science.* Polity,Cambridge.

Sclove RE(1995). Putting science to work in communities. *Chronicle of Higher Education* 41(29): B1-B3.

Slovic P(2000). *The Perception of Risk.* Earthscan,London.

Van der Werf PL and Mulder HAJ (1999). *Geur en gezondheid rond tapijtfabrieken in Steenwijjk.* Chemiewinkle Rijisuniversiteit Groningen,Groningen.

作者简介

亨克·穆尔德(Henk A. J. MULDER), Chemistry Shop/Science and Society

Group, University of Groningen, Nijenborgh4, NL-9747 AG Groningen, the Netherlands

h. a. j. mulder@ rug. nl

www. rug. nl/wewi

www. rug. nl/fwn/ssg

www. rug. ni/ec

亨克·穆尔德，格罗宁根大学9个科学服务部之一的化学研究室的协调员，也是科学与社会组和科学传播硕士专业讲师。

他的教学重点关注于科学与社会的互动关系，如风险传播和科学政策。目前主要进行国家评估纳米技术项目，研究研究人员与无政府组织之间的沟通问题。

亨克·穆尔德得到荷兰外交部资助，把科学服务部介绍到罗马尼亚的大学，并启动了第一个由欧盟资助的国际科学服务部网络（SCIPAS）。他经常举办讲座，报告并发表有关科学服务部的论文，并联合举办了国家和国际有关科学与社会互动活动的会议。

卡斯帕·德博克（Caspar F. M. DE BOK），Science Shop for Biology, Utrecht University, Padualaan 8, NL-3584 CH Utrecht, the Netherlands

c. f. m. debok@ bio. uu. nl

www. bio. uu. n1/wetenschapswinkel

www. liningknowledge. org

卡斯帕·德博克，乌德勒支大学生物实验室负责人，负责该校社区研究活动以及非营利部门的科学与社会关系研究。与他人共同负责科学服务部中的荷兰网络，专门负责国内和国际网络与战略决策。

卡斯帕·德博克是国际科学服务部合作的倡导者之一，并在全世界都出版、报告和讨论过促进科学服务部建设的文章。他还担任"生活知识"栏目、国际科学服务部网络、欧盟委员会的完善科学服务部网络项目和科学服务部的培训指导项目的协调员。

为小蚂蚁剥开苹果皮的大手：以中国科学院老科学家科普宣讲团为例

欧阳静

概要

一只小蚂蚁在一个大苹果旁转来转去，不知道该从哪儿下口。用手指剥开了苹果的一处皮，蚂蚁就从那个缺口尝到苹果的甘甜并找到进入苹果的路径！

这个又红又大的苹果就是科学知识的宝库。传播科学知识就像剥开苹果皮一样，为青少年打开通往这个宝库的门。这就是中国科学院老科学家科普宣讲团（CAS—ASPIRE）的退休科学家的贡献。

本文介绍了中国科学院老科学家科普宣讲团鉴于当前中国学校科学教育现状是如何在中学生中普及科学知识的。通过面对面的互动座谈、多媒体演示，这些退休的科学家向青少年传播科学知识、科学方法和科学精神。他们走访了很多地方，希望通过自己的努力激发青少年对科学的兴趣，促使青少年掌握必要的科学知识和科学方法，培养青少年的科学精神。

中国科学院老科学家科普宣讲团：退休科学家的沟通活动

中国科学院老科学家科普宣讲团成立于 1997 年 9 月，目前有 25 位成员，其中绝大多数都是来自中国科学院的退休专家和科学家。钟琪，中国科学院老科学家科普宣讲团的创始人和领导人回忆道："中国科学院一位领导倡导组织退休科学家来从事科学普及工作，据此，我提议建立一个非营利性的老科学家科普宣讲团。"

作为一位退休的科学家和一位在科学普及方面很有经验的领导，钟琪发起这个组织并和其他科学家研究目标和会员资格等问题。没有办公室和设备，中国科学院老科学家科普宣讲团启动资金只有 5 万元，这笔钱是由中国科学院划拨的。8 位著名科学家很快加入到这个团队中来。

就宣讲团为什么把目标定位于中学生，钟琪解释说："中国学校的科学教育常常把重点放在记忆信息上面，而不能让学生体会到科学所提供的兴奋的感觉。

因此，中国科学院老科学家科普宣讲团的目的就是要让孩子们体验到'科学精神'的意义，并激发他们对这个领域的热情。"

她还说："中学时代是一个人世界观形成的关键时期。我们的工作在某种意义上来说是很有价值的，它将有助于塑造青少年的世界观。"

"以前，我都只是关注自己的研究，但是我意识到告诉下一代年轻人保护环境和物种的多样性是多么重要和紧迫。"中国科学院植物研究所的研究员钱迎倩说道。

从一开始，中国科学院老科学家科普宣讲团就针对中学生来激发他们对科学的兴趣，相信激励年轻一代成为科学家对于中国的发展将是至关重要的。

退休科学家激励青少年

张伟是一名 13 岁的小男孩，生活在青海省西北的一个贫穷的小山村，他从来没有想到过有一天他能够跟著名的科学家探讨宇宙飞船和人造卫星的问题。

但是，由于有中国科学院老科学家科普宣讲团，张伟和他的同学有机会见到潘厚任（曾是中国第一颗和第二颗人造卫星的副总设计师）并了解宇航员的太空生活。

潘厚任是中国科学院老科学家科普宣讲团 25 位成员之一，他已为由中国科学技术协会和中国科学院联合主办的为期 5 年的"大手拉小手，科学报告西行项目"工作多年，该项目启动于 2001 年。潘厚任和其他退休的科学家已经在中国的西部，包括青海省、宁夏回族自治区、新疆维吾尔自治区和西藏藏族自治区作了大约 700 场科学普及报告，他们的目的就是为那里的青少年普及科学。

中国科学院老科学家科普宣讲团通过发放"菜单"的方式给目标学校，该"菜单"涵盖每一位报告者的概要和他的报告纲要。学校可以决定邀请哪位科学家来作报告。钟琪说："每一位成员为赢得学校师生的欢迎，都对他们的报告下了很大工夫。"

王宁寰是材料科学领域的专家，就报告风格而言，他说，"要向青少年传授那些抽象的、易混淆的、枯燥的知识可不是一件容易的事。为了激发青少年的好奇心，我们常常以提问的方式来做开场白，以吸引学生的兴趣并促使他们去思考，我们称这种方式为'反面教育'。"当王宁寰作《奇妙的材料和新技术》报告的时候，他首先问学生是否看过电影《泰坦尼克号》，学生回答"看过"。然后他又问："那样一艘由钢和铁制成的坚固的大船是如何被冰弄沉的？"

王宁寰又说道："这个问题引起学生的注意和兴趣去寻求答案。我们常展示模型去解释我们的理论知识。"在报告期间,王宁寰向学生展示了一把由瓷做的剪刀。每个学生都被深深吸引以致都想亲手去触摸一下。有些学生甚至尝试用它来剪手指甲。

"这种介绍科学知识的方式是通过学习者的积极参与来获得知识的。"王宁寰说道。

这与传统的科学普及有所不同,传统的科学普及过于注重科学事实,中国科学院老科学家科普宣讲团的方法重在传播科学方法和科学精神。中国科学院老科学家科普宣讲团的科学家也向学生们介绍自己的研究工作,展示了在追求科学创新的道路上所需要的不屈不挠的精神和克服困难的勇气。这是为了让学生听众形成他们自己的健康的进取的世界观。这些科学家不再过度重视科学的系统化和理论化,也不再是填鸭式的教育方式,他们尽力引发孩子们的兴趣。很多学生第一次发现了自己对科学的兴趣。

一个典型例子就是来自宁夏石嘴山第一中学的一位学生。"以前,我完全失去了学习生物的兴趣。"他在写给中国科学院老科学家科普宣讲团的一封信中写道,"但是孙万儒教授(中国科学院微生物研究所的一名研究员)来到我们这里给我们作了一次生物技术是如何改变我们的生活的报告,听了之后,我深深爱上了生物学,并下定决心将来一定要为生物科学作出自己的贡献。"

中国科学院老科学家科普宣讲团成员钱迎倩说:

"我永远不会忘记我在一个小山村学校的操场上所作的一次报告。那天,天气很糟糕,刮起了沙尘暴,我不得不在一块黑板上写很大的字,并尽我可能大声地讲话以便孩子们能够听清楚我所讲的东西和看清楚黑板上所写的字。即使在那样恶劣的情况下,这些孩子们依然非常仔细地听我讲。每个孩子都带着极大的兴趣看着黑板。我永远不会忘记那些渴求的眼神。我感到做这项工作是我的责任。"

李竞是中国科学院老科学家科普宣讲团成员中最年长的一位,他是北京天文台的研究员,在他 76 岁的时候,他说:"尽管我身体健康状态欠佳,并且日益老去,但我还是乐于与孩子们在一起。当孩子们听我报告的时候,我特别开心。只要我的身体允许,我将继续为此努力工作。"

在被问到为什么他们这么热衷于加入中国科学院老科学家科普宣讲团的时候,多位退休的科学家不约而同地回答道"是责任所在"。正是他们强烈的社会责任感使得那么多的科学家为青少年服务。这个非营利组织的成员所作的专题报告，完全是出于对社会福利的责任感。所有的科学家都愿意把他们的科学经验奉献给社会和孩子们。自从这个组织成立以来没有一位成员从中退出。

在过去的 8 年里，中国科学院老科学家科普宣讲团已经走访过中国的 21 个省市，并组织了近 2200 场很受欢迎的科学报告。这些活动要么是由中国科学技术协会组织的，要么是由中国科学院组织的，或者是应来自全国各地的人们的要求而举办的；将近 100 万名孩子已经聆听过科学家们生动活泼的报告（中国科学院老科学家科普宣讲团，2005）。

这些成功的结果就是，这项活动已经在全国展开。无论他们在哪儿停留作报告，他们都会向社区注入"学习科学和热爱科学"的热情。

有关科学之旅在整个国家都有反响。来自其他很多省份和地区的人们发来电报或打来电话表示赞扬和支持这些科学传播之旅，他们还邀请科学家到他们那里去作报告。宣讲团在各地都受到了热烈的欢迎，他们的足迹已遍及中国的大部分地区。2002 年，宣讲团的领导钟琪还受到国务院副总理李岚清的接见。

联系青少年

就中国的现实而言，中国科学院老科学家科普宣讲团是科学传播的一个成功范例。它表明，退休的科学家在科学传播这项事业中拥有并表现出特殊的优势。他们为科学传播者树立了一个极好的典范。

中国科学院老科学家科普宣讲团成员的核心原则可归纳为有如下几点：

（1）严格遵循"三步检查"，确保每次报告的质量

在中国科学院有很多科学家，但是不是所有的科学家都适合为中学生作报告。因此，每位科学家、学者或院士都是通过"三步检查"筛选出来的。第一步是评估拟定的报告，第二步是小型彩排，第三步是听取听众的反馈。领导钟琪最看中的是科学家的语言表达能力。这样严格的标准可确保每场报告的质量。

（2）基于听众的自觉学习性，每位科学家的讲座尽量符合他们的理解程度

讲座定位为"我只讲你想知道的内容"而不是"我讲，你听"的模式。由学校决定被邀请的报告者，而不是由中国科学院老科学家科普宣讲团来挑选。卖方市场由买方市场所取代，激发了听众的自觉学习性。通过这种方式，每位代表团成员的讲座都会针对听众的知识程度来讲解。

（3）宣讲团平易近人的生活方式不仅降低了成本，而且更受欢迎

钟琪制定的"三不"原则增强了质朴、勤俭的工作作风：不给当地政府添负担，不奢华接待，不收贵重礼物。每次宣讲团的演讲，都会严格遵守此原则。

因此，宣讲团所到之处，不仅受到师生们的喜欢，也受到当地政府的热烈欢迎。

（4）新颖有趣的演讲吸引了年轻听众

以科学为基础的演讲内容知晓易懂，演讲者的讲解深入浅出、生动形象。科学家强调所讲授内容的新颖性，同时讲座传达最新信息且附有图片，而演示光盘上的内容也经过多次更新。这样新颖动听、妙趣横生的讲座吸引了许多年轻听众。

（5）双向交流提高了学生的参与积极性

在作讲座的时候，各种形式的多媒体取代了独白。例如，通过电影或卡通片演示重点，通过插图和实例补充报告，在学生动手实践以后再进行理论解释。该报告伴随着积极的示范，不但使得学生参与到寻求意义的活动中来，而且也提高了专家和听众之间的互动活动。所有这些努力都是为了更好地影响观众。一种活动的新形式业已形成，它把传统的单一交流变成双向交流。

（6）互动活动取得骄人的沟通成就

在两个小时的报告之后有提问时间，在这段时间里，科学家耐心地回答学生提出的问题和解答他们心中的困惑。有时候，一些学生应邀到台前来作他们自己的简短的报告。同时，观众参与到和科学家的讨论中来。有时候，学校在报告结束之后还组织科学家与学生的小型会议，给学生近距离接近科学家的机会，并把事先贴好邮票的信封交给学校，鼓励学生给科学家写信。通过这样的互动活动，实现了科学家和学生之间良好的沟通。

这6个原则为中国科学院老科学家科普宣讲团的成功铺平了道路，并且也应该把此经验拿来与其他科学传播者进行分享。然而，评价科学传播效果的体系还是需要的。有一个针对学生在听报告之前和之后对于科学态度的调查。比较两者之间的不同之处，科学家可以看到这些报告对于学生的影响有多大。

拓展中国科学院老科学家科普宣讲团的事业

中国科学院老科学家科普宣讲团的报告对象已由最初的中学生拓展到中学教师、大学生和公务员。所涵盖的区域也在不断扩大，从北京一直到整个中国。因此，这个组织需要新成员和更多科学家的支持。

仅用8年的时间，25名年事已高的科学家能够在21个省作2200场报告，这不能不说是个奇迹！这个奇迹如果没有政府、当地学校的支持以及卓越的领导艺术和团队精神是不可能实现的。在中国目前的形势下，这无疑是一项科学传播的成功范例。此项活动所引起的广泛影响已超出活动本身。它值得所有的科学传播者的模仿和推广。

第一，科学家走出实验室进入校园弥补了当前中国常规科学教育和教学的不足。

大多数中国学生"知道"而不是真正"理解"科学，尤其是科学方法和科学精神，而这些科学家是传授科学方法和传播科学精神的权威。通过和学生面对面的交流，科学家能够做很多事情来弥补我们当前科学教育的不足。因为这些科学家树立了很好的榜样，学校以后会把更多的精力放在进行科学方法和科学精神的有效教学上。寄望于这些活动能够提高该地区整体的青少年的科学意识，也加速在中国西部青少年的科学教育的发展。当前，对于中国目前的正规教育来说要达到这种效果是很困难的，同样，对于中学教师来说也是很困难的。

第二，为期 5 年的退休科学家去西部的边远地区作科学报告不仅仅满足了青少年对知识的渴求，而且也有助于国家平衡从发达地区到欠发达地区的知识资源的分配。

中国东部和西部的发展是不平衡的。西部地区在经济、教育水平和科学普及程度等方面都远远落后于东部的发达地区。根据中国科学技术协会在 2003 年所做的中国公众科学素养的调查，在西部仅有 1.5% 的人具有科学素养，低于全国平均水平的 1.98%（中国科学技术协会，2003）。因此，落后的西部地区的发展需要来自东部的科学、技术和文化的帮助和支持，主要目标就是我们的科学普及。再者，青少年是西部发展的希望，他们需要我们的科学家。

第三，退休科学家在科学普及事业中是重要的和宝贵的资源。

目前，我们大约有 500 万名从科学技术研究位置上退休的人。他们已经离开自己的工作岗位，但是他们都曾是各自不同领域里一流的专家和人才。他们还有很多余热可以发挥！

第四，老科学家科普宣讲团成员举办的活动激发了其他科学家对科学普及工作的热情。

在很长的时间里， 些科学家都没有承担起科学普及的责任，他们很少注意到此项工作。现在，老一辈科学家已为大家所知，并为其他科学家树立了很好的榜样。在不久的将来，将会有越来越多的科学家会把科学普及当作自己的责任并将投入更多的努力在此项事业中。

"好的科学报告会对孩子的一生产生巨大的影响，"北京 57 中的校长章大雁说道。章校长已经邀请了中国科学院老科学家科普宣讲团到校作报告多次。"虽然我已年过 50，在我的一生中已经听过很多次科学普及的报告，但是我仍然记得在我小学六年级的时候听过的由李竞先生和李元先生所作的有关天文学的报告。他们给我印象深刻。现在在我们学校，我们已经建立了自己的天文台和机器人实验室。我希望我的学生能够感受到科学的魅力。"

总而言之，好的科学报告会对孩子产生巨大的影响并培养他们终生的兴趣。大手会给予小手力量。作为回报，小手会给大手注入新的活力。

中国科学院老科学家科普宣讲团是科学普及的一个成功突破。它的策略可为科学与社会传播者在适当时机进行跨文化的拓展交流推广、学习和分享。

致谢

我要向尊敬的钟琪女士（中国科学院老科学家科普宣讲团团长）、钱天宇先生、卢慕唐先生和尚严伟先生表达我诚挚的谢意，感谢他们长期以来对我的支持和给予我的宝贵建议。感谢我的导师李大光先生，是他激励我写下这篇论文。我还要感谢我以前的老师大卫·卡希尔先生，是他为我的论文润色添彩。感谢国际公众科技传播网、中国科学技术学会、科学与发展网和中国科普研究所给予我机会出版这篇论文。

参 考 文 献

CAS-ASPIRE(Chinese Academy of Sciences-Association of Speakers in Public Interest of Retired Experts)(2005). *Introduction to CAS-ASPRIRE*. CAS-ASPRIE,Beijing,1,2.

CAST(*Chian* Association for Science and Technology)(2003). *Public Scientific Litercay in Chian*. CAST,Beijing,29.

http://www.sciencetimes.com.cn/coll56/article.html? id=49621.

作者简介

欧阳静，中国科学院研究生院研究生，所学专业是科学文化传播。

ouyang_ jing@ hotmail.com

www. gscas. ac. cn

欧阳静，中国科学院研究生院科学传播中心的一名研究员，师从李大光教授，专门研究媒体对科学传播和中国人科学素养的作用和影响。

她的硕士毕业论文题目是《中国报告的可读性研究》。她的研究工作由中国科学技术协会赞助。

欧阳静也是一名科学记者，为中国科学院研究生院、《科学时代》和科学与发展网撰写科学新闻。2004 年，她参与编辑了《科学的新进展：回眸 2004 年》一书，并获奖。

公民科学的案例研究

蒂娜·菲利普斯　布鲁斯·赖温斯坦　里克·邦尼

概要

公民科学是由康奈尔鸟类学实验室（CLO）首创的一种研究方法/教育技术，它的目标是提高公众对禽流生物学、生态学和科学过程的理解。公民科学还有一个额外的目标就是让志愿者收集大规模的时间上的和地理上的数据，而这些数据以其他方式是无法获得的。正如康奈尔鸟类学实验室所定义的那样，公民科学就是让普通大众参与到专业的科学研究工作中来。通过它的公民科学规划，康奈尔鸟类实验室已经让来自全美国的成千上万的大众参与其中，他们和康奈尔鸟类实验室的科学家一起合作收集和分析数据。

像鸟巢网络这样的公民科学项目已经证实，向公众灌输有关鸟类生物学和保护鸟类的需要这些知识是成功的，同时，也为科学家提供了极有价值的数据来研究鸟类数量并已在相关期刊上发表。不过，这个项目的另一个目标即提高公众理解科学进程还未能得以实现。

这个案例研究表明，一个公众科学项目——通过它的研究、教育和保护目标等方法有助于提高参与者的科学知识和环境保护意识。此外，我们为非正规教育（ISE）提供了宝贵的见解，专业人士希望能用类似的方法来提高科学素养。

有着批判性思维和创造性习惯的科学素养

在过去的50多年中，科学素养的定义一直在发展变化，它反映出在社会里科学的主要形象和所发生的革命性变化（Hurd，1998）。就这篇论文而言，我们所指的是由莱德曼（Leiderman，1998）所定义的科学素养（有时候也指公民科学素养），即"运用科学知识作明智的个人和社会的决定的能力"。根据这个定义，社会投资到具有科学素养的人群就可以产生出批判性的思想家和具有创造性思维的人才，这将使整个社会受益。要强调的是，科学素养与科学知识是截然不同的，科学知识重在技术和科学上的事实。

据估计，在美国不到20%的成年人具有科学素养，这个比例低于欧洲、加拿大和日本（Miller, 2004）。根据国际学生评估项目（PISA），在美国的四年级学生与来自属于经济合作与发展组织（Lemke et al., 2004）的国家的学生差不多是同等水平。然而，当美国学生到八年级时，他们的科学素养比来自其他国家的八年级学生明显低很多。小规模的研究表明，学生对科学研究和科学的本质认识不足（Aikenhead, 1973；Lederman, 1992）。

结果，在过去的20年中，美国一直在通过一系列的改革来鉴别和解决与科学素养相关的批判性思维技能。诸如《美国国家科学教育标准》（国家研究委员会，1996）和美国科学促进会的《科学素养的基准》（AAAS, 1993）等运动促使课程将批判性思维技能纳入中小学教育的课堂中去。这些改革文件定义了一个共同的主题，即关于科学素养的争论——主要是科学的社会功能和作明智决定的能力。这些文件在美国科学教育界已被广泛接纳并导致以调查为基础的干预活动的介入，该活动的目的是提高科学素养。结果，在正规的科学教育方面进行了大量的实证研究（Akendehin, 1998；Lederman, 1992；Schwartz et al., 2004；Abd-El-Khalick, 2003；Crawford et al., 2005）。相反，非正规科学方面在评价非正规科学项目的研究出版的要少得多（Crane et al., 1994；Brossard et al., 2005）。

米勒（Miller, 2004）确定了两个主要影响具有中学教育程度个人的科学素养的积极因素。第一个同时也是最具影响力的因素就是所上的大学科学课程的数量；第二个因素就是接触非正规科学教育资源，例如接触科学博物馆、科学杂志、家用电脑、科学书籍和科学网站等也是加强科学素养相对重要的影响。这就使得那些有教育使命的机构包括康奈尔鸟类学实验室都在进行不同的非正规科学教育项目来帮助提高公众的科学素养。这个案例研究使用了定量和定性的评价数据来监测参与鸟巢网络的非正规科学教育项目是否能够提高科学素养，该项目是由康奈尔鸟类学实验室开发的公民科学项目。

各个公民科学项目的目标是不同的，但是公民科学是一个灵活的工具，可适用于不同的目的和操作环境（见表4.1）。和其他很多非正规科学教育项目不同的是，公民科学项目有额外的目的，它允许科学家收集有关时间上和空间上的数据（CLO, 2004）。这些数据用来回答与生物学相关的研究问题，以发表在专家评审的期刊上为最终目标（Hochachka et al., 1999；Rosenberg et al., 1999；Hames et al., 2002；Hochachka and Dhondt, 2000）。通过它的公民科学项目，康奈尔鸟类学实验室让来自整个北美的成千上万的人参与其中，他们和康奈尔鸟

类学实验室的科学家合作，一起收集和监测数据（Bonney，2004）。再有，公民
科学项目也为科学家提供了一个平台参与宣传活动，这既使科学家受益也使当
地社区受益（Krasny and Bonney，2005）。

表4.1　公民科学项目的灵活性和适应性在几个方面的不同

维度	灵活性
地理范围	本地→区域→国家→洲→全球；不同的生活环境
时间范围	不定（天）→季节的（月份）→经常的，持续的
参与者的技能水平	基本技能→业余的（爱好者）→专业的
听众	小孩→成人；单个的→家庭的→集体的
协议和方法	简单的（例如，单步、单变量）→复杂的（例如，收集的多变量和数据的分层结构）
金融方面	免费的→要求参与的金融贡献
参与者的时间承诺	机会主义的、偶然性的→编组的、但只是一个周期→编组的、重复的短周期→编组的、重复的长周期
技术	论文格式→电子数据表格→在线数据提交（WWW）
教育目标	环境意识；科学素养；保护行动
监督目标（人口）	发生事件（已有数据）→贡献（现有的和不存在的数据）→丰度指数→真实指数；局部密度
监督目标（人口学）	繁殖力，幼崽存活率，成年个体成活率，分散，繁殖行为

资料来源：改编自艾伦和库伯（Allen and Cooper，2006）

鸟巢网络项目的主要目标包括以下几点：

- 使来自不同年龄段和不同背景的人参与到有价值的鸟类学研究中来；
- 在很大的区域里收集筑巢的鸟类的繁殖数据；
- 教育人们有关筑巢鸟类，他们的保护目标和巢框监测的知识；
- 帮助人们理解和进行科学研究；
- 使用互联网来促使公民与科学家进行沟通交流。

以这些目标为基础，我们假设鸟巢网络项目的参与者加入到这个项目的教育目标、研究目标和保护目标的工作中来，这个项目将增加他们对有关鸟类生物学的知识，同样也提高他们的科学素养水平。

公民科学的志愿的自我学习

鸟巢网络项目是康奈尔鸟类学实验室的公民科学规划中较为复杂的项目之

一。这个项目最初是在 1995 年由美国国家科学基金委员会资助的（ESI-9627280）。自从成立以来，鸟类网络项目已使 5000 多名来自北美的参与者加入到该项研究工作中来。这些"平民科学家"监测他们家院子里和附近的一到数百个鸟箱，通过互联网向康奈尔鸟类学实验室的科学家提交收集的繁殖鸟类数据。参与者收集的数据是关于鸟巢位置、鸟的种类、第一次下蛋日期、窝卵数、雏鸟数、未孵化的蛋的数量以及其他繁殖变量。这些数据使得研究者能够研究在较大的空间和较长时间跨度的情况下筑巢鸟的繁殖模式。这些数据也用来回答与窝卵数变化、在巢里羽毛的使用情况、筑巢成功后农药的影响、雌性孵化行为模式以及与繁殖生物学相关的问题。所有的科学发现通过鸟巢网络的网站、康奈尔鸟类学实验室的季刊（《鸟界》）与参与者、非参与者和科学界一起分享。该刊物是专门针对鸟巢网络项目的参与者的半年刊物，是很受欢迎的杂志和技术性期刊。尽管欢迎不同年龄和不同背景的人都加入到鸟巢网络项目中来，但是参与者还是形成了一个相对单一的群体即白人，受过良好教育的中年人士。这个人口分布状况与经常参观科学博物馆和参与到其他非正规教育项目的人口分布很相似（National Science Board, 2002）。

尽管公民科学的概念已经存在了 100 多年（Krasny and Bonney, 2005），但是公民科学这个术语相对来说还是很新的。这个领域的理论框架还在建设中（Bonney and Phillips，即将出版）。针对公民科学的一个共同主题就是通过志愿学习来达到教育之目的。根据创新学习学会的定义，这种自我选择的教育方式常被叫做自由选择学习，它是终身学习最常见的类型，是由学习者的需要和兴趣来进行自我激励和引导的学习方式。自由选择学习是以学习情景模式（2002）为基础的。这种学习要考虑到当学习者参与到学习中时，他们所经历的个人的、社会文化的和物理背景的互动问题。这种情景模式假定学习是以个人的动机、兴趣和先验知识（个人背景）为开端的，它受到社会和文化（社会文化背景）的影响，要求有形的环境（物理背景）。

另外，鸟巢网络项目参与者将要获得的成就是基于科学传播的一个网络模式（Lewenstein, 1995），在这种模式里，"科学"与"普及"之间的区别消失了，信息从科学到公众和从公众到科学都能被理解。因此，我们希望鸟巢网络项目的参与者将能够了解科学的进程（科学素养）和具体的事实（科学知识）。再有，我们期望鸟巢网络项目在实质上能够对可靠的有关自然的知识作出自己的贡献，也就是说，它将为自然界的知识体系作贡献。

鸟巢网络项目也致力于较小知名度的筑巢鸟的保护传播，称为"最想要的鸟"。在康奈尔鸟类学实验室的科学家发现，在鸟巢网络项目的数据库里将近70%的筑巢记录仅有40种筑巢鸟的3种有记录。他们发出了主动保护的倡议：

- 告诉参与者有关所有筑巢鸟的数据都很重要并且也需要；
- 鼓励鸟箱观测者去评价它们的生活习性和为鸟提供筑巢地；
- 提高数据库里的筑巢记录的多样性以便能够对那些不常见的繁殖范围下降的物种进行分析。

鸟巢网络项目的参与者是通过报纸杂志上的文章、电子邮寄名单、新闻发布会、直接邮寄宣传品和互联网等不同媒体招募而来的。这些平民科学家都是志愿者，参与的人年薪为15美元。在互联网扩张之前，他们收到一份160页的研究工具包邮件。这个指南提供参与该项目的说明，4份科研协议的详细介绍、25种筑巢鸟的记录和关于监测鸟箱的实用信息等。再有，鼓励参与者用电话、邮件或电子邮寄名单与工作人员交流。

2000年，由于印刷和出版这个研究工具包的成本过高，鸟巢网络项目就把研究工具包以数码形式复制到鸟巢网络网上（www. birds. cornell. edu/birdhouse）。从那时起，参与者就只是在邮件里收到一个"欢迎包"，它包括广告、说明和鸟巢网络工作人员联系方式等信息。他们也会继续收到《鸟界》和康奈尔鸟类学实验室的季刊，里面有公民科学项目出版的研究结果等。

这个网站也允许参与者通过数据网关进入所有的巢箱观测记录，在那里，他们可以查询到个人信息和整个项目的数据。那个叫做"新闻与结果"的部分突出技术性和非技术性的出版物，这些出版物分析鸟巢网络项目的数据并展示由鸟巢网络项目参与者所进行的原始的科学研究状况。不过，到目前为止，绝大部分受欢迎的网页是在"鸟巢（Cam）"这一部分，其中使用创新技术通过互联网实时发送筑巢鸟的图像到里面的巢箱。此外，鸟巢网络工作人员维持日常的图片档案和在巢箱里维护每种鸟的特征文本。这些日常的档案实时为全世界范围内的互联网用户所浏览。这个阅读材料是由康奈尔鸟类学实验室的科学家创造和提供的，其责任最终在于参与者。一旦他们收到材料，他们就是用电子提醒正确监管的重要性和及时提交数据的需要。一般而言，大约半数的参与者实际上提交了他们的数据。除非参与者要求信息或者是参与到一个特别的研究中，一般他们不会收到来自康奈尔鸟类学实验室工作人员的个别注意事项。由于康奈尔鸟类学实验室科学家分析收集到的数据，他们的发现会在很多地方发行以便公众可以看到，包括在互联网上、《鸟界》、技术性期刊和通俗出版物上。传播过程的另一个重要方面就是在参与者之间进行信息交换，大力鼓励参与者注册电子邮件列表。通过使用这些半监测名单,熟悉鸟巢监测的老手为新手提供了专业知识。

鸟巢网络项目的评价混合了定量和定性的研究方法。1997 年,参与者在实习阶段末期接受到教育材料和后测调查之前就已收到前测调查。研究者他们使用了一个已有的工具的修改版——对有组织的科学量表的态度(ATOSS)以对收集到的数据与国家标准进行比较。对有组织的科学量表的态度调查使用了迪尔曼方法来设计和操作他们的前测调查和后测调查。这次参与研究的人数有 798 人,前测调查的答复率为 67%,后测调查的答复率为 55%。使用这个调查工具的一个担心就是,这个结果在项目之外并不像鸟巢网络项目这样普及。

前测调查和后测调查结果比较显示鸟巢网络项目参与者增加了他们对有关鸟类生物学的知识(Brossard et al., 2005)。这种结果的部分原因是由于参与者是自荐的,他们了解鸟类生物学的动机可能相当高。在参与鸟巢网络项目后,参与者提高了有关科学进程的知识这方面的证据不足。这个发现可能是因为参与者加入鸟巢网络项目是为了解筑巢鸟而不是了解科学的结果。同样,在早期的研究工具包里也很少有信息是旨在阐明科学进程的。再有,这个分析并没有比较那些提交了数据的人的科学素养和那些没有提交数据的人的科学素养。这种差别可能是很有价值的测量手段但是却忽略了分析时间。最后,参与者似乎在对环境的态度上改变甚少,但是这可能是因为他们是自荐的,他们的态度早已确立而且带有倾向性(Brossard et al., 2005)。

定性研究的范围太广而不能在这些篇幅里全面陈述,不过,它取决于来自科研报告上所收集到的证据;来自网站和电邮的评论和引用的话;点击鸟巢网络项目网站的报告;由鸟巢网络项目参与者和学生所制造的产品测试;对平民科学家的采访等。这些数据表明,鸟巢网络项目有效地利用了互联网的资源,尤其是通过鸟箱传授了各种各样的对筑巢鸟的繁殖生物学的知识,满足了那些对这些知识了解不多的人的需求。我们相信,为每一个鸟箱种类所作的每日评论会使在线的浏览者更有效地参与其中并为他们提供在线的互动学习经历。官方的“网络分析”记录报告估计每年将近 25 万人浏览了鸟箱网页。在 2004 年繁殖季节,这个网站点击率超过 400 万,平均每个浏览者的时间大约有 3 分钟。

2005 年,鸟箱网站浏览者首次能够直接将评论发送到网站并由互联网的浏览者回答他们的相关提问。虽然这些评论中有少数缺乏实质内容,但是大多数(超过80%)是与繁殖生物学相关的有效问题,并且这些问题由其他公众成员做了精确的回答。一个近期的访客在鸟箱网页上写道：

> 这对于孩子来说是个多好的机会啊！我妻子和我监测蓝鸟路径已
> 有15五年了（超过14000只幼鸟），通过这些鸟的网站，我们可以看
> 到我们以前没有机会亲眼看见的蓝鸟的习性。到这儿是最佳选择。

这段话表明，即使是鸟箱监测的熟手也能获得新的知识并能通过浏览鸟这个圈子而从中受益。另一个新近访客说道：

> 由于通过互联网关注到你的蓝鸟，去年整个夏天我开始有兴趣帮
> 助蓝鸟了。去年秋天我挂上了第一个蓝鸟箱。今年春天这个箱子吸引
> 了一对东方蓝鸟。

这些网上的学习社区表明，这些浏览者不仅了解有关筑巢鸟的知识，而且他们使自己置身自然中并开始主动为鸟儿在他们的院子里提供鸟箱。

同样的，鸟巢网络的"最想要的"项目倡议的结果就是很多参与者已为那些代表性不足的鸟类提供鸟箱并进入他们的在线观测视野。结果，在"最想要的"16种鸟类中有14种的筑巢记录数量在鸟巢网络项目数据库里大增。再有，很多参与者已经成为他们所观测的鸟的环境服务员，他们在自家院子里建立"野生动物保护区"以便了解鸟类动物保护的需要。

也许最大的影响是发生在学生当中，他们表明，理解鸟类繁殖学并已用先进的多媒体技术来说明这个生物圈。参与鸟巢网络项目的结果和在学校主持一个鸟箱栏目，来自肯塔基州的一个四年级的班级创设了一个两分钟的东方蓝鸟筑巢圈视频。这个视频包括原创音乐和歌词，并准确演示了这个筑巢圈从筑巢到刚起步的雏鸟。另一个班参与到鸟巢网络项目成功发起的一项在校园里的保护议程来提高在附近水域的鱼鹰筑巢数量。还有其他的班级创建了原始艺术品，主持了鸟巢修建工作间，并让他们的鸟屋工程进入到科学博览会。有一名特别有雄心的学生使他的社区参与到本地物种再引入的项目中，他努力的结果就是获得2005年美国环境保护局9个总统青年奖之一。

康奈尔鸟类学实验室工作人员定期检测（有时候稍缓）电子邮件上的讨论。这些大多是参与者询问的有关专门的生物概念，还有一些是有关科学进程的。在有些情况下，由参与者所提的问题被完善和发展成为鸟巢网络项目目前研究的范围。这样的一些互动行为，公民有了决策的权利来指导研究课题的新思路，这与无效的科学传播模式和以更为民主公众参与特征形成对比（Rowe and

Frewer，2005）。在其他情况下，参与者建立自己的实验并用电子邮件讨论组和康奈尔鸟类学实验室的科学家分享他们的研究成果。至少有一打的由参与者发起的研究（在鸟巢网络项目工作人员的要求下写成了科学报告）现在已展示在鸟巢网络的网站上。

这些例子说明，公众参与科学传播的潜在能力和参与科学实验能够影响到公众的科学素养。

公民科学回答了重要的科学问题

公民科学包括很大范围的项目，既有专业知道的研究，也有参与者驱动的研究项目。作为提高科学知识和科学素养的工具，公民科学最近已经得到承认，作为回答重要的、大范围的科学问题的一种方法（Bhattacharjee，2005）同时也帮助参与者了解科学背景并理解科学进程（Bonney，2004）。公民科学也让研究者使他们问题的范围符合他们领域的方法，这就比传统研究方法涵盖了更大空间和时间框架。

在这里所展示的这个案例研究演示了参与到公民科学研究项目的方法，它可以成功地提高对科学知识的理解（在这个案例里，鸟类繁殖生物学的知识和保护鸟类的需要）。如果参与者是自选的，这个效果就尤其真实。还有一个强有力的传闻证据就是：事实上，加入到公民科学项目，参与者就提高了他们与保护相关的行为。

未来的研究应当致力于测量作为公民科学项目的参与者所承担环境友好的行为。

来自前测报告和后测报告的定量研究的数据并没有暗示通过鸟巢网络项目"实践科学"提高了参与者的科学素养，或者提高了他们理解自然科学的水平。不过，为了获得更可靠的数据解释，由于这些项目的复杂性，测量的固有误差限定了他们的有效性，需要对含有新的测量仪器的混合的研究方法和对科学家以及参与者的深入采访。尽管鸟巢网络的项目材料是综合的，但既没有明确提及科学方法应用到项目的研究过程中，也没有材料要求参与者反思科学进程。非正式的科学教育者现在极力推荐在非正式的科学教育项目背后的"科学"是明确的和具有反思能力的（Akindehin，1998；Crawford *et al.*，2005）。未来的非正式教育资料帮助参与者更好地理解这个过程，他们是如何参与其中的就会让科学的本质更为明确。将来的康奈尔鸟类学实验室公民科学项目正在酝酿这样的目标。

正如上面所提到的那样，一个网络模式的科学传播的重要要求就是公众能够直接为科学发现作贡献——"公众传播"不是简单地从科学家到公众的"普及"。鸟巢网络项目，和其他公民科学项目一道展示了这种模式在某些情况下直接起作用，在另外一些情况下间接起作用。迄今为止，鸟巢网络项目志愿者已经在全美收集了有关40种筑巢鸟6万多个鸟巢记录。这些数据已经产生了10篇科学论文，并发表在相关的期刊上（Dhondt *et al.*，2002；Winkler *et al.*，2004；Cooper *et al.*，2005a，2005b）。这些来自公民科学收集到的数据正帮助科学家推动鸟类生活史理论并拓宽了普通大众的鸟类知识。将来，由公民所收集的数据应当符合科学家所制定的管理规则——吸引这些鸟和保证它们的筑巢习性。

公民与康奈尔鸟类学实验室科学家的关系表明双方都受益。这些好处对于增加科学知识和提高公众的环境意识有着重大的意义，同时，也为科学家提供了很有价值的数据。此外，公民科学模式可以输送到其他领域，在某种程度上其他方法不可用的情况下，可让研究者用来监测大范围的环境变量。

致谢

鸟巢网络项目是在国家科学基金会的赞助下成立的。作者要感谢所有的在康奈尔鸟类学实验室的公民科学成员以及多米尼·布罗萨尔在鸟巢网络项目中的定量研究。更为重要的是，我们要感谢参与鸟巢网络项目和世界上其他公民科学项目中的志愿者们。

参 考 文 献

AAAS(American Association for the Advancement of Science) (1995). *Benchmarks for Science Literacy.* Oxford University Press, New York.

Abd-El-Khalick F (2003). Socioscientific issues in pre-college science classrooms: the primacy of learners' epistemological orientations and views of nature of science. In: *The Role of Moral Reasoning on Socioscientific Issues and Discourse in Science Education*, Aeidler DL (ed), Kluwer Academic Publishers, Netherlands, 1–22.

Aikenhead G (1973). The measurement of high school students' knowledge about science and scientists. *Science Education* 57(4):349–359.

Akindehin F(1988). Effect of an instructional package on preservice science teachers' understanding of the nature of science and acquisition of science-related attitudes. *Science Education* 71(1):73–82.

Allen PE and Cooper CB(2006). Citizen science as a tool for biodiversity monitoring. *First North*

American Workshop on Capacity Building for Biodiversity Conservation:*Monitoring Species*,*Spaces and Common Threats*. Instituto Nacional de Ecología,Semarnat,Mexico.

Bhattacharjee Y (2005) Citizen scientists supplement work of Cornell researchers. *Science* 308: 1402–1403.

Bonney R(2004). Understanding the process of research. In:*Creating Connections*:*Museums and the Public Understanding of Current Research*, Chittenden D, Farmelo G and Lewenstein B (eds), AltaMira Press,California.

Bonney R and Phillips T(forthcoming). *A Program Theory Model of Citizen Science.*

Brossard D,Lewenstein B,Bonney R(2005). Scientific knowledge and sttitude change:the impact of a citizen science project. *International Journal of Science Education* 27(9):1099–1121.

CLO(Cornell Laboratory of Ornithology)(2004). *Citizen Science.* http://www.//birds. cornell. edu/citsci.

Cooper C,Hochachka *WM* and Dhondt AA(2005b). Latitudinal trends in within-year reoccupation of nest boxes and their implications. *Journal of Avian Biology* 36:31–39.

Cooper C,Hochachka WM, Butcher G and Dhondt AA (2005a). Egg viability as a constraint on seasonal and latitudinal trends in clutch size. *Ecology* 86(8):2018–2031.

Crane V, Nicholson H, Chen N and Bitgood S (eds) (1994). *Informal Science Learning*:*What the Research Says About Television*, *Science Museums*, *and Community-Based Projects.* Research Communications Ltd,Dedham,Massachusetts.

Crawford BA,Aembal-Saul C,Munford D and Friedrichson P(2005). Confronting prospective teachers' ideas of evolution and scientific inquiry using technology and inquiry-based tasks. *Journal of Research in science Teaching* 42(6):613–637.

DhondtAA, Kast TL and Allen PE(2002). Geographic differences in seasonal clutch size variation in multi-brooded bird species. *Ibis* 144:646–651.

Dilman DA(1978). *Mail and Telephone Surveys*:*The Total Design Method.* Wiley& Sons,New York.

Falk JH and Dierking LD (2002). *Lessons Without Limit*:*How Free-Choice Learning is Transforming Education.* AltaMira Press,Walnut Creek,CA.

Hames RS,Rosenberg KV,Lowe JD,Barker SE and Dhondt AA(2002). Adverse effects of acid rain on the distribution of the wood thrush *Hylocichla mustelina* in North America. *Proceedings of the National Academy of Sciences* 99(17):11235–11240.

Hochachka WM and Dhondt AA(2000). Density-dependent decline of host abundance resulting from a new infectious disease. *Proceedings of the National Academy of Sciences* 97:5503–5306.

Hochachka WM, Wells JV, Rosenberg KV, Tessaglia-Hymes DL and Dhondt AA (1999). Irruptive migration of Common Redpolls. *Condor* 101:195–204.

Hurd PD(1998). Scientific literacy:new minds for a changing world. *Science Education* 82:407–416.

Institute for Learning Innovation (2002). *Free-Choice Learning website.* http://www. ilinet. org/

freechoicelearning. html.

Krasny M and R Bonney(2005). Scientific research and education collaboration. In: *Environmental Education or Advocacy: Perspectives of Ecology and Education in Environmental Education*, Johnson EA and Mappin(eds), Cambridge University Press.

Lederman N(1992). Students' and Teachers' conceptions of the nature of science: a review in the research. *Journal of Research in Science Teaching* 29(4):331–359.

Lederman NG (1998). The state of science education: subject matter without context. *Electronic Journal of Science Education* 3(2). http://unr. edu/homepage/jcannon/ejse/lederman. html.

Lemke M,Sen A, Pahlke. E, Partelow L, Miller D, Williams T, Kastberg D and Jocelyn L(2004). *International Outcomes of Learning in Mathematics Literacy and Problem solving: PISA* 2003 *Results From the U. S. Perspective*. NCES 2005–003, National Center for Education Statistics, US Department of Education,Washington DC.

Lewenstein BV(1995). From fax to facts: communication in the cold fusion saga. *Social Studies of Science* 25(3):403–436.

Miller J(2004)Public understanding of,and attitude toward,scientific research:what we knowand what we need to know:*Public Understanding of Science* 13:273–294.

National Research Council(1996). *National Science Education Standards*. National Academy Press, Washington.

National Science Board(2002). Science and technology:public attitudes and public understanding. In: *Science and Engineering Indicators—2002*. US Government Printing Office,Washington DC.

Rosenberg KV,Lowe JD and Dhondt AA(1999). Effects of forest fragmentation on breeding tanagers:a continental perspective. *Conservation Biology* 13:568–583.

Rowe G and Frewer LJ(2005). A typolygy of public engagement mechanisms. *Science,Technology,and Human Values* 30(2):251–290.

Schwartz RS, Lederman NG and Crawford BA (2004). Developing views of nature of science in an authentic context:an explicit approach to bridging the gap between nature of science and scientific inquiry. *Science education* 88:610–645.

Winker DW, Wrege PH, Allen PE, Kast TL, Senesac P, Wasson MF, Llambías PE, Ferretti V and Sullivan PJ (2004). Breeding dispersal and philopatry in the Tree Swallow . (*Condor*) 106: 768 776.

作者简介

蒂娜·菲利普斯（Tina PHILLIPS），Cornell Laboratory of Ornithology，159 Sapsucher Woods Road，Ithaca，NY 14850，USA

cbp6@ cornell. edu

www. birds. cornell. edu

蒂娜·菲利普斯，康奈尔鸟类学实验室的扩展支持专家和鸟巢网络项目和鸟箱网站的项目主任。目前，正攻读科学教育博士学位，她对公民参与环境的科学素养和行为之间的关系非常感兴趣。

蒂娜·菲利普斯致力于多个课程发展项目并经常发表有关公民科学的文章和作相关演讲。她目前正在为制定一个公民科学的理论模型而努力。她还开发了一个叫做"鸟巢观测"的新项目，该项目的目的是测试参与到三种不同的公民科学模式后的学习效果和提高对科学进程的参与率和理解程度。

布鲁斯·赖温斯坦（Bruce LEWENSTEIN），Cornell University，321 Kennedy Hall，Ithaca，NY 14853，USA

b. lewenstein@ cornell. edu

http：//www. people. cornell. edu/pages/bvll

布鲁斯·赖温斯坦，美国纽约伊萨卡康奈尔大学科学传播方面的副教授。他就职于康奈尔大学的传播和科学技术研究系。他曾是《公众理解科学》期刊的编辑（1998～2003 年），也曾因为对公众理解科学的贡献被选为美国科学促进会的成员（2002）。

布鲁斯·赖温斯坦经常在世界各地作演讲和教学，2005 年，他发起了一个科学传播方面的远程学习课程，该课程与在美国、巴西和南非的学生相联系。他已经出版过100 多篇有关公众理解科学的文章并主编或共同主编了 3 本书。他是公众科技传播委员会成员。

里尼·邦尼（Rick BONNEY），Cornell Laboratory of Ornithology，159 Sapsucher Woods Road，Ithaca，NY 14850，USA

reb5@ cornell. edu

www. birds. cornell. edu

　　里克·邦尼，康奈尔大学鸟类学实验室项目发展与评价主任，他从 1983 年
起在那儿工作至今。他也是康奈尔鸟类学实验室公民科学项目的创立者之一。
他的研究重点是发展那些公众积极参与到科学调查和环境保护，理解公众参与
科学对社会和教育的影响的项目。他也对整个北美的科学的展览、课程、互动
式网站和社区项目提过很多的建议。

　　里克·邦尼参与主编了康奈尔鸟类学实验室的鸟类生物学的家庭学习课程
的第二版工作，其中还包括《康奈尔鸟类生物学手册》（普林斯顿大学出版社，
2004）。他还出版了 20 多篇有关鸟类和科学教育方面的技术性论文、报告、图
书的章节和会议记录，并为 100 多种报刊、杂志写过关于鸟类和自然史、环境
问题方面的文章。

科学家参与传播工作的其他案例摘要

发展中国家如何在电视上普及科学

联系方式：Oscar ALVAREZ, Direccion de Ciencias, Ministerio de Ciencia, Tecnologia y Medio Ambiente, Capitolio Nacional, Prado y San Jose, 10200, Havana, Cuba

oscar@ citma. cu

制作电视播出的科学普及节目，例如，直通渠道（Pasaje）电视节目推动人们了解和反思科学问题。

这些科普宣传片学习了发达国家在这方面的优秀制作方法，也结合了本国科学家的智慧和知识。本国科学家在评论、分析和向公众传递这些艰深的科学中发挥了重要作用。

像直通渠道这样的电视节目得到了公众的认可，而且收视率相当高。

欧洲科学活动节朝专业化方向发展

联系方式：Mikkel BOHM, European Science Events Association Secretariat, Anton Baumgartner-Str. 44/C2/3/A-1230 Vienna, Austria

mb@ formidling. dk

www. euscea. org

欧洲科学联盟是一个由来自 25 个欧洲国家的 49 名成员所组成的机构。欧盟资助了一个 EUSCE/X 项目，该项目分析在欧洲各地举办的 21 次种类各异的科学活动节。对这些活动的评述第一次统一收集在一本白皮书里（可从 www. euscea. org 获取文本材料）。

从评述中得知，几乎所有的科学传播活动节都得到了取之于公共资源的财政支持。科学活动节在人群活动多的场所举办效果很好，例如，在街道、文化机构、咖啡店、教堂、火车和出租车这些大众常见的地方。

科学活动节是一种非常有效的向学生和成人传播科学的方式。在很多国家，它们是相当新的一种科学传播方式。做好这项工作仍有待于专业化。

传播科技来指导好农业生物多样性的工作

联系方式：Hidelisa dR. DE CHAVEZ, Agricultural Research and Development-International Potato Center, Philippines

h. dechavez@ cgiar. org

http：//www. cip-upward. org

编辑出版了一套资料指南，用来弥补科学与实践之间的差距。这套指南就保护农业生物多样性和可持续利用的各种信息进行了收集、提取，并重新包装，用言简意赅的方式介绍相关技术。指南分为3册，长达675页，使用英语、西班牙语和法语3种语言出版发行。

该项目借鉴并吸收了全球的科学知识来提供实用的、经验证的概念和方法，它促进了很多国家机构之间的集体合作来发展这类创新作品。目前的监测和评价表明，该资料指南有着多种用途，包括作为进一步的传播和实地应用的信息指南。

科学家与议员会谈日

联系方式：Toss GASCOIGNE, Council for the Humanities, Arts and Social Sciences, PO Box 8157, Australian National University, ACT 2601, Australia

director@ chass. org. au

在澳大利亚，很少有政治家拥有足够的科技知识。他们在立法中所讨论的很多问题（例如，能源、水和卫生问题）涉及大量的科学知识，但是政治家对于这类的科学进程并不是很熟悉。

科学家需要和政府更加紧密地合作，但是却不熟悉议会的工作程序。双方都需要加深彼此的理解。

科学家与议员会谈日每年吸引200名科学家和技术专家来到澳大利亚的首都堪培拉和政治家进行一对一的会议。大约60%的政治家同意一位议员会见两位科学家。

从政者选择讨论的问题，我们提供相关学科的科学专家。我们首先为参与会见的科学家提供培训，使他们能以最有效率的方式来出席这些会议。

这些会议持续大约30分钟，政治家和科学家的反响都非常积极。

以 IT 为基础的生物科学知识的传播

联系方式：Lawrence GRIFFING, Associate Director, Information Technology in Science Center, Texas A&M University, USA

griffing@ tamu. edu

这里介绍了两个以 IT 为基础的科学知识传播案例：一个是灰熊计划，另一个是拟南芥计划。它们是中国计算机网络信息中心与得克萨斯 A&M 大学的教学科学中心的信息技术部合作推出的项目。

第一个案例使用 IT 进行生动的远程视频分析熊和熊的数量来引导学生了解科学运作的过程，第二个案例使学生使用在线数据库和植物生长的延时视频参与到植物遗传信息中来。

这样的 IT 包是否有助于学生学到科学还有待于进一步关注。不过，很明显的是，当获得数据，并对之分析和储存时，学生通过网络接口就了解了这些过程。

科学推动民主

联系方式：Sonja GRUBER, Plansinn–Mediation Agency, Schleifmuehlgasse 1a/14, 1040 Vienna, Austria

gruber@ plansinn. at

www. plansinn. at

"节点—欧洲民主的新方向"是奥地利联邦教育的一个研究项目，科学与文化（www. bmbwk. gv. at）解决欧洲民主的未来问题。科学家对民主的再思考、分析政治进程和为民主政治的进一步发展提出选择和替代品。

该项目加强了科学传播的创新形式，刺激了科学与社会之间的对话。科学传播的目标人群是科学界、民间社会、政治家和实践者。为了鼓励科学家交流他们的研究工作，科学传播旨在帮助研究者认同这个计划和科学传播的目标。这个计划就是要让科学家进行科学传播并激励他们以创新的形式进行科学与社会的对话。

科学传播：每一位科学家能做什么以及一个物理学家的经验

联系方式：Lui LAM, Department of Physics, San State University, San Jose, CA 95192–0106, USA lui2002lam@ yahoo. com

作者是一位在职物理学家，他为那些想参与科学传播的科学家提出了6条建议：

- 将科普图书融入科学教育中去；
- 将科学普及讲座加入到系里研讨会中或在系里建立单独的科普系列研讨会；
- 在大学里为普通受众举办科普系列讲座；
- 给中学、社区和其他地方作科普讲座；
- 促进科学传播成为一门新兴学科；
- 把科学知识同人文知识融合起来介绍。

在传播中培训科学家

联系方式：Rod LAMBERTS, The Centre for the Public Awareness of Science, Australian National University, Canberra 0200, Australia rod. lamberts@ anu. edu. au

rod. lamberts@ anu. edu. au

科学家需要技能培训来加强他们向非科学专业人士传播科学的能力和自信。

公众科学意识中心举行为期三天的研讨会。第一天，给参与者介绍科学传播；第二天，讨论传播策略；第三天，把科学传播和传播策略结合起来。这些研讨会是通过讲座和问答环节、小组讨论、互动活动、写作练习和积极反馈来完成的。

在每一次研讨会结束时都给科学家发放调查问卷表，90%甚至更多的科学家都高度评价了研讨会的内容、话题的多样性和相关性。几乎所有的科学家都认为研讨会提高了他们的传播技能。

把大学生当作大学研究的知识经纪人

联系方式：Nancy LONGNECKER, Centre for Learning Technology, Faculty of Life and Physical Sciences, University of Western Australia, Perth, Western Australia longneck@ cyllene. uwa. edu. au

http：//www. clt. uwa. edu. au

很多活跃的科学家对于向公众传播他们的研究工作并不太注意，主要是因为他们繁忙的日程安排。不过大学的工作者一般还是乐于花时间在学生身上的，因为这被看作是大学的核心任务。为此，大学生在促使开展研究的科学家参与到科学传播中来还是可以发挥一些作用的。

报名参与科学传播的大学生，在接受任务之后，可前去采访大学的科学家目前的研究状况。学生把得知的研究信息变成多种表达格式。他们的任务就是用海报展示某个研究领域、为大众媒体发一篇通讯和做一个简短的视频等。2003 年和 2004 年，有三篇学生所写的文章得以发表。

学生在活动中提高了他们的传播技能，同时也成为科学家与公众间的信息沟通中介。

"反思"作为学科之间和科学家与社会之间改善沟通的缓冲空间

联系方式：Marie-Claude ROLAND, Linguistics and Research Practices, INRA (French National Institute for Agricultural Research) Paris, France

marie-claude. roland@ wanadoo. fr

www. reflexives-lpr. org

科学家需要新的技能，并且必须培养反思他们研究做法的能力。反复思考来促成研究问题的形成过程有助于提高他们的传播技能，鼓励他们反思实践和使他们成为科学传播进程中的调停者。

"反思"是系统沟通和调解的回旋空间，研究者可促成举办创意研讨会。在写作研讨会上语言技能得到发展。项目和做法都可加以讨论，用实践中的认识论反思实践、对话和真实工作处境。期望研究者成为更好的作家和演讲者，并能够更好地把来自不同文化背景的参与研究者联系在一起"反思"有助于研究者很有效率地解释清楚并捍卫自己的研究成果，提高他们的道德行为和可持续发展意识，也促成他们通过不同的媒体发表他们的研究结果。

"中国科普博览"：以互联网为基础的科学传播的成功实践

联系方式：XIAO Yun, Computer Network Information Center, No. 4 South 4th Street, Zhongguancun, Beijing 100080, China

yunxiao@ sdb. cnic. cn

http：//www. kepu. cet. cn

如果非专业人士能够更易于理解科学、欣赏科学和对科学进行质疑的话，那么，科学就可以更好地为社会服务。由于互联网的日益普及和人们对其越来越多的信赖，以互联网为基础的科学传播迎来了挑战和不少机遇。

"中国科普博览"（http：//www. kepu. net. cn）是突尼斯峰会上的世界信息

峰会大奖得主。它是中国第一个也是最大的一系列虚拟科学博物馆之一，有 60
个中文博物馆和 13 个英文博物馆。在 2005 年年底以前就已有 450 万多人访问过
该网站。像"大熊猫"和"传染病"这样的博物馆激发了人们更好地理解和珍
惜生命与自然。

作为一个由中国科学院赞助的非营利性网站，"中国科普博览"担负着传播
科学知识、科学方法、科学程序和科学责任的职责，为 4 万名中国科学院的科
学工作者提供了一个和公众分享科学信息和研究成果的开放性平台。

在保护大熊猫方面中国科学家对公众态度影响极大

联系方式：Liuqing YANG，Science and Technology Journalism，Texas A&M
University，4111TAMU，College Station，TX 77843-4111，USA

cyang@ neo. tamu. edu

两个主要的熊猫研究所（成都大熊猫繁殖研究基地以及中国卧龙大熊猫保
护和研究中心）都参与了对大众的科学传播工作。

这些传播策略可以归纳为以下三种方式：

- 请进来——主持现场参观和展览以吸引公众；
- 带出去——开发教育节目教育当地社区和学校；
- 广泛传播——使用大众传播工具让更多的公众了解科学。

研究认为，尽管公众已经对保护大熊猫的信息有所了解，但是他们当中有
一些人很被动，这就影响了公众对环境的积极保护。调研结果认为，让更多的
科学家和研究组织积极参与进来，有助于向公众传播更多的信息和均衡地保护
信息。

附　录

附录一 缩写词

Australian Center for International Agricultural Research（ACIAR）
澳大利亚国际农业研究中心

Augusta–Margaret River（Australia）（AMR）
奥古斯塔—玛格丽塔河（澳大利亚）

Attitute Toward Organized Science Scale（ATOSS）
对有组织的科学量表的态度

Bristish Association for the Advancement of Science Creativity in Science and
    Technology（UK award scheme），（BA CREST）
英国推广科技创新联合会

Chinese Academy of Sciences（CAS）
中国科学院

Chinese Academy of Sciences-Association of Speakers in Public Interest of Retired
    Experts（CAS—ASPIRE）
中国科学院老科学家科普宣讲团

China Association for Science and Technology（CAST）
中国科学技术协会

Central Highlands Regional Resource Use Planning Projelt（Australia）
    （CHRRUPP）
中部高地区域资源利用规划

Cornell Laboratory of Ornithology（US）（CLO）
康奈尔鸟类学实验室（美国）

Committee for the Public Understanding of Science（UK）（COPUS）
公共理解科学委员会（英国）

Commonwealth Scientific and Industrial Research Organization （Australia）
（CSIRO）
联邦科学与工业研究组织（澳大利亚）

European Commission （EC）
欧盟委员会

Engineering Education Scheme （UK）（EES）
英国工程教育方案（UK）

European Union （EU）
欧盟

European Science Events Association （EUSCEA）
欧洲科学联盟

genetic modification，genetically modified （GM）
转基因

informal science education （ISE）
非正规科学教育

Korea Science Foundation （KSF）
韩国科学基金会

National Aeronautics and Space Administration （US）（NASA）
美国国家航空航天局

non-government organization （NGO）
非政府组织

National Science Borad （USA）（NSB）
美国国家科学委员会

Office of Science and Technology （UK）（OST）
英国科学技术部

public communication of science and technology （PCST）
公众科技传播

Public Communication of Science and Technology Network （PCST Network）
国际公众科技传播网

Regional Coordinating Committee （CHRRUPP Project, Australia） （RCC）
地区协调委员会 （澳大利亚）

Researchers in Residence （UK scheme） （Rir）
驻地研究者机构

Science and Technology （S&T）
科学与技术

SEAMEO Regional Center for Graduate Study and Research in Agriculture
　　（Philippines）（SEARCA）
农业高等教育研究中心 （菲律宾）

science, technology, engineering and maths （STEM）
科学、技术、工程与数学

The Birdhouse Network （US） （TBN）
鸟巢网络 （美国）

Universitat Autònma de Barcelona （Spain） （UAB）
巴塞罗那自治大学 （西班牙）

附录二　国际公众科技传播网

国际公众科技传播网为世界各地从事公众科技传播的研究人员搭建了一个平台。

国际公众科技传播网将如下这些人联系到了一起：

- 科技新闻工作者；
- 科学博物馆与科研中心的工作人员；
- 科学剧院的负责人；
- 有关公众科技传播的研究人员；
- 面向公众的科学家；
- 科研机构的公共信息工作人员；
- 其他相关机构。

国际公众科技传播网主要赞助对与公众科技传播有关的团体之间的国际会议、经济论坛以及其他对话。这些论坛将使各专业和文化之间得到交流。公众科技传播力求促进对新观点、方法、理性思维以及实际问题的处理。

国际公众科技传播网对科学传播的优势在于其并非是正式的网络。它并没有会费，而是由科学团体来组织，每两年召开一次正式会议，期间也举行非正式会议。

2005 年在北京召开的公众科技传播国际研讨会就是这两种方式中的一种。这是该会议第一次在亚洲举办。该机构中的科学委员会一致支持在正式会议外的其他时间举办小型、高水平的论坛。

科学委员会同时还提出建立社会科学学院，该书就是对这一举措的支持之一。

（1）以往公众科技传播会议介绍

- 1989 年 5 月：法国普瓦捷
- 1991 年 5 月：西班牙马德里
- 1994 年 4 月：加拿大蒙特利尔
- 1996 年 11 月：澳大利亚墨尔本
- 1998 年 9 月：德国柏林

主题：科学无障碍（http：//www. fu-berlin. de/pcst 98）

- 2001 年 1～2 月：瑞士日内瓦

主题：当今科学传播趋势：理论与实践的融合（http：//www. cern. ch/PCST

2001）

- 2002 年 12 月：南非开普敦

主题：多元化世界下的科学传播（http：//www. saasta. ac. za/pcst/index. html）

- 2004 年 6 月：西班牙巴塞罗那

主题：科学知识与文化多样性（http：//www. PCST 2004. org）

- 2005 年 6 月：中国北京

主题：科技传播中的策略问题

（2）下次公众科技传播国际研讨会的举办时间与地点

- 2006 年 5 月：韩国首尔

主题：为了全球公众的科学文化（http：//www. pcst 2006. org）

更多信息请参见 http：//www. pcstnetwork. org。

责任编辑 单 亭 张 莉

封面设计 北京时捷设计

责任校对 韩 玲

责任印刷 李春利 马宇晨